国家社科基金
后期资助项目

马克思的"社会关系"概念及其当代价值

刘兴盛 —— 著

图书在版编目（CIP）数据

马克思的"社会关系"概念及其当代价值 / 刘兴盛著. —北京：中央编译出版社，2024.2
ISBN 978-7-5117-4628-3

Ⅰ. ①马⋯ Ⅱ. ①刘⋯ Ⅲ. ①马克思主义-社会关系-研究 Ⅳ. ①A811.64

中国国家版本馆 CIP 数据核字（2024）第 040863 号

马克思的"社会关系"概念及其当代价值

责任编辑	彭永强
责任印制	李　颖
出版发行	中央编译出版社
网　　址	www.cctpcm.com
地　　址	北京市海淀区北四环西路 69 号（100080）
电　　话	（010）55627391（总编室）　（010）55627308（编辑室）
	（010）55627320（发行部）　（010）55627377（新技术部）
经　　销	全国新华书店
印　　刷	北京汇林印务有限公司
开　　本	710 毫米×1000 毫米　1/16
字　　数	278 千字
印　　张	17.5
版　　次	2024 年 2 月第 1 版
印　　次	2024 年 2 月第 1 次印刷
定　　价	88.00 元

新浪微博：@中央编译出版社　　微　信：中央编译出版社（ID: cctphome）
淘宝店铺：中央编译出版社直销店（http://shop108367160.taobao.com）　（010）55627331

本社常年法律顾问：北京市吴栾赵阎律师事务所律师　闫军　梁勤
凡有印装质量问题，本社负责调换。电话：（010）55627320

国家社科基金后期资助项目
出版说明

后期资助项目是国家社科基金设立的一类重要项目，旨在鼓励广大社科研究者潜心治学，支持基础研究多出优秀成果。它是经过严格评审，从接近完成的科研成果中遴选立项的。为扩大后期资助项目的影响，更好地推动学术发展，促进成果转化，全国哲学社会科学工作办公室按照"统一设计、统一标识、统一版式、形成系列"的总体要求，组织出版国家社科基金后期资助项目成果。

全国哲学社会科学工作办公室

序

刘兴盛的《马克思的"社会关系"概念及其当代价值》一书获得国家社科基金后期项目资助，即将出版，这是他的第一部个人学术专著，可喜可贺。

"社会关系"是马克思主义哲学中十分重要和核心的概念，但长期以来，学术界很多人把马克思的"社会关系"视为一个自明的、无须进一步探究的概念，对它所蕴含的丰富深刻的哲学内涵的揭示被不应有地忽视和延宕，即使有一些论述讨论此问题，但专门、系统的研究仍显得匮乏。而《马克思的"社会关系"概念及其当代价值》一书围绕着马克思的"社会关系"概念及其当代价值，进行了较为深入的考察和探讨，我相信对于推动和加深学术界对此问题的理解和研究，必将产生积极的作用。

这一著作是以作者的博士学位论文为基础，经过进一步的补充、修改和完善而完成的。全书分为五章展开讨论，即"社会关系"概念在马克思思想体系中的核心地位、马克思"社会关系"概念的基本内涵、马克思"社会关系"概念与传统观念的变革、马克思"社会关系"概念与现代性反思理论的对话、马克思"社会关系"概念与人类命运共同体五个部分。五个部分围绕马克思"社会关系"概念这一核心问题，层层递进，既有纵向的思想史梳理，又有横向的理论分析和比较，既探究了马克思"社会关系"概念的理论内涵，也阐发了这一概念的现实价值，形成了一个研究和阐释马克思"社会关系"概念的较为完整的逻辑框架。该书具有两个明显的特点：第一是论从史出，史论结合。作者以文本为依据，深入马克思本人的思想发展过程以及近代哲学，尤其德国哲学以来的思想发展史，较为深入地探讨了马克思的"社会关系"概念的形成过程以及它在哲学史上所具有的变革性意义；第二是鲜明而自觉的问题意识和时代意识。作者对马克思"社会关系"概念的理论探讨,一方面是澄明它在马克思哲学思想体系中的理论内涵和重要地位,另一方面是进一步展开马克思哲学的这一标识性概念对于理解当代哲学、回应人类生存发展所面临挑战具有的理论和现实意义。

  作者在本书中提出了不少具有启发性的独到见解,并围绕这些见解给出了较为有力的阐释和论证。在此仅举数例。在讨论"社会关系"在马克思思想体系中的核心地位时,作者提出:"'社会关系'概念是贯穿整合马克思三大理论的中轴和枢纽";在讨论马克思"社会关系"的核心内涵时,作者认为,"马克思'社会关系'概念的基本内涵是'人们以生产实践为根基以物质为载体形成的历史性的交互作用'","'社会关系'的基本属性是物质性和历史性";在讨论马克思"社会关系"概念在哲学史上的变革意义时,作者认为,"对'社会关系'的把握是马克思变革传统观念的支撑背景","'社会关系'概念是马克思实现人的自我理解以及哲学观变革的关键";在讨论马克思"社会关系"概念对于现代性反思所具有的当代意义时,作者系统论证了"马克思的'社会关系'概念构成了马克思哲学与当代现代性反思理论批判性对话的重要结合点"的观点;在讨论马克思"社会关系"概念的实践价值时,作者提出并阐明了马克思"社会关系"概念为构建人类命运共同体提供了深层的理论依据;等等。这些思考显示出作者较为开阔的学术视野和独立思考的学术努力,虽然一些论述和论证还可以更加细致和深入,但对于一个青年学者,已属难能可贵。

  刘兴盛在求学期间,颇为用功和用心,这样的品质为本书的写作打下较为扎实的基础。相比于博士学位论文,本书在结构、视野、论证等方面有了进一步的扩展和提升。衷心希望他将本书的出版当作新的起点,在今后产出更多、更为厚重的学术作品,在学术道路上开拓出更加广阔的天地。

贺　来
2023 年 12 月 17 日于长春寓所

前　言

对于马克思的"社会关系"概念，我国学者曾在20世纪60年代进行过一定的探讨，但是由于受旧有的马克思主义理论体系框架的影响，这些探讨在理论路径和具体观点上都难以获得突破。"文化大革命"结束后，学术界开展了关于人道主义问题、异化问题、实践唯物主义问题、主体性问题等的讨论。不过，在这些讨论中，马克思的"社会关系"概念并没有得到太多重视，即便涉及也多是从人的本质的角度进行分析，而在涉及生产力和生产关系二者之间关系的问题上也往往更多地关注前者而不是后者。直到20世纪末，学界出现了关于"关系实在论"的讨论以及对马克思"关系本体论"的引介，才使得马克思的"社会关系"概念重新受到关注。总的来看，从这一时期起一直延续到21世纪初的关于马克思"社会关系"概念的研究，其规模和体量较小，成果总量不够丰富。这一方面表现在这些成果大多是以期刊论文的形式发表，篇幅往往不长，另一方面表现在其中不少成果的研究主题并不是马克思的"社会关系"概念而只是附带地论及这一问题。进入21世纪以后，学界专门深入研究马克思"社会关系"概念的成果则开始减少，在一些著作中可以发现对"社会关系"概念在马克思学说中的重要性的指认，但这些著作本身不是对"社会关系"概念的专门探讨，这决定了这些著作必然受到视角和材料的限制而无法全面展开相关分析。此外，通过检索专门研究马克思"社会关系"的博士学位论文，我们发现，明确以马克思"社会关系"概念为题的博士学位论文寥若晨星、屈指可数。

通过以上的梳理可以发现，对马克思"社会关系"概念展开专门深入系统研究的成果较为稀少，人们似乎对马克思的"社会关系"概念已经乏善可陈。然而事实是，作为贯穿马克思早期、中期、后期理论思考以及在马克思三大理论中频频出现的重要概念，既有研究并不能将这一概念在马克思学说中的意义充分地揭示和阐发出来。因此，对于马克思"社会关系"概念的研究与其说达到终结，不如说才迈入起点。换言之，同马克思思想体系中的其他许多重要概念一样，对马克思"社会关系"概念的研究还有广大的探索空间，许多相关问题还有待进一步探索。

笔者注意到，最近几年来又有一些较有影响的学者发表了涉及马克思"社会关系"概念的文章，再次从不同角度凸显了"社会关系"概念在马克思思想体系中的作用和意义。这些文章为人们深入理解马克思"社会关系"概念带来启发，推动了人们对相关问题的探索。但是正如前面所指出的那样，论文的一个重大局限是篇幅过短，使得相关研究由于论题、视野、材料等限制难以走向全面系统和深入翔实，最终制约了人们对马克思"社会关系"概念的理解和把握。因此，相关学者发表的文章同样不意味着问题的结束，反而恰恰是将问题再次提了出来。

总之，在笔者看来，马克思的"社会关系"概念极为重要，而目前对这一概念的专门系统研究还比较缺乏，由此使得这一概念在目前处于一种模模糊糊和若隐若现的状态。言之其"若隐若现"是因为，这一概念在相关学术成果尤其是学术专著中"临时出场"的现象时有发生，而专门探讨的却为数不多。就此而言，在马克思思想的研究阐释中，"社会关系"概念的意义还没有得到充分的认识和揭示。为此，笔者愿意在本书中对"社会关系"概念贯通整合马克思三大理论的作用、马克思"社会关系"概念的内涵、马克思"社会关系"概念变革传统观念的价值、马克思"社会关系"概念与现代性反思理论的对话以及马克思"社会关系"概念对人类命运共同体的意义等进行专门的探讨，以此展现马克思"社会关系"概念的重要意义，推动马克思主义哲学当代研究。

目 录

第一章 "社会关系"概念在马克思思想体系中的重要地位 ………… 1

一、"社会关系"概念在马克思建立唯物史观过程中的重要
地位 …………………………………………………………… 2
 （一）"社会关系"概念确立前马克思的思想历程 ………… 2
 （二）"社会关系"概念的确立 …………………………… 14
 （三）"社会关系"概念的确立与马克思新世界观的建立 … 23

二、"社会关系"概念在马克思开展政治经济学批判过程中
的重要地位 …………………………………………………… 40
 （一）政治经济学批判"战斗檄文"中的"社会关系" …… 41
 （二）政治经济学批判手稿中的"社会关系" …………… 45
 （三）政治经济学批判成熟著作中的"社会关系" ……… 49

三、"社会关系"概念在马克思创立科学社会主义过程中的
重要地位 ……………………………………………………… 57
 （一）从"社会关系"出发奠定社会主义的哲学基础 …… 57
 （二）立足"社会关系"概念批判以往社会主义学说 …… 61
 （三）马克思的"社会关系"概念与社会主义从空想到
   科学的飞跃 …………………………………………… 65

第二章 马克思"社会关系"概念的基本内涵 ………………………… 72

一、社会关系思想的古近之变与德国古典哲学中的"社会
关系" …………………………………………………………… 72

（一）社会关系思想的古近之变：从亚里士多德到霍布斯
　　　　和卢梭 …………………………………………………… 73
　　（二）黑格尔对"社会关系"的理解 ……………………… 81
　　（三）费尔巴哈对"社会关系"的论述 …………………… 85
二、马克思对从亚里士多德到费尔巴哈的社会关系思想的
　　吸收和批判 …………………………………………………… 89
　　（一）马克思对亚里士多德、霍布斯、卢梭的社会关系
　　　　思想的吸收和批判 ……………………………………… 89
　　（二）马克思对黑格尔社会关系思想的吸收和批判 ……… 101
　　（三）马克思对费尔巴哈社会关系思想的吸收和批判 …… 108
三、马克思"社会关系"概念的基本内涵 ……………………… 112
　　（一）生产实践："社会关系"的原初发生地 …………… 112
　　（二）物质性与历史性的内在统一："社会关系"的基本
　　　　属性 ……………………………………………………… 118
　　（三）马克思"社会关系"概念的基本内涵 ……………… 126

第三章　马克思"社会关系"概念与传统观念的变革 ………… 131
一、传统人性观的抽象性与马克思对人的现实本质的揭示 …… 131
　　（一）传统人性观的抽象性 ………………………………… 131
　　（二）马克思对传统人性观的批判 ………………………… 134
　　（三）马克思"社会关系"概念与传统人性观的变革 …… 137
二、传统哲学观的无根性与马克思对哲学真实根基的彰显 …… 141
　　（一）传统哲学观的无根性 ………………………………… 141
　　（二）马克思对传统哲学观的批判 ………………………… 148
　　（三）马克思"社会关系"概念与传统哲学观的变革 …… 153
三、传统历史观的歪曲性与马克思对历史规律的科学把握 …… 157
　　（一）传统历史观的歪曲性 ………………………………… 157
　　（二）马克思对传统历史观的批判 ………………………… 159
　　（三）马克思"社会关系"概念与传统历史观的变革 …… 162

第四章　马克思"社会关系"概念与现代性反思理论的对话 … 167
一、马克思"社会关系"概念视域下的西美尔货币哲学思想 … 167

（一）在货币碎片中透视社会整体：西美尔的货币哲学
　　　　思想 ·· 168
　　（二）西美尔货币哲学思想的限度——基于马克思"社会
　　　　关系"概念的考察 ····································· 180
二、马克思"社会关系"概念视域下的罗尔斯正义理论 ········ 184
　　（一）对平等的自由之追寻：罗尔斯正义理论的基本逻辑 ··· 184
　　（二）相通与差异：罗尔斯的正义理论与马克思的正义
　　　　思想之比较 ··· 189
三、马克思"社会关系"概念视域下的亨廷顿文明冲突论 ······ 197
　　（一）文化的异质性及其矛盾——亨廷顿对后冷战时代
　　　　文明间关系的分析 ····································· 198
　　（二）缓解文明冲突需确立关系性价值观：马克思"社会
　　　　关系"概念的启示 ····································· 203

第五章　马克思"社会关系"概念与人类命运共同体 ············ 210
一、资本逻辑限度的人性拷问与人类命运共同体对物化交往
　　困境的消解 ··· 211
　　（一）物性宰制人性：资本主义物化交往的后果与资本
　　　　逻辑的限度 ··· 211
　　（二）扬弃资本主义物化交往的前提与科学社会主义的
　　　　交往理念 ··· 219
　　（三）人类命运共同体对科学社会主义交往理念的凸显
　　　　及物化交往困境的消解 ······························· 223
二、单边主义的哲学反思与人类命运共同体对全球正义困境的
　　突破 ··· 229
　　（一）独白主体性：单边主义的哲学基础 ················· 230
　　（二）命运与共的思想认识与互利共赢的实践追求：破解
　　　　单边主义的基本路径 ·································· 234
　　（三）人类命运共同体对单边主义的超越及全球正义困境
　　　　的突破 ··· 239
三、实体性价值观的历史考察与人类命运共同体对文明冲突
　　困境的扬弃 ··· 243

（一）从自然主义到人类中心主义：人与自然关系的历史
演化及其意识反响 …………………………………… 243

（二）从共同体主义到个体主义：人与人关系的时代变迁
及其观念回声 ………………………………………… 246

（三）人类命运共同体的"关系性价值观"自觉及文明
冲突困境的扬弃 ……………………………………… 249

参考文献 ………………………………………………………… 256

后　记 ………………………………………………………… 269

第一章 "社会关系"概念在马克思思想体系中的重要地位

众所周知，马克思在扬弃德国古典哲学、英国古典政治经济学、英法空想社会主义学说的过程中创立了自己的独特理论。那么，一个关键的问题是，马克思在扬弃上述三大理论时是从什么立足点出发的？与这一问题内在相关的是，马克思自己的唯物史观、政治经济学、科学社会主义三大理论是如何贯通和统一起来的？它们三者共同的理论枢纽是什么？对此，学界至今仍缺乏有力的解释。之所以难以做到从整体上把握三者间的相互关系，一个重要原因是缺乏对相应概念的自觉，即没有充分发掘贯穿整合马克思三大理论的有效概念。通过研究，笔者认为马克思的"社会关系"概念能够承担此一重任，亦即"社会关系"概念贯通了马克思的哲学、政治经济学和科学社会主义三大"板块"，是这三大单元共同围绕的轴心。因此，牢牢抓住马克思的"社会关系"概念，有助于我们理解马克思对德国古典哲学和青年黑格尔派哲学的超越，有助于我们把握马克思从事政治经济学批判的理路和方向，有助于我们领会马克思何以使社会主义从空想上升为科学，以此推动我们掌握马克思哲学、政治经济学及其科学社会主义理论的内在联系，也即掌握这三大思想资源之间的统一性和整体性。

笔者认为，"社会关系"在马克思建立唯物史观、开展政治经济学批判、创立科学社会主义过程中具体发挥了如下关键作用：第一，物质利益关系问题带来的苦恼使马克思从唯心主义转向唯物主义，为马克思建立唯物史观提供了最基本的前提，在将物质生活关系提升为总体性的"社会关系"概念之后，马克思明确将"社会关系"看作衡量人的解放的尺度和根据，最终立基其上建立了唯物史观；第二，马克思政治经济学批判的根本目的是论证资本主义生产关系历史的、暂时的性质，以此为实际地批判、改造世界提供合法性；第三，马克思立足"社会关系"奠定社会主义的哲学基础，并以此为尺度批判以往形形色色的社会主义学说，而科学社会主义的主要任务之一就是推动实现人类对社会关系的控制。下面试对此详细述之。

一、"社会关系"概念在马克思建立唯物史观过程中的重要地位

马克思在建立唯物史观时经历了一个十分复杂的过程，在这一过程中，"社会关系"发挥了至关重要的作用，这主要表现在：第一，现实的社会关系给持有客观唯心主义立场的马克思带来了思想冲击，促使马克思转向唯物主义，为马克思建立唯物史观提供了基础和前提。第二，在初步确立"社会关系"概念之后，马克思将其看作人的解放的尺度和根据，以此获得了真正超越国民经济学的立足点。第三，在马克思初拟的新世界观的草图中，"社会关系"概念是对"实践"概念的进一步规定，即"实践"的目标是"社会关系"，对马克思来说，"改变世界"要求变革现实的社会关系。第四，在全面阐述自己的新世界观时，马克思完成了"从一切社会关系中划分出生产关系"①的工作，从而明确了"改变世界"的具体切入点。至此，马克思的"社会关系"概念完全得到确立，而其新世界观——唯物史观也正式宣告诞生。

（一）"社会关系"概念确立前马克思的思想历程

1. 博士论文："自我意识"之间的关系

马克思于大学时代正式开启了对哲学的系统探索，这一探索的成果凝结在他的博士论文中，该文的主题是对伊壁鸠鲁自然哲学同德谟克利特自然哲学之间的差别进行阐释，其实质目的是高扬人的主体性以反对宗教，因此这部著作的核心概念是体现人的主体性的"自我意识"。值得指出的是，马克思在这篇文章中涉及了对人与人之间关系的论述，认为个人只有与其他人发生关系，"这个人才不再是自然的产物"②。将个体自我之实现设定在同他人的关系中，实际上表现出马克思对"自我意识"的制约，这显示马克思并没有陷入绝对的主观主义，正是这一点构

---

① 《列宁全集》第1卷，北京：人民出版社1984年版，第106页。
② 《马克思恩格斯全集》第1卷，北京：人民出版社1995年版，第37页。

成了他与布鲁诺·鲍威尔之间的差别。当然，在当时的马克思看来，人与人之间的关系在本质上是"自我意识"之间的关系，即一种抽象的精神关系。尽管如此，对"自我意识"的制约仍可看作马克思超越鲍威尔之最初契机。

为了深入理解马克思的博士论文，我们必须先行理解马克思写作博士论文之前的研究经历。具体说来，刚刚升入大学的马克思秉持着一份理想主义，他曾拿他的理想主义"同康德和费希特的理想主义作比较"，从后者中积极地"吸取营养"①。在康德和费希特哲学观的影响下，马克思尝试将法律与哲学结合在一起，构建一种法的形而上学体系，即"试图使一种法哲学贯穿整个法的领域"②。但在建构过程中，马克思逐渐发现，"现有之物和应有之物"被置于一种对立状态。对此，马克思曾进行补救，不过这种补救最终没有成功，这导致马克思不得不放弃整个计划。这次失败使马克思开始反思先前的理想主义，意识到只要从理想主义出发，形式与内容、应有与现有就无法统一，因此需要寻求新的哲学世界观。马克思首先向谢林哲学而不是先前阅读过的黑格尔哲学求助。这次，马克思以对话的方式展开论证，结果使马克思十分意外，论证最后得到的命题竟是"黑格尔体系的开端"③。由于不得不转向先前憎恶的黑格尔哲学以及一连串的烦心事，马克思生病了。在患病期间，马克思从头到尾阅读了黑格尔及其大部分弟子的著作。与此同时，马克思还接触到博士俱乐部的青年黑格尔派成员，同他们建立了密切的联系。而此时博士俱乐部的主要成员正在从事对宗教的批判，所以马克思在加入博士俱乐部后也很快投入这一工作中。博士论文就是在这样的背景下写作的。

马克思博士论文的核心内容是为伊壁鸠鲁"正名"，即肯定伊壁鸠鲁的原子偏斜说。在马克思看来，德谟克利特的原子只有两种运动——"直线式的下落"和"原子的互相排斥"，而德谟克利特在对这两种运动进行解释时把原子变成了受命运和必然性决定的东西，从而使原子丧失了自由和独立的性质。对此，马克思说道，"每一个物体，就它处在下落

---

① 《马克思恩格斯全集》第47卷，北京：人民出版社2004年版，第13页。
② 《马克思恩格斯全集》第47卷，北京：人民出版社2004年版，第7页。
③ 《马克思恩格斯全集》第47卷，北京：人民出版社2004年版，第13页。

运动中来看……是一个没有独立性的点"①,"德谟克利特把……原子概念的实现的东西,变成一种强制的运动"②。与德谟克利特不同,伊壁鸠鲁在"直线式的下落"和"原子的互相排斥"之间还加入了另一种运动——原子脱离直线而偏斜。在马克思看来,这一运动的加入并不是伊壁鸠鲁对德谟克利特的拙劣篡改,相反,它是原子发生碰撞和排斥以及原子概念获得实现的根据,即"如果原子不是经常发生偏斜,就不会有原子的冲击,原子的碰撞,因而世界永远也不会创造出来"③。也就是说,原子之间发生碰撞和排斥的根据在于原子自身,"运动被设定为自我规定"④。可见,在马克思看来,原子的偏斜运动打破了命运的束缚,使原子瓦解了恒定的必然性,以此彰显了单个原子的自由和独立。

实际上,马克思之所以肯定伊壁鸠鲁,是因为原子的自由性和独立性代表了"自我意识"的自由和独立,即"在伊壁鸠鲁那里,……原子论作为自我意识的自然科学业已实现和完成"⑤。那么,马克思肯定"自我意识"自由独立的目的是什么?为了批判宗教神学。在马克思博士论文的序言和附录中,他通过对"自我意识"的论述来尖锐抨击宗教神学,但是为了顺利地获得学位,马克思并没有将具有无神论倾向的序言和附录随同正文一起提交耶拿大学哲学系。在序言中,马克思这样说,"哲学并不隐瞒这一点。普罗米修斯承认道:'老实说,我痛恨所有的神。'这是哲学的自白,它自己的格言,借以表示它反对一切天上的和地上的神,这些神不承认人的自我意识具有最高的神性。不应该有任何神同人的自我意识相并列。"⑥ 在这里,马克思的无神论倾向十分明显,它正是以"自我意识"的哲学宣言来宣告的。如前所述,马克思之所以批判宗教神学,一个重要原因是受到青年黑格尔派成员的影响,尤其是受到布鲁诺·鲍威尔的影响。对于鲍威尔对马克思的影响,我们可以在博士论文附录中马克思对宗教神学批判时使用的语言上找到痕迹。在那里,马克思指出,"对神的存在的证明不外是对人的本质的自我意识存在的证

---

① 《马克思恩格斯全集》第1卷,北京:人民出版社1995年版,第32页。
② 《马克思恩格斯全集》第1卷,北京:人民出版社1995年版,第37页。
③ 《马克思恩格斯全集》第1卷,北京:人民出版社1995年版,第36页。
④ 《马克思恩格斯全集》第1卷,北京:人民出版社1995年版,第38页。
⑤ 《马克思恩格斯全集》第1卷,北京:人民出版社1995年版,第64页。
⑥ 《马克思恩格斯全集》第1卷,北京:人民出版社1995年版,第12页。

明,对自我意识存在的逻辑说明"①。在马克思之前,鲍威尔曾在《复类福音作者批判》一文中宣称,"批判的宗旨从一开始就是在福音书范围内揭示自我意识的遗迹"②,也就是说鲍威尔将宗教意识甚至宗教著述都归结为对"自我意识"的证明。马克思认为最高的神性是"自我意识",对神的一切证明都是对"自我意识"的证明,这显然与鲍威尔的这种倾向是符合的。

需要指出的是,马克思虽然受鲍威尔的影响将"自我意识"确立为核心概念,但他并未因此陷入将"自我意识"绝对化的主观主义泥潭,而是论述了"自我意识"的实现离不开其他"自我意识"的观点,这一点首先通过原子之间的"排斥"来表达。根据马克思的观点,偏斜虽然表达了原子的独立性和个别性,但是这种独立性和个别性最终需要在排斥中才能实现,即"这一点只有在下述情况下才有可能发生,即与原子有关系的定在不是什么别的东西,而是它本身,因而也同样是一个原子,并且由于原子本身是直接地被规定的,所以就是众多的原子"③,"在排斥中原子概念实现了"④。这表明,在马克思看来,原子实现自身的途径和方式是同其他原子发生关系。这一点对个人来说同样如此,马克思指出,"一个人,只有当同他发生关系的另一个人不是一个不同于他的存在,而他本身,即使还不是精神,也是一个个别的人时,这个人才不再是自然的产物"⑤。那么马克思为什么要将原子的自我实现设定在排斥中而不是偏斜运动?或者说,为什么个人与之发生关系的对象只有是他自己时,他才能超越自然?马克思持这种观点在于他吸收了黑格尔哲学的相关思想。在前面我们指出,马克思在发现康德——费希特哲学存在缺陷后转向了黑格尔哲学,正如马克思所说,"完全按照费希特那一套"⑥建构法哲学造成了"现有之物和应有之物的对立"⑦。费希特哲学之所以如此,是因为他将"自我"或"自我意识"彻底化和绝对化了,即"非

---

① 《马克思恩格斯全集》第1卷,北京:人民出版社1995年版,第101页。
② 转引自侯才:《青年黑格尔派与马克思早期思想的发展》,北京:中国社会科学出版社1994年版,第27页。
③ 《马克思恩格斯全集》第1卷,北京:人民出版社1995年版,第36页。
④ 《马克思恩格斯全集》第1卷,北京:人民出版社1995年版,第37页。
⑤ 《马克思恩格斯全集》第1卷,北京:人民出版社1995年版,第37页。
⑥ 《马克思恩格斯全集》第47卷,北京:人民出版社2004年版,第8页。
⑦ 《马克思恩格斯全集》第47卷,北京:人民出版社2004年版,第7页。

我""同非我的统一"都是由"自我"设定的。而在费希特那里,"非我"始终被看作异于"自我"的他物、异在,所以在这种主观唯心主义中"自我"与对象、应有与现实总是处于分裂状态。黑格尔哲学的目的就是统一它们,他的方式是将客体、对象、现有看作主体和应有的展开,即把对象看作与自我在本质上是同一的,因而自我与对象的关系就是自我与自己的关系,由此实现统一。

如前所述,马克思加入博士俱乐部时,其中的主要成员正在从事对宗教的批判,这些成员实现这一目的的方式是从合并了哲学与宗教的黑格尔哲学中将宗教清除出去,而鲍威尔就是通过将黑格尔哲学中"自我意识"概念进行彻底化来剥离宗教的。所以当鲍威尔立足"自我意识"对黑格尔哲学体系进行改造,将黑格尔哲学中的"自我意识"绝对化时便又返回到了费希特的立场,对此,科尔纽正确地指出,鲍威尔"破坏了黑格尔所主张的思维与存在的同一性,回到了费希特哲学上去,使精神活动具有了抽象的独断的性质"①。这必然导致马克思与鲍威尔之间存在差别,这一差别就显示在马克思将"自我意识"的实现设定在"自我意识"的关系中这一观点上。这一点是马克思对黑格尔哲学中积极因素的保留。黑格尔在《精神现象学》中曾这样指出,"既然一个自我意识是对象,所以它既是一个自我,也是一个对象。——说到这里,精神这一概念已经出现在我们前面了。意识所须进一步掌握的,关于精神究竟是什么样的经验,——精神是这样的绝对的实体,它在它的对立面之充分的自由和独立中,亦即在互相差异、各个独立存在的自我意识中,作为它们的统一而存在:我就是我们,而我们就是我。"②

当然,尽管马克思在博士论文中提出"自我意识"只有通过与其他"自我意识"发生关系才能实现,而且也表现出不局限于哲学理论内部改造现实的强烈渴望,但他此时的世界观立场还是唯心主义的。因此,他对人与人关系的理解还具有浓厚的唯心主义思辨性和抽象性,缺乏对社会关系具体的、现实的理解。所以我们看到,马克思在博士论文中还指出,精神是人的本质力量,是使人成为人的力量,而物质关系则是非

---

① [法]奥古斯特·科尔纽:《马克思恩格斯传》第1卷,刘丕坤等译,北京:生活·读书·新知三联书店1963年版,第172页。
② [德]黑格尔:《精神现象学》上卷,贺麟、王玖兴译,北京:商务印书馆1979年版,第146页。

本质的外在形式①。与此同时,他还认为,全部哲学作为一整个体系,是对理性和精神的把握,因而哲学体系的外化就是整个世界的发展,即"哲学的世界化"就是"世界的哲学化"。在这一过程中,哲学家只是这一体系个别的"自我意识",即"自我意识本身仅仅处在发展的过程中,并为发展的直接力量所掌握,……它们只是实现了这个体系的个别环节。"② 因此,与其说马克思当时是一个主观唯心主义者不如说他在根本上是一个客观唯心主义者,而正是对"关系"的重视使马克思具备了超越鲍威尔绝对主观主义的最初支点。

2.《莱茵报》时期:"客观理性"与物质利益关系的冲突

马克思大学毕业后曾担任《莱茵报》的编辑一职,在毕业后和退出《莱茵报》编辑部前的这一时期,马克思的思想经历大致上可以概括为:深受黑格尔法哲学的影响,立足理性国家观来理解国家、政治、法等问题,以"客观理性"为核心概念和解释原则对当时突出的现实问题和理论问题发表评论,而在意识到物质利益关系总是战胜理性和法之后,马克思既有的唯心主义世界观发生了危机。

在成为《莱茵报》编辑之前,马克思发表了《评普鲁士最近的书报检查令》的政论文章,在这篇文章中,马克思使用的理论工具是黑格尔的法哲学。我们知道,黑格尔法哲学的主要观点是,法、政治、国家等现实事物的本质是客观的理性,国家作为"客观理性"在现实中的最高表现形式,是现实化的伦理理念,是行进着的地上的神物,它决定个人、家庭和社会。马克思正是从这种立场出发来批判普鲁士的书报检查令的。马克思认为,书报检查令的荒谬在于它使检察官个人的主观判断凌驾于事物的客观本质之上,指出,"真理占有我,而不是我占有真理。我只有构成我的精神个性的形式"③。这就是说,个体的精神只是普遍精神的个别形式,这种个别形式无权决定公共报刊能否存在,真正具有审查报刊权利的只能是普遍的理性,即人民理性或"公众精神"。因此,普鲁士的书报检查令是使个体理性僭越人民理性,使个别精神僭越"公众精神"的做法,在这种做法中"所有的客观标准都已消失"④。在马克思看

---

① 《马克思恩格斯全集》第 1 卷,北京:人民出版社 1995 年版,第 37 页。
② 《马克思恩格斯全集》第 1 卷,北京:人民出版社 1995 年版,第 76 页。
③ 《马克思恩格斯全集》第 1 卷,北京:人民出版社 1995 年版,第 110 页。
④ 《马克思恩格斯全集》第 1 卷,北京:人民出版社 1995 年版,第 133 页。

来，合理的方式是按照精神的普遍性去对待事物。将普遍的、客观的理性或精神看作衡量事物的尺度这一观点表明，马克思当时的理论分析工具是黑格尔的法哲学，其世界观立场是唯心主义。

马克思成为《莱茵报》编辑后发表的第一篇文章是《关于新闻出版自由和公布省等级会议辩论情况的辩论》①，属于《第六届莱茵省议会的辩论》中的第一篇论文，在这篇论文中马克思初步遭遇物质利益关系同精神理性关系的冲突。在这篇文章中，马克思再次重申他在《评普鲁士最近的书报检查令》中的观点：自由的报刊代表着"国家精神"，而"国家精神"就是"人民精神"，它是把个人同所有人联系起来的有声的纽带，"自由报刊是人民精神的洞察一切的慧眼……自由报刊是国家精神"②。然而，各个等级尤其是市民等级对出版自由的态度给持有理性国家观的马克思带来了冲击。马克思看到，诸侯等级完全反对出版自由，市民等级只支持行业出版自由，只有农民等级支持完全的出版自由。市民等级支持部分出版自由的做法，使马克思初步意识到物质利益对人的行为的影响。在他看来，这种做法降低了自由的水平。而之所以发生这种事情，在于商业利益的驱使。对此，马克思极为反感，他批评道，"把新闻出版贬低为单纯物质手段的作者应当遭受……对他这种内部不自由的惩罚"③。这就是说，市民等级受到物质利益的左右，而在当时的马克思看来，这种现象是对理性本质的违背。

虽然在《辩论》中，马克思的理性主义初遇物质利益关系的冲击，但他的立场并未因此轻易动摇，所以在接下来的《〈科隆日报〉第179号的社论》中，马克思依然以理性为依据来理解国家。在这篇文章中，马克思重点批判了把宗教看作国家基础的观点，他认为国家的基础是普遍的、客观的理性而不是宗教。对此，马克思说道，"要么基督教国家符合作为理性自由的实现的国家概念，那时，国家为了成为基督教国家，只要成为理性的国家就足够了，那时，只要从人类关系的理性出发来阐明国家就足够了……不应该根据宗教，而应该根据自由理性来构想国家。"④ 在将国家置于理性的基础上之后，马克思还指出，这种做法并不

---

① 以下简称《辩论》。
② 《马克思恩格斯全集》第1卷，北京：人民出版社1995年版，第179页。
③ 《马克思恩格斯全集》第1卷，北京：人民出版社1995年版，第93页。
④ 《马克思恩格斯全集》第1卷，北京：人民出版社1995年版，第226页。

是现代哲学家一时的心血来潮，而是符合事物本质的规定，是对理性发展趋势的顺应。在他看来，最高级的理性就是社会的理性或人类理性，"从前的研究国家法的哲学家……不是社会的而是个人的理性来构想国家的。现代哲学……是根据整体观念来构想国家的。它认为……个别公民服从国家的法律也就是服从他自己的理性即人类理性的自然规律。"①

莱茵省议会关于林木盗窃法的辩论初步触动了马克思的理性国家观，可以说，《关于林木盗窃法的辩论》这篇文章已经表现出马克思思想中的内在紧张和不安。本来，马克思按照黑格尔的观点认为事物的本质是理性，法是理性的化身，与理性不同的"利益就其本性说是盲目的、无节制的、片面的"②，因此个人利益应受到法的统摄。但是，莱茵省议会却通过立法袒护特定的私人利益，立法权在众目睽睽之下变成了公开的保护私人利益的手段。即是说，马克思看到，代表普遍理性的法在同利益对峙时总是败下阵来，"应该为了保护林木的利益而牺牲法的原则呢，还是应该为了法的原则而牺牲保护林木的利益，——结果利益占了法的上风。"③ 私人利益变成了现实中的立法者，这使马克思十分不满。出于唯心主义的立场，马克思把物质利益占上风的结果看成"下流的唯物主义"的胜利，并认为这是不良理论造成的结果。他这样说道，"这种下流的唯物主义，这种违反各族人民和人类的神圣精神的罪恶，是《普鲁士国家报》正向立法者鼓吹的那一套理论的直接后果，这一理论认为……不应该同整个国家理性和国家伦理联系起来来解决每一个涉及物质的课题。"④

如果说，在评论省议会对林木盗窃法的辩论时，马克思还坚持站在唯心主义立场批判物质利益对理性的"僭越"，那么到了《摩泽尔记者辩护》这篇文章时，马克思已经基本不再诉诸理性来解释现实的关系，这说明马克思的理性主义世界观已经彻底发生了动摇。在这篇文章中，马克思强调，不应当从个人意志的角度来理解一切，而是应该看到在个人背后所隐藏的各种关系。但是对于这种关系，马克思却不再像之前那样将它们归结为理性的体现和表现，他说，"人们在研究国家状况时很容

---

① 《马克思恩格斯全集》第1卷，北京：人民出版社1995年版，第228页。
② 《马克思恩格斯全集》第1卷，北京：人民出版社1995年版，第288页。
③ 《马克思恩格斯全集》第1卷，北京：人民出版社1995年版，第288页。
④ 《马克思恩格斯全集》第1卷，北京：人民出版社1995年版，第289页。

易走入歧途，即忽视各种关系的客观本性，而用当事人的意志来解释一切。但是存在着这样一些关系，这些关系既决定私人的行动，也决定个别行政当局的行动，而且就像呼吸的方式一样不以他们为转移。只要人们一开始就站在这种客观立场上，人们就不会违反常规地以这一方或那一方的善意或恶意为前提，而会在初看起来似乎只有人在起作用的地方看到这些关系在起作用。"① 在这一段论述中，马克思要说明的是，某些关系决定私人的行动、决定个别当局的行动，人们应该站在这种客观立场上去思考事物真实的原因。那么，马克思所指的客观关系是什么？政治关系和经济关系。这就是说，他已经开始不再将理性作为尺度和根据衡量事物了。当然，马克思没有进一步分析政治关系和经济关系，一方面是因为他尚缺乏经济学知识，另一方面则因为他还不明确政治关系、经济关系同理性精神之间的关系。这表明，他已经在怀疑精神对现实到底是否具有决定作用。所以，在当时的马克思那里，对物质利益关系发表意见成了"难事"。马克思在文章接近结尾时再次重复了上面的观点②，但是他依然没有具体说明客观关系如何决定个人和当局的行动，其内在机理是什么。

概言之，在《莱茵报》时期，马克思分析问题时依靠的理论系统是黑格尔的法哲学，当时处于马克思思想中的核心概念和解释原则是"客观理性"。从"博士论文"中以"自我意识"为核心概念到《莱茵报》时期以"客观理性"为核心概念，这一变化表明马克思的哲学世界观尚处于形成时期，还未达到成熟和稳定，亦即未完成自己独立的世界观。在现实物质利益关系的巨大冲击下，马克思产生了思想危机：物质利益关系和理性何者具有决定性的"苦恼的疑问"。

3.《黑格尔法哲学批判》时期：市民社会——物质生活关系的自觉

马克思《莱茵报》时期对物质利益关系发表意见的"难事"，源于对物质利益关系同理性何者第一性的困惑，这一困惑密切关联于黑格尔的法哲学。因此，在退出《莱茵报》后，马克思首要的工作就是对黑格尔法哲学进行重新思考和审视，即"为了解决使我苦恼的疑问，我写的第一部著作是对黑格尔法哲学的批判性分析"③。在黑格尔的法哲学中，

---

① 《马克思恩格斯全集》第1卷，北京：人民出版社1995年版，第363页。
② 《马克思恩格斯全集》第1卷，北京：人民出版社1995年版，第384页。
③ 《马克思恩格斯全集》第31卷，北京：人民出版社1998年版，第412页。

与物质利益关系对应的是市民社会,"这种物质的生活关系的总和,黑格尔按照18世纪的英国人和法国人的先例,概括为'市民社会'"①,而与理性对应的则是国家,"国家是伦理理念的现实……是绝对自在自为的理性东西"②,因此理性决定物质利益关系就表现为国家决定市民社会。因此,弄清物质利益关系与理性的关系,也就是弄清市民社会同国家的关系。通过批判黑格尔法哲学,马克思不再将理性看作决定物质利益关系的事物的本质,而是将物质利益关系看作决定理性的真正基础,从而确立了市民社会决定国家的观点,亦即转向了唯物主义。

1843年3—9月,马克思写作了《黑格尔法哲学批判》的手稿。在这部手稿中,马克思指出,不是国家决定市民社会,而是市民社会决定国家,亦即国家是从物质生活关系中产生的,物质生活关系是国家的基础而不是相反。从此出发,马克思对黑格尔进行了批判,指出在黑格尔那里,"观念变成了主体,而家庭和市民社会对国家的现实的关系被理解为观念的内在想像活动"③,然而实际上,"家庭和市民社会都是国家的前提,它们才是真正活动着的"④。这就是说,在黑格尔的法哲学中,作为出发点的事实被看成神秘主义的结果,而没有被理解为事实本身。此外,马克思还批判了黑格尔在论证君主制时所体现的唯心主义观点。马克思认为,黑格尔颠倒了主体和主体性之间的关系,即将主体性看作主体,而不是看作主体的体现。马克思批评道,"黑格尔不把主观性和人格看做主体的谓语,反而把这些谓语弄成某种独立的东西,然后神秘地把这些谓语变成这些谓语的主体"⑤。

在写作《黑格尔法哲学批判》手稿期间,马克思还写下了《克罗茨那赫笔记》。这一笔记的内容是马克思对欧洲各国封建史的大量摘录和他本人的少量评论,马克思这一工作的目的其实是到历史材料中寻找物质利益关系——市民社会同国家、法等政治形式之间关系的答案。这一笔记表明,马克思是依据自己的研究转向唯物主义,从而对黑格尔的法哲学进行批判的,而促使他发生这一转向的就是物质利益关系带来的冲

---

① 《马克思恩格斯全集》第31卷,北京:人民出版社1998年版,第412页。
② [德]黑格尔:《法哲学原理》,范扬、张企泰译,北京:商务印书馆2017年版,第288页。
③ 《马克思恩格斯全集》第3卷,北京:人民出版社2002年版,第10页。
④ 《马克思恩格斯全集》第3卷,北京:人民出版社2002年版,第10页。
⑤ 《马克思恩格斯全集》第3卷,北京:人民出版社2002年版,第32页。

击。《克罗茨那赫笔记》第一册的内容是马克思对格·亨利希的《法国史》的摘录，在这里，马克思看到"欧洲的衰落，由航海业、贸易和工业促进"①。在第二册中，马克思对路德维希《最近五十年的历史》、卢梭《社会契约论》等著作进行了评注。他发现，法国大革命时期，第三等级组成的国民议会一方面没收了教会的财产，另一方面又极力维护个人私有财产不受侵犯。而废除修道院、没收修道院财产使贫民失去了一条救济的渠道，当贫民代表呼吁财产平等时，国民议会却严厉反对。第三册是马克思对近代英国历史的阅读。他注意到，议会的成员虽来自各个乡镇的推选，但是他们却"不是人民的代表，大部分是他们自己利益的代表"②。马克思由此意识到，资产阶级的所谓人民主权实际上是一种假象，他们不过是为了维护其财产关系和既得的经济利益。可以说，正是通过对财产关系与政治关系的独立考察，马克思走向了唯物主义，明确了市民社会与国家之间的关系是前者决定后者。

对黑格尔法哲学的批判使马克思意识到市民社会是一切政治形式的基础，认识到这一点后，马克思将问题的焦点锁定在市民社会领域，这在《德法年鉴》上的两篇文章——《论犹太人问题》和《〈黑格尔法哲学批判〉导言》中有着鲜明体现。在《〈黑格尔法哲学批判〉导言》中，马克思指出，宗教批判在德国业已结束，批判的矛头应该转向政治、法尤其是二者的基础——市民社会。但是由于当时的德国没有像英法那样完成资产阶级革命，也没有英法工业革命所创造的经济基础，因此，批判只能转向副本——德国的法哲学和国家哲学。对此，马克思指出，"我们是当代哲学的同时代人，而不是当代历史的同时代人。"③ 在马克思看来，黑格尔法哲学是德国历史在观念上的延续，它超越德国的封建时代，思考了时代的中心问题——市民社会的问题，因此对黑格尔法哲学的批判可以间接触及时代问题的焦点，"德国的哲学是德国历史在观念上的延续。因此，当我们不去批判我们现实历史的未完成的著作［æuvres incomplètes］，而来批判我们观念历史的遗著［æuvres posthumesl］——

---

① 北京图书馆马列著作研究室：《马恩列斯研究资料汇编（1981）》，北京：书目文献出版社1985年版，第8页。
② 北京图书馆马列著作研究室：《马恩列斯研究资料汇编（1981）》，北京：书目文献出版社1985年版，第11页。
③ 《马克思恩格斯全集》第3卷，北京：人民出版社2002年版，第205页。

哲学的时候，我们的批判恰恰接触到了当代所谓的问题之所在［that is the question］的那些问题的中心。"①

在马克思发表在《德法年鉴》的另一篇文章《论犹太人问题》中，也显露了马克思批判市民社会的倾向。布鲁诺·鲍威尔认为，在德国，基督教作为国教压迫了所有人，为了实现人的解放必须从政治上废除宗教，而只要在政治上宣布宗教的废除，宗教就会彻底消灭。而废除宗教意味着人们获得政治权利，为此他呼吁那些要求自身解放的犹太人放弃宗教并投身到政治解放运动中。在马克思看来，鲍威尔所追求的政治解放并不能消灭宗教，不能使人得到真正的解放。因为，政治解放不仅不试图改变以利己主义的个人为基础的市民社会，反而以此为前提，因而在市民社会中将源源不断地产生现实的宗教教徒——崇拜金钱之神的利己主义者，人由此陷入受金钱、财产的统治之中。这就是说，市民社会的政治权利实际上是私有财产的权利，是狭隘的自私自利的权利，对于市民社会中缺乏私有财产的人来说，压迫、不平等依然存在。在马克思看来，只有克服市民社会的缺陷，人类才能真正得到解放。

总的来说，在《黑格尔法哲学批判》时期，马克思通过自己的研究，将物质生活关系总和——公民社会确立为决定国家、法等政治形式的真正基础，摒弃了先前所持有的客观唯心主义，转向了唯物主义的世界观立场。对此，马克思在1859年对这一历程进行回忆时指出，"我的研究得出这样一个结果：法的关系正像国家的形式一样，既不能从它们本身来理解，也不能从所谓人类精神的一般发展来理解，相反，它们根源于物质的生活关系，这种物质的生活关系的总和，黑格尔按照18世纪的英国人和法国人的先例，概括为'市民社会'"②。唯物主义的这一转向为马克思新世界观的创立奠定了最基本的前提，因此物质利益关系在马克思通往唯物史观中发挥了至关重要的作用和意义。当然，尽管马克思受到物质利益关系问题的冲击时，摒弃了唯心主义，转向唯物主义，但是毋庸讳言，此时的马克思还没有掌握关于物质生活关系内在机理的科学——政治经济学，因而对于物质生活关系的认识还具有朦胧性和模糊性。同时，对物质生活关系本身认识的不深入也决定了马克思不能将其纳入"社会关系"这样一个总体性的概念之内来分析。

---

① 《马克思恩格斯全集》第3卷，北京：人民出版社2002年版，第205页。
② 《马克思恩格斯全集》第31卷，北京：人民出版社1998年版，第412页。

（二）"社会关系"概念的确立

1."巴黎手稿"中的"社会关系"概念

马克思在编辑《德法年鉴》时读到了恩格斯的《国民经济学批判大纲》，恩格斯对资本主义私有制和资产阶级经济学阶级实质的批判给马克思带来了启发，使马克思意识到"对市民社会的解剖应该到政治经济学中去寻求"①。因此，在1844年旅居巴黎这一时期，马克思开始大量研读政治经济学著作，摘录了7个笔记本。同时，马克思还写下了包含三个片段的手稿。当代学界一般称前者为《巴黎笔记》，称后者为《1844年经济学哲学手稿》，而将二者统称为"巴黎手稿"。"巴黎手稿"中的思想极为庞杂，不同学科领域的资源在这里汇集，马克思在各种材料的基础上进行了一次艰难的融合和创造。在融合哲学、经济学、社会主义等各种材料的基础上，马克思将物质生活关系提升为"社会关系"概念，并且将"社会关系"确立为自己的出发点和立足点。

马克思在对劳动的异化现象进行推论时，意识到了社会关系对人的生命活动的影响，也意识到人与人之间的交往关系在根本上制约着人的生存活动、制约着人的自由和解放。这一分析属于《1844年经济学哲学手稿》中"第一手稿"②的内容。马克思的推论始于他眼前的"国民经济的事实"，他看到，"劳动所生产的对象，即劳动的产品，作为一种异己的存在物，作为不依赖于生产者的力量，同劳动相对立"③。这就是说，工人的对象化了的劳动与自己相疏远，同他自己对立，反过来统治和奴役了他。在马克思看来，这是劳动者与自己的劳动产品之间发生了异化关系。而劳动者与自己的劳动产品的异化，意味着劳动者的劳动活动过程或劳动活动本身也是异化的，因为劳动产品不过是劳动活动的总结。对此，马克思指出，劳动者"在自己的劳动中不是肯定自己，而是否定自己，……人在其中使自己外化的劳动，是一种自我牺牲、自我折磨的劳动"④。

在马克思看来，劳动是人这个类的本质即类本质，即使人成为人的

---

① 《马克思恩格斯全集》第31卷，北京：人民出版社1998年版，第412页。
② 为了便于论述，本书将《1844年经济学哲学手稿》中的三个片段依次称为"第一手稿""第二手稿""第三手稿"。
③ 《马克思恩格斯文集》第1卷，北京：人民出版社2009年版，第156页。
④ 《马克思恩格斯文集》第1卷，北京：人民出版社2009年版，第159—160页。

根本属性和特质。正是劳动使人同动物区别开来，成为超越于动物的自由自觉的存在者，"自由的有意识的活动恰恰就是人的类特性"①。同时，劳动使人具有自由自觉的性质，也意味着人是一种普遍的不局限于固定范围活动的存在物，这种普遍性就在于人的对象的普遍性，这一对象不仅包含自身的类即所有其他人，同时也包含自身以外的类，即人之外的所有对象。所以马克思说，"人在实践上和理论上都把类——他自身的类以及其他物的类——当做自己的对象……人把自身当做普遍的因而也是自由的存在物来对待"②。根据这一点，马克思进一步指出，当人同自己的劳动异化的时候也就说明人同自己的类本质是异化的关系，"异化劳动，由于（1）使自然界同人相异化，（2）使人本身，使他自己的活动机能，使他的生命活动同人相异化，因此，异化劳动也就使类同人相异化"③。这就是说，人的普遍的、自由自觉的劳动与人疏远、对立。马克思根据上述三个推论推出的第四个结论是"人同自己的劳动产品、自己的生命活动、自己的类本质相异化的直接结果就是人同人相异化。"④人同其产品、活动、类本质的异化意味着他同其他人也是异化关系，这是因为，人对自身的任何关系只有通过同他人建立关系才能实现。

在逻辑上完成上述推论后，马克思回到现实，追寻上述全部异化的现实原因，他说，"我们的出发点是国民经济事实即工人及其生产的异化。……现在让我们看一看，应该怎样在现实中去说明和表述异化的、外化的劳动这一概念"⑤。这就是说，在马克思那里，类本质的异化以及人同人的异化都是由工人活动及其产品的异化推论出来的，因此在现实中寻找所有异化的原因就是在现实中寻找工人及其产品异化的原因。那么这一原因是什么？马克思认为，在于工人的产品（包括劳动对象）和活动被夺走了，对象、产品和活动不属于工人。马克思问道，"如果劳动产品对我来说是异己的，是作为异己的力量面对着我，那么它到底属于谁呢？如果我自己的活动不属于我，而是一种异己的活动、一种被迫的活动，那么它到底属于谁呢？"⑥ 不是神，也不是自然界。"劳动和劳动

---

① 《马克思恩格斯文集》第1卷，北京：人民出版社2009年版，第162页。
② 《马克思恩格斯文集》第1卷，北京：人民出版社2009年版，第161页。
③ 《马克思恩格斯文集》第1卷，北京：人民出版社2009年版，第161页。
④ 《马克思恩格斯文集》第1卷，北京：人民出版社2009年版，第163页。
⑤ 《马克思恩格斯文集》第1卷，北京：人民出版社2009年版，第164页。
⑥ 《马克思恩格斯文集》第1卷，北京：人民出版社2009年版，第164页。

产品所归属的那个异己的存在物,劳动为之服务和劳动产品供其享受的那个存在物,只能是人自身。……只有人自身才能成为统治人的异己力量。"① 这说明,马克思在现实中找到的前述所有异化的根源在于在劳动者之外的人占有了劳动者的产品和活动,而正是这样一种不合理的社会关系导致了劳动者的全部异化。所以,马克思这样说道,"如果人对自己的劳动产品的关系、对对象化劳动的关系,就是对一个异己的、敌对的、强有力的、不依赖于他的对象的关系,那么他对这一对象所以发生这种关系就在于有另一个异己的、敌对的、强有力的、不依赖于他的人是这一对象的主宰。如果人把他自己的活动看做一种不自由的活动,那么他是把这种活动看做替他人服务的、受他人支配的、处于他人的强迫和压制之下的活动"②。

意识到劳动者在劳动中异化的根源在于人与人之间不合理的社会关系,马克思开始将视野扩展到整个现代商品经济社会中人们直接的交往关系,从而做好了全面分析交往异化的准备。在"第一手稿"接近结尾时,马克思这样指出,"在这里外化劳动分解为两个组成部分,它们互相制约,或者说,它们只是同一种关系的不同表现,占有表现为异化、外化,而外化表现为占有,异化表现为真正得到公民权。"③ 这段话十分令人费解,而且在这段话前后没有任何与之相关的论述。对于这段话,日本学者望月清司的解释可谓十分深刻而精到,他说,"人把对象当作为我之物的自我实现活动(领有 A)带来了自然以及事物的异化(异化 A 和外化 A),而对象化的完成及产品的完成(外化 B),一方面作为产品向生产者的复归→占有→享受(领有 B),另一方面被转让为人的=社会的财产(Eigentum=所有),作为产品脱离生产者(异化 C)的代价,生产者被允许参加'人的社会'(获得 Einbürgerung 公民权)(领有 C)。"④ 这就是说,除了用自己的劳动产品满足自己的需要和享受外,生产者还将一部分劳动产品转让给他人和社会,在转让中产品成为了社会的财产,这样,生产者通过转让自己的产品获得了公民权。这段话意味着,马克

---

① 《马克思恩格斯文集》第 1 卷,北京:人民出版社 2009 年版,第 164—165 页。
② 《马克思恩格斯文集》第 1 卷,北京:人民出版社 2009 年版,第 165 页。
③ 《马克思恩格斯文集》第 1 卷,北京:人民出版社 2009 年版,第 168 页。
④ [日]望月清司:《马克思历史理论的研究》,韩立新译,北京:北京师范大学出版社 2009 年版,第 105 页。

思开始转向对商品经济社会中主体之间的交往关系进行分析。他提出了单个个体通过交换获得公民权还不够，还应对这一过程中人与人之间复杂的社会关系进行具体地分析，从哪些资料中获取资源？肯定是经济学。意识到这一点，马克思匆匆地结束了"第一手稿"，继续投入经济学的研究之中。

在《穆勒评注》[①]中，马克思在摘录"论交换"章的"中介"时，写下了占据整个《穆勒评注》最大篇幅的评论。表面上马克思针对的是穆勒的货币理论，但实际上他是对货币体现的社会关系进行分析。马克思指出，"货币的本质，首先不在于财产通过它转让，而在于人的产品赖以互相补充的中介活动或中介运动，人的社会的行动异化了"[②]。马克思没有从通常所理解的流通手段角度理解货币，而是从货币反映的人的社会活动角度来分析。这里需要注意的是"互相补充"的概念，马克思初步意识到人在本质上是"互相补充"的，即人和人之间相互依赖的关系。在马克思看来，人的劳动产品是人的力量的对象化，在劳动产品中内化了人格，劳动产品的交换实际上是人的力量的交换，因而是人格的交往、人对人的补充。如果存在互相补充的中介，那么这种中介的本质也是人的本质，因此"中介活动或中介运动"本来是"人的、社会的行动"。然而，在商品经济社会，人与人之间的补充由于插入了一个物——货币而发生了异化。这是因为，货币作为人的交换媒介后，成为了整个类的本质力量的体现者，因而衡量人格的不再是人本身，而是变成了货币，"物的相互关系本身，人用物进行的活动变成某种在人之外的、在人之上的本质所进行的活动"[③]。这表明，人将货币、金钱看成目的后，物与物的关系获得了人与人关系之上的位置。

在分析货币体现的社会关系的物化和异化后，马克思揭露了建立在货币基础上的现代"信用业"的本质。他指出，"在信用业……出现一种假象，似乎异己的物质力量的权力被打破了，……人又重新处在人与人的关系之中。"[④] 这就是说，现代"信用业"和"银行业"是由货币

[①] 韩立新教授认为《穆勒评注》写于"第一手稿"之后，对此，他在《〈巴黎手稿〉研究》一书中进行了详尽分析，笔者认同韩立新教授的这一观点。参见韩立新:《〈巴黎手稿〉研究》，北京：北京师范大学出版社2014年版，第四章。
[②] 《马克思恩格斯全集》第42卷，北京：人民出版社1979年版，第18页。
[③] 《马克思恩格斯全集》第42卷，北京：人民出版社1979年版，第18页。
[④] 《马克思恩格斯全集》第42卷，北京：人民出版社1979年版，第19页。

发展而来的，是建立在货币的基础上的。因此，表面上"信用业"是表示对人的信任，但实际上它信任的是货币和物，而不是人格。在这里，马克思提到了"自我异化"，但这里"自我异化"被看作人与人的分裂、人与人关系的异化，而不是劳动的异化。所以紧接着马克思就说，"这种扬弃[XXVI]异化、人向自己因而也向别人复归，仅仅是一个假象"①。从这里的论述起，马克思开始频繁地论述人与人之间社会关系的异化。在分析完信用业的"虚情假意"之后，马克思界定了人的本质，他说，"不论是生产本身中人的活动的交换，还是人的产品的交换，其意义都相当于类活动和类精神——它们的真实的、有意识的、真正的存在是社会的活动和社会的享受。因为人的本质是人的真正的社会联系"②。通过国民经济学的分析，马克思发现了人的本质在于社会联系，正是由于这一点他开始肯定国民经济学所具有的揭示人的社会关系本质的意义，他说"国民经济学以交换和贸易的形式来探讨人们的社会联系或他们的积极实现着的人的本质，探讨他们在类生活中、在真正的人的生活中的相互补充。"③ 但是，国民经济学所考察的实际上是物与物的社会关系，是人与人的社会关系的异化形式，这种学说没有看到，以货币为中介的商品经济社会中，人与人之间不是相互承认的，人们承认的只是其他人手中的货币和物，即"这种社会联系就以异化的形式出现。"④

此外，在《穆勒评注》中，马克思还立足于社会关系视角回应了在"第一手稿"中所分析的异化问题，即劳动的对象、产品、活动同人异化都是由不合理的社会关系造成的，"谋生的劳动以及工人的产品同工人的需要……不论就哪方面来说，都决定于同工人本身格格不入的社会组合"⑤。在进行这些负面的分析和批判后，马克思对理想的世界进行了展望，指出，"（1）我在我的生产中物化了我的个性和我的个性的特点……（2）在你享受或使用我的产品时，我……创造了与另一个人的本质的需要相符合的物品。（3）……我自己被你的思想和你的爱所证实。（4）在我个人的生命表现中，我直接创造了你的生命表现"⑥。由此

---

① 《马克思恩格斯全集》第42卷，北京：人民出版社1979年版，第21页。
② 《马克思恩格斯全集》第42卷，北京：人民出版社1979年版，第24页。
③ 《马克思恩格斯全集》第42卷，北京：人民出版社1979年版，第25页。
④ 《马克思恩格斯全集》第42卷，北京：人民出版社1979年版，第24页。
⑤ 《马克思恩格斯全集》第42卷，北京：人民出版社1979年版，第28页。
⑥ 《马克思恩格斯全集》第42卷，北京：人民出版社1979年版，第37页。

可见，马克思所描绘的是一种建立了合理的社会关系的人的生存状态。

通过上述分析，笔者认为，在"巴黎手稿"中，马克思确立了"社会关系"的概念。这不仅体现在《穆勒评注》中马克思将人与人之间的社会关系看作人的本质，同时还体现在《穆勒评注》之后，马克思对费尔巴哈的称赞，即认为费尔巴哈"创立了真正的唯物主义和实在的科学，因为费尔巴哈使社会关系即'人与人之间的'关系也同样成为理论的基本原则"①。除此以外，另一个体现是在"第二手稿"，尤其是"第三手稿"中马克思开始大量使用和强调"社会"这一概念。例如，在"第三手稿"中马克思连续使用"三个只有在社会中"来强调人同人的关系对人同自然关系的前提意义，这段话是："自然界的人的本质只对社会的人来说才是存在的；因为只有在社会中，自然界对人来说才是人与人联系的纽带，才是他为别人的存在和别人为他的存在，只有在社会中，自然界才是人自己的合乎人性的存在的基础，才是人的现实的生活要素。只有在社会中，人的自然的存在对他来说才是人的合乎人性的存在，并且自然界对他来说才成为人。"②

2.《神圣家族》：扬弃异化的前提是建立"人同人的社会关系"

在"巴黎手稿"中，马克思初步确立了"社会关系"概念，作为这一立场的合乎逻辑的发展，他在紧接着"巴黎手稿"之后写作的《神圣家族》中将合理的社会关系看作扬弃人的异化的前提。

在《神圣家族》中，马克思对埃德加·鲍威尔的思辨哲学进行了批判，这一批判联系埃德加·鲍威尔对蒲鲁东经济学理论的批判而进行。在马克思看来，同埃德加·鲍威尔的"批判的批判"比起来，蒲鲁东的经济学是进步的和富有内容的，因此蒲鲁东更值得肯定。不过，这里最引起我们关注的不是马克思对埃德加·鲍威尔的批判，也不是他对蒲鲁东的肯定，而恰恰是马克思肯定蒲鲁东后又对蒲鲁东进行的否定，也就是马克思所指出的蒲鲁东的缺陷和不足。按照马克思的说法，"从国民经济学观点出发对国民经济学进行批判时所能做的一切，他（蒲鲁东——引者注）都已经做了"③，但是同时，"蒲鲁东在国民经济学异化范围内

---

① 《马克思恩格斯文集》第1卷，北京：人民出版社2009年版，第200页。
② 《马克思恩格斯文集》第1卷，北京：人民出版社2009年版，第187页。
③ 《马克思恩格斯文集》第1卷，北京：人民出版社2009年版，第257页。

扬弃异化"①。依此来看，马克思对蒲鲁东的超越必然意味着对国民经济学的真正超越，正如马克思在评述开始时指出的那样：彻底超越国民经济学的"这一工作正是由于蒲鲁东本人做过的一切才有可能进行"②，马克思的新世界观正是在对国民经济学的超越过程中完成的。换句话说，马克思指正蒲鲁东的缺陷之处亦是马克思得以真正超越国民经济学之处，用马克思自己的说法来说就是，显示他不再局限于"国民经济学前提的束缚"的地方。所以，被指出的蒲鲁东的这一缺陷，不是马克思一般的优点而是涉及马克思新世界观原则性的方面。因此，把握马克思对蒲鲁东缺陷的指正和批判，对于把握马克思唯物史观的核心概念和主导立场具有关键的意义。那么，马克思所指出的蒲鲁东的缺陷是什么？这里先给出我们的答案：蒲鲁东没有把私有财产理解为人的社会关系的异化。

在《神圣家族》中，马克思首先联系国民经济学的前提——私有财产肯定了蒲鲁东的一般做法，"国民经济学的一切论述都以私有财产为前提。国民经济学把这基本前提当做确定不移的事实，而不作任何进一步的考察……蒲鲁东则对国民经济学的基础即私有财产作了批判的考察……这就是蒲鲁东在科学上实现的巨大进步"③。蒲鲁东到底是怎样考察国民经济学的基础——私有财产的？对这一问题的回答首先涉及国民经济学家们的矛盾。马克思认为，国民经济学家们一般只从非人性的角度——经济角度、物的角度来看待经济领域中的对象和关系，但有时又"破例地"论述经济关系中的人性，不过这种人性其实是虚假的、不存在的，所以国民经济学家们"总是不自觉地在这种矛盾中跟跄而行。"④相反，与国民经济学家不自觉地维护人性的假象不同，蒲鲁东则把从物的角度、经济角度把握经济关系这一工作发挥到极致，他彻底地、完全地刻画出国民经济关系的非人性质，这使得国民经济学家们的矛盾暴露无遗，使其虚假的人性不可能再站得住脚，从而结束了国民经济学的不自觉状态。用马克思的话说就是，蒲鲁东"迫使这些关系抛弃它们关于自身的这种想象而承认自己是真正非人性的……把私有财产的这种或那

---

① 《马克思恩格斯文集》第1卷，北京：人民出版社2009年版，第268页。
② 《马克思恩格斯文集》第1卷，北京：人民出版社2009年版，第255页。
③ 《马克思恩格斯文集》第1卷，北京：人民出版社2009年版，第255页。
④ 《马克思恩格斯文集》第1卷，北京：人民出版社2009年版，第257页。

种形式描述为国民经济关系的扭曲者"①。

如前所述，对于蒲鲁东的这种做法，马克思是表示肯定的，他说"从国民经济学观点出发对国民经济学进行批判时所能做的一切，他都已经做了。"② 但是，同样十分明显的是，在这句话中我们已经可以觉察到马克思对蒲鲁东的肯定中所包含的否定的意向，这就是"从国民经济学观点出发对国民经济学进行批判"③。不出所料，在稍后的论述中，马克思揭示了蒲鲁东的缺点：他没有理解私有财产本身是社会关系的异化。在马克思看来，蒲鲁东的缺点集中体现在其扬弃私有财产的方式上，即要求工资平等亦即每个劳动者"平等的占有"私有财产。马克思认为，蒲鲁东这种追求平等的方式"同他想扬弃人与自己的对象性本质的实际异化的关系，以及想扬弃人的自我异化在国民经济学上的表现，其实都是完全相同的一回事"④。这就是说，蒲鲁东要求私有财产复归到每个人手中，可是根据私有财产的本质，私有财产阻碍其平等地向每个人复归：私有财产之所以是私有财产就在于它的分离性、隔绝性，使人与人分隔开来的性质，它的存在本身就是一种异化。这种异化不是由个人造成的，而是由人与人之间的关系造成的，是社会关系分裂、对立、异化的表现和体现。因此私有财产、工资中蕴藏着人与人之间的关系，即人与对象背后、人与私有财产背后的人与人之间的关系，这种社会关系才是造成人与自己的对象性本质异化的原因。所以仅从人与对象、人与私有财产的关系，仅从自我异化角度来扬弃私有财产，不可能达到目标。换言之，蒲鲁东没有真正理解私有财产的本质，他扬弃私有财产的异化的方式还局限在私有财产的范围内：他使用的"平等的占有"或工资平等本身就是私有财产的语言，是国民经济学的语言，是"以国民经济学的占有形式来理解对象世界的重新获得"⑤。他不理解，对私有财产的占有本身意味着人与人之间的隔绝、孤立与分离，是人与人关系异化的产物。因此，平等的占有并不能消除不平等，相反，它本身就是靠不平等来维持的，因此用占有私有财产来消除不平等本身就是矛盾的，蒲鲁东"对国民经

---

① 《马克思恩格斯文集》第1卷，北京：人民出版社2009年版，第257页。
② 《马克思恩格斯文集》第1卷，北京：人民出版社2009年版，第257页。
③ 《马克思恩格斯文集》第1卷，北京：人民出版社2009年版，第257页。
④ 《马克思恩格斯文集》第1卷，北京：人民出版社2009年版，第268页。
⑤ 《马克思恩格斯文集》第1卷，北京：人民出版社2009年版，第268页

济学的批判还受到国民经济学的前提的束缚"①。

那么，怎样才能超出国民经济学的前提？答案是，要看到经济范畴中内化的社会关系。这就是说，克服人与私有财产对立，克服私有财产对人的统治，前提是克服人与人之间关系的异化。在马克思看来，仅仅抓住私有财产的客体的、直观的、物的方面是不够的，这只是看到人的本质外化后的对象，而没有把握对象中的人的本质、社会的本质，外化的对象如私有财产是人的内在的本质——人与人之间的社会关系的外化。同时也不能将对对象的占有仅仅理解为"是使用和实现我自己的本质力量"②，而是要理解为社会的力量、人与人共同活动的力量。这就是说，对象之所以外化、异化，在于它是人与人共同力量的外化、异化，因而对对象的真正占有不可能通过个人来完成，而必须通过社会来实现。所以，对于财产仅仅从孤立个体占有、使用的角度去理解便忽视和遮蔽了对象的社会关系本质。也就是说，平等的占有私有财产仍是把财产看成隔绝人与人的对象，仍然意味着人的孤立、分离，也即社会关系的异化，因而人真正从异化中解脱出来也是不可能的。在这一思想的基础上，马克思提出了人与人之间关系的理想状态。这就是，"对象作为为了人的存在，作为人的对象性存在，同时也就是人为了他人的定在，是他同他人的人的关系，是人同人的社会关系"③。这就是说，马克思把人看作是相互补充的存在物，是只有通过互助互利而生存和发展的存在物。因此，彻底的自觉的互助互惠是人获得真正自由解放的前提，而这也就是社会关系的和谐。

上述这段话表明，在马克思看来，人的自由解放的前提和条件是，个人把他人当作自己产品的目的，他的产品的目的是自觉地为了满足另一个人的需要，而不是把产品当作人的目的。列宁在摘录和评注《神圣家族》时曾给予这段话以极高的评价，他说，马克思的"这一段话极有特色，因为它表明马克思如何接近自己的整个'体系'（如果可以这样说的话）的基本思想——即如何接近生产的社会关系这个思想"④。列宁在这里的肯定同时指出了马克思此时的不足，这就是马克思还没有明确

---

① 《马克思恩格斯文集》第1卷，北京：人民出版社2009年版，第268页。
② 《马克思恩格斯文集》第1卷，北京：人民出版社2009年版，第268页。
③ 《马克思恩格斯文集》第1卷，北京：人民出版社2009年版，第268页。
④ 《列宁全集》第55卷，北京：人民出版社1990年版，第13页。

将社会关系同生产结合起来,没有强调生产领域中社会关系的根本意义,这一缺憾是在《德意志意识形态》中完善的。

(三)"社会关系"概念的确立与马克思新世界观的建立

1.《关于费尔巴哈的提纲》:"社会关系"在本质上是"实践"的

在《神圣家族》中,马克思将"社会关系"确立为扬弃人的异化的前提和根据,亦即合理的社会关系是理想的人的生存状态的前提,而这意味着马克思必然要求批判、变革不合理的现实社会关系。我们看到,正是在拟定新世界观基本要点的《关于费尔巴哈的提纲》(以下简称《提纲》)中,马克思表达了这一要求。笔者认为,这一要求构成马克思新世界观的核心指向,即一种具体的现实针对性,也就是说,马克思在《提纲》中的思想逻辑是有的放矢的,而这个"矢"就是"实践",这个"的"就是社会关系,即"实践"之矢射向的鹄的是"社会关系"。下面让我们对《提纲》的思想逻辑进行具体分析。

《提纲》第一条的内容是:"从前的一切唯物主义(包括费尔巴哈的唯物主义)的主要缺点是:对对象、现实、感性,只是从客体的或者直观的形式去理解,而不是把它们当做感性的人的活动,当做实践去理解,不是从主体方面去理解。因此,和唯物主义相反,唯心主义却把能动的方面抽象地发展了,当然,唯心主义是不知道现实的、感性的活动本身的。费尔巴哈想要研究跟思想客体确实不同的感性客体,但是他没有把人的活动本身理解为对象性的[gegenständliche]活动。"①《提纲》到这里的内容是对全部旧唯物主义(包括费尔巴哈的唯物主义)和唯心主义总的判断,叙述了二者各自的缺点:唯物主义不能从活动和实践角度去理解感性,不能从主体角度理解对象,缺乏能动性;而唯心主义虽然重视发挥能动性,却忽略了能动性的基础——感性和物质。由于是总的判断,所以也就是从一般性的角度来叙述的。那么到此,我们就还不清楚马克思对唯物主义,尤其是费尔巴哈唯物主义如此评判的真实目的,或者说具体针对的是什么。

笔者认为,第一条的重点是最后几句话,即"因此,他在《基督教的本质》中仅仅把理论的活动看作是真正人的活动,而对于实践则只是从它的卑污的犹太人的表现形式去理解和确定。因此,他不了解'革命

---

① 《马克思恩格斯文集》第1卷,北京:人民出版社2009年版,第499页。

的''实践批判的'活动的意义。"① 马克思指出,费尔巴哈仅从"卑污的犹太人的形式"来理解感性活动。所谓"犹太人的形式"就是经商、赚钱、谋利等,如果我们记得马克思《论犹太人问题》一文的内容的话,就会知道这是指一种自私自利、狭隘的利己主义的活动。费尔巴哈曾在《基督教的本质》中这样说,"如果人仅仅立足于实践的立场,并由此出发来观察世界,而使实践的立场成为理论的立场时,那他就跟自然不睦,使自然成为他的自私自利、他的实践利己主义之最顺从的仆人"②。这表明,费尔巴哈站在市民社会的立场上。费尔巴哈持这种立场的一个重要原因是,他明确反对抽象思辨而仅诉诸直观,而当他仅凭借直观来观察市民社会中的人的时候,他所看到的人就自然是狭隘、自私自利的"小市民",即那种致力于维护自身权益而把自己与他人分隔、孤立开来的原子式的个人,他们最重要的活动就是从独立的立场和利己的原则出发所进行的谋利活动。费尔巴哈将人的感性活动理解为这种活动,这必然导致他贬低实践活动,无法看到实践活动所具有的改造社会、批判现实的变革功能和革命性意义。笔者认为,这一点是马克思想重点表达的。当然,如果单独把第一条从整个《提纲》中抽离出来孤立地理解和看待的话,确实不容易看出这一点。但是,如果联系整个《提纲》,我们就会看到,不仅是第一条,在此后多处马克思都在不停地强调革命性、批判性。也就是说,马克思在这里强调感性的活动,意在突出它现实的批判、革命和改造的性质。何为感性?具体、现实之意;何为活动?革命、批判、变革之意。感性的活动就是具体的现实的革命、批判和变革。那么,在如此简短凝练的几条中,马克思多次强调革命性、批判性,他要革的是谁的命?要批判的是什么?要改变的是什么?笔者认为,是现实中不合理的社会关系。且让我们往下看。

《提纲》第二条直接针对的是真理问题,指出真理只有在实践中才能得到确证,这一条虽没有提到费尔巴哈但同样适用于对费尔巴哈的批判。费尔巴哈哲学就其最终属性而言,可被判决为纯粹的经院哲学,这样一种判决在其一般性上可推广至整个近代哲学——整个近代哲学的主题都是在纯粹理论中探讨思想的客观性即思想与对象之间的关系问题。

---

① 《马克思恩格斯文集》第1卷,北京:人民出版社2009年版,第499页。
② [德]费尔巴哈:《费尔巴哈哲学著作选集》下卷,荣震华等译,北京:商务印书馆1984年版,第145页。

黑格尔哲学是近代哲学发展的高峰和集大成者，也是费尔巴哈批判的对象，但是费尔巴哈对黑格尔哲学的批判还局限于黑格尔哲学的前提——理论哲学，他还受到以批判对象为前提的束缚和感染。例如，费尔巴哈否定黑格尔将思维看作客观现实和事物本质的做法，他把感性看作现实、事物的本质，但是他不承认感性的活动，这就根本不能在客观现实中证明这种感性。所以，究其实质，费尔巴哈的感性还是一种脱离社会、脱离现实的抽象的东西，仅仅还是一个概念。换言之，他还只是用一种概念替换了另一种概念，正如施蒂纳所批判的那样，他对宗教的批判只不过是将宗教中"神"的概念替换成了"人"的概念而已。所以，当他把理论活动看作是真正的活动的时候，他同黑格尔思辨哲学的斗争和对立就是一个关于离开了实践的思维的"现实性或非现实性的争论"，而这是"一个纯粹经院哲学的问题"。费尔巴哈曾说，"思维领域中把神学转变为人类学——这等于在实践和生活领域中把君主政体转变为共和国"①。他不明白的是，"人应该在实践中证明自己思维的真理性，即自己思维的现实性和力量。"② 人要通过感性实践的活动实现自己的所思所想，即在改造世界、变革世界中证明自己思维的现实性和力量。总之，费尔巴哈的缺陷在于，他只是在思想、观念、理论中进行变革，遵循着一种马克思后来所说的"天国降到人间的"思路——以为仅仅依靠理论的改变就够了。相反，马克思则认为，天国不是降临到人间的，而是在现实中用实际的活动建成的——"从人间升到天国"。人必须通过变革现实、改变现实来达成人在思维中所设定的理想，确证思维力量的此岸性。这一条与前一条的精神是一致的，不仅一般地在理论上解决了真理观的问题，而且特别地强调"应该在实践中证明"思维的力量，也就是强调要批判和变革。至于批判、变革的对象，马克思暂时还是没有指出。

在《提纲》第三条中，马克思所要批判、变革的对象初露端倪。马克思在这一条第一部分批判了认为人是环境和教育的产物的旧唯物主义思想，指出他们片面强调环境和教育对人的影响和作用，而忽视了人对环境和教育的改造，忽视了人的能动性。值得注意的是，马克思在这一

---

① ［德］费尔巴哈：《费尔巴哈哲学著作选集》上卷，荣震华等译，北京：商务印书馆1984年版，第598页。
② 《马克思恩格斯文集》第1卷，北京：人民出版社2009年版，第500页。

条第二部分没有提教育而只提了环境,即"环境的改变和人的活动或自我改变的一致,只能被看做是并合理地理解为革命的实践。"① 马克思为什么专门强调环境?他在"实践"前面加了个定语"革命的"意味着什么?我们先看环境与人的活动的关系。按照马克思的说法,环境和人之间是双向的影响关系而不是单向影响关系,例如不是像自然环境对动物的影响那样:动物的改变与自然环境改变也是一致的,但是这种一致是靠动物改变自身以适应自然环境来达到的。而人则不同。环境虽然影响着人、作用于人,但人具有感性活动即实践的能力,人可以通过这种实践的能力对环境进行改造而不是像动物那样只能适应环境,所以,如果环境不符合人的要求,那么人可以来变革它,使它适应人的需要,正如列宁所言,"世界不会满足人,人决心以自己的行动来改变世界"②。而马克思在这里虽不否定环境对人的影响,但他更强调环境本身由人来改变的性质。也就是说,像前面我们指出的那样,马克思在这里要突出和强调的是感性活动本身所具有的革命性、批判性、改造性。而在这第三条中我们看到,他在前半部分提了环境和教育而在结尾处只提环境,这显示出他心中所针对的目标——环境。那么这里的环境指的是什么?笔者认为,专指社会环境。马克思终其一生始终关注社会环境,对于他来说,自然环境虽然也应当加以研究,但却不是他要探讨的中心问题,正如他后来在《德意志意识形态》中指出的那样③。可见,在这里马克思已经初步提出了要予以变革的对象,即社会环境。

马克思在第四条中指出,"费尔巴哈是从宗教上的自我异化,从世界被二重化为宗教世界和世俗世界这一事实出发的。他做的工作是把宗教世界归结于它的世俗基础。但是,世俗基础使自己从自身中分离出去,并在云霄中固定为一个独立王国,这只能用这个世俗基础的自我分裂和自我矛盾来说明。因此,对于这个世俗基础本身应当在自身中、从它的矛盾中去理解,并且在实践中使之发生革命。"④ 在这一条,马克思先肯定了费尔巴哈对宗教的理解,而后又批评了费尔巴哈的局限性,进一步突出对社会环境改造的重要性和必要性。

---

① 《马克思恩格斯文集》第 1 卷,北京:人民出版社 2009 年版,第 500 页。
② 《列宁全集》第 55 卷,北京:人民出版社 1990 年版,第 183 页。
③ 《马克思恩格斯文集》第 1 卷,北京:人民出版社 2009 年版,第 516 页,注②。
④ 《马克思恩格斯文集》第 1 卷,北京:人民出版社 2009 年版,第 500 页。

首先，费尔巴哈看到了宗教的异化在于人的自我异化以及把宗教世界归结为世俗的基础，这是他的功绩。费尔巴哈利用主宾倒置的方法把上帝和人、宗教世界和世俗世界的关系颠倒过来，并用人本学来改造神本学。在上帝和人的关系方面，他把上帝的宾词——人颠倒为主词，认为不是上帝创造了人，而是人创造了上帝。在他看来，上帝的本质是人的本质，而人的自我意识具有三方面的本质：理性、意志和爱，人按照自己的这种意识创造了上帝，从而上帝就表现为智慧、善良和仁爱，因此上帝的意识、认识不过是人的自我意识和自我认识，即"上帝是人之公开的内心，是人之坦白的自我；宗教是人的隐秘的宝藏的庄严揭幕，是人最内在的思想的自由，是对自己的爱情秘密的公开供认"①。所以，对费尔巴哈来说，人们所崇拜的上帝其实是人自己的本质，是人把自己的本质从自身分离出去的结果。在他看来，宗教世界和世俗世界的关系同上帝和人的关系是对应的，因此宗教的产生意味着世界二重化了，分裂为天国的彼岸世界和尘世的此岸世界，但是彼岸世界的事物不过是此岸世界事物的幻象。马克思肯定了费尔巴哈将宗教归结为世俗的做法。

不过，马克思接着又指出了费尔巴哈的缺陷。这就是，费尔巴哈只是走了克服宗教的第一步就停了下来，即只是将宗教的产生归结为世俗基础，然而他既没有正确地理解这种世俗基础产生宗教的原因，又缺乏对产生宗教的世俗基础进行实际的批判和改造。费尔巴哈认为，宗教中的世界是世俗世界的幻想，而人间不幸的根源就在于人把自己尘世的东西异化到彼岸世界，去信仰一个专属天国的虚假的、幻想的对象，因此他要求信仰尘世的、真正的对象，以此去克服现实中的不幸，也就是用另外的对象取代基督教中的对象，这个对象在他看来就是"人"。他认为只要人们抛弃对上帝的思想，拥抱对人的本质的思想，调整人们的感情，人就可以达到幸福。例如他说，"只要我——在思想之中，或者，最好是在富有直观的表象之中——把统治者本人跟我等量齐观，只要我理解到他是象每个别人一样的人，那么他的一切威严也就立时消失了"②。这表明，费尔巴哈没有理解世俗基础产生宗教的真正原因，他将这种原

---

① ［德］费尔巴哈：《基督教的本质》，荣震华译，北京：商务印书馆1984年版，第43页。

② ［德］费尔巴哈：《费尔巴哈哲学著作选集》下卷，荣震华等译，北京：商务印书馆1984年版，第421页。

因归结为思想的原因,从而诉诸纯粹的理论方式去解决问题。

与费尔巴哈不同,早在"巴黎手稿"中马克思就指出,"哲学未能解决这个任务,正是因为哲学把这仅仅看做理论的任务"①。现在,马克思准备公开反对只把任务当成理论任务的"哲学家"了。马克思看到,人之所以发生自我异化,宗教之所以产生,在于人的尘世生活、社会生活的矛盾和分裂。因此,费尔巴哈所求助的宗教感情不是直接地来自人性和人的思想,而是来自社会实践,是现实的社会环境的产物,这些现实的社会问题不是通过关于人的本质的思想就能够解决的。如果说在《〈黑格尔法哲学批判〉导言》中,马克思还只是指出对天国、宗教、神学的批判应转变为对尘世、政治、法的理论的批判,那么现在我们看到,他已经要求在实践上变革不合理的现实了。我们看到,与之前的论述一样,《提纲》第四条的中心思想仍然是在强调要对现实社会、尘世基础进行实际地批判和改造。

马克思在第五条中再次批判了费尔巴哈仅仅满足于感性直观,强调应把感性理解为实践的、感性的活动,即"费尔巴哈不满意抽象的思维而喜欢直观;但是他把感性不是看做实践的、人的感性的活动。"② 马克思之所以一再强调实践的、感性的活动,其目的和用意是为了突出实践活动的变革性和革命性。那么,批判和变革什么?在第六条,马克思终于揭示了谜底——社会关系。

在《提纲》第六条,马克思这样指出,"费尔巴哈把宗教的本质归结于人的本质。但是,人的本质不是单个人所固有的抽象物,在其现实性上,它是一切社会关系的总和。费尔巴哈没有对这种现实的本质进行批判,因此他不得不:(1)撇开历史的进程,把宗教感情固定为独立的东西,并假定有一种抽象的——孤立的——人的个体。(2)因此,本质只能被理解为'类',理解为一种内在的、无声的、把许多个人自然地联系起来的普遍性。"③。原来,费尔巴哈没有做到批判的那个东西是社会关系。可见,马克思之前一再强调的"实践"的批判性和革命性指向的是对"社会关系"的批判和革命。

在第六条一开始,马克思就指出人的本质是社会关系的总和,而

---

① 《马克思恩格斯文集》第 1 卷,北京:人民出版社 2009 年版,第 192 页。
② 《马克思恩格斯文集》第 1 卷,北京:人民出版社 2009 年版,第 499 页。
③ 《马克思恩格斯文集》第 1 卷,北京:人民出版社 2009 年版,第 501 页。

"费尔巴哈没有对这种现实的本质进行批判",熟悉"巴黎手稿"的读者都知道,在《对黑格尔的辩证法和整个哲学的批判》中,马克思还高度称赞费尔巴哈,认为他"使社会关系即'人与人之间的'关系也同样成为理论的基本原则"①,到了这里,马克思为何转而开始批判费尔巴哈不懂得"社会关系"了?这首先得从费尔巴哈对"人与人之间的"关系的理解说起。

正如马克思所言,在费尔巴哈那里,"人与人之间的关系"曾被十分看重。费尔巴哈认为,任何一个人都不能离开其他人而单独存在,他为了强调人不能脱离他人,甚至把自身之外的一切人当成自我的本质,宣称除自身之外的一切人是自身的"类",即类本质②。正是因为费氏对人与人之间相互补足、相互需要的关系的强调,马克思才做出了上面的称赞。不过,也正是在做出这一称赞后不久,马克思就隐约觉察到费氏的缺陷:在同一手稿中,马克思还曾赞扬费氏对黑格尔辩证法的批判,"费尔巴哈的伟大功绩在于:(1)……(3)他把基于自身并且积极地以自身为根据的肯定的东西同自称是绝对肯定的东西的那个否定的否定对立起来"③,戏剧性的转变是,马克思在后面又表示出对黑格尔否定性原则的肯定以及对费尔巴哈肯定性原则的含蓄的否定,即"要说明这一运动在黑格尔那里同现代的批判即同费尔巴哈的《基督教的本质》一书所描述的同一过程的区别……要说明这一在黑格尔那里还是非批判的运动所具有的批判的形式"④,"黑格尔的《现象学》及其最后成果——辩证法,作为推动原则和创造原则的否定性——的伟大之处首先在于,黑格尔把人的自我产生看做一个过程……可见,他抓住了劳动的本质"⑤。由此可知,费尔巴哈的缺陷是忽略了这一"批判的形式"即否定性原则,他"把否定的否定仅仅看做哲学同自身的矛盾"⑥。这是马克思在"巴黎手稿"中唯一一次直接点名批评费尔巴哈的地方——尽管还十分含蓄。这就是说,费氏没有把握黑格尔辩证法中所体现的否定性,而这种否定

---

① 《马克思恩格斯文集》第1卷,北京:人民出版社2009年版,第200页。
② 关于费尔巴哈如何强调人与人之间相互需要、相互补充的关系以及费尔巴哈"类"的内涵,笔者将在下一章具体分析。
③ 《马克思恩格斯文集》第1卷,北京:人民出版社2009年版,第200页。
④ 《马克思恩格斯文集》第1卷,北京:人民出版社2009年版,第201页。
⑤ 《马克思恩格斯文集》第1卷,北京:人民出版社2009年版,第205页。
⑥ 《马克思恩格斯文集》第1卷,北京:人民出版社2009年版,第200页。

性的根源则在于劳动,因此费氏实际上没有看到劳动所具有的意义。正是因为这一点,费氏错失了把人与人联系起来的根本的方式——感性的活动即实践,所以当他不能理解人与人联系的真正方式时,也就不能做到真正地变革人与人之间的关系。而在《穆勒评注》中,马克思就已开始尝试将劳动同社会关系联系起来。与此同时,在"巴黎手稿"中也出现了"实践"概念。也就是说,将具有否定属性的劳动提升为实践,以及将劳动、实践同社会关系联系起来的契机已经出现①。至此,我们就可以理解,为什么马克思在《提纲》中批评费氏没有做到对社会关系进行批判——因为他不懂得人与人之间的关系同实践的关系,即不懂得人与人是在实践中发生关系的。

费尔巴哈没有将实践作为人与人发生关系的方式,那么他如何将人们联系起来?利用"类"。我们在前面说过,费尔巴哈把自我之外的一切人称为"类",并将之看成自我的本质,但是这没有解释人与人之间如何发生关系。因此,费尔巴哈赋予"类"以新的内涵来解释人与人之间如何联系,而被新赋予的内涵就是"理性、意志、爱"。在费氏看来,宗教中的三位一体实际上是人的三位一体的本质即类本质,而这就是"理性、意志、爱",它也将之看成类意识。正是"理性、意志、爱"把人们联结在一起,使人与人发生关系。此外,费氏还仿照"圣父、圣子、圣灵"的关系将"爱"看成最高级本质,用"爱"来解释历史的变迁和社会的发展。在费氏看来,人们信仰的神的爱其实是人自己的爱。"爱"能够将自私自利的个人联系起来,"爱"的异化是现实社会种种乱象的根源,是人们彼此孤立隔绝的罪魁祸首,因此他宣扬要用爱来交换爱、要人们彼此相爱。而"理性、意志、爱"、类意识等实际上是抽象的东西,即先天的"固有的抽象物",所以马克思批判费氏,"本质只能被理解为'类',理解为一种内在的、无声的、把许多个人自然地联系起来的普遍性"。② 同时,这也表明费氏脱离了真实的历史过程,把"爱"看成历史的决定性因素,因此在他那里,市民社会中利己的人必然是违背"爱"的因而脱离社会关系的孤立个体。可见,在自然领域坚持唯物主义的费尔巴哈在历史领域重新陷入唯心主义。由此,费尔巴哈不可能真

---

① 关于劳动过渡到实践,以及劳动、实践同社会关系之间的关系,笔者将在下一章进行详细分析。

② 《马克思恩格斯文集》第1卷,北京:人民出版社2009年版,第501页。

正理解社会关系，也不能解释社会关系的变革，更不能对现实社会关系进行实际地改造。

通过以上的分析可以发现，马克思十一条《提纲》的物理中心——第六条发挥了承上的作用，正是在第六条马克思将"社会关系"同"革命的实践"结合起来。现在，让我们来看第七条至第十一条的内容，以此呈现第六条的启下功能，进而把握《提纲》十一条内容间的逻辑进展关系。

在第七条中，马克思指出，"因此，费尔巴哈没有看到'宗教感情'本身是社会的产物，而他所分析的抽象的个人，是属于一定的社会形式的。"① 这里的意思是，"宗教感情"源于世俗社会，单个个体受到社会形式影响，因此克服宗教压迫、实现人的幸福就必须实际地变革世俗社会中的社会形式。何为"社会形式"？所谓"社会形式"是社会联系的外部框架，是社会生活内容的形式体现，受组织社会的方式所决定，因而受人与人之间发生联系的方式所决定，在根本上就是一定的社会关系。值得指出的是，这里的定语"一定的"并非可有可无，它同第三条的定语"革命的"一样，都具有十分特殊的意义。所谓"一定的"，就是具体的、可变的、暂时的，而不是抽象的、不变的、永恒的，它支撑了改造现实的逻辑，给出了批判、变革现实的合法性。它的表述意味着马克思新世界观之历史性原则的浮现。可以说，正是在对社会关系的思考过程中，马克思大大加深了对历史性原则的理解和把握，从而实现了海德格尔所评价的"深入到历史的本质性的一度中去"的任务。

关于《提纲》第八条，马克思说道，"全部社会生活在本质上是实践的。凡是把理论引向神秘主义的神秘东西，都能在人的实践中以及对这种实践的理解中得到合理的解决。"② 在这一条，马克思直接强调了社会生活的实践本性，从而直接点出社会关系的实践性。接着，马克思指出导致理论神秘化的根源在于实践上的缺陷和不足，因而实践是破解种种不合理理论的根本方式。理论本身的问题最终要依靠实践去解决，这意味着马克思这里所说的理论不是与社会生活无关的，他针对的主要是那些歪曲人们社会生活的观念体系，同时也针对仅仅在理论中兜圈子的做法。换句话说，马克思不是一般地论述理论与现实的关系，而是更加

---

① 《马克思恩格斯文集》第1卷，北京：人民出版社2009年版，第501页。
② 《马克思恩格斯文集》第1卷，北京：人民出版社2009年版，第501页。

强调为了消解不合理的理论就必须对"社会生活"进行改造，这其中关键的是对社会关系的改造。

《提纲》第九条的内容是："直观的唯物主义，即不是把感性理解为实践活动的唯物主义，至多也只能达到对单个人和市民社会的直观。"① 这句话同第一条是对应关系。马克思的意思是，费尔巴哈的直观唯物主义看不到单个人所处的复杂的社会联系，不理解个人的生存境遇、生活状态和存在方式是由整个社会关系所影响和规定的，因此这种唯物主义更不可能去变革和改造这种现实的社会关系，所以说"至多只能达到直观"。也就是说，既看不到这种社会关系，又不能对之进行实践地批判。费尔巴哈的这一缺点与马克思在《神圣家族》中批判的蒲鲁东的缺点相似。蒲鲁东也是站在市民社会的立场，要求平等占有市民社会的财产和平等享受市民社会成员的权利，而没有看到这种财产和权利本身就是社会关系异化的表现，是人的异化的表现。与蒲鲁东和费尔巴哈不同，马克思要对他们的理论前提——"市民社会"这一总体性的社会关系本身进行实践地批判。

关于《提纲》第十条，其内容是"旧唯物主义的立脚点是市民社会，新唯物主义的立脚点则是人类社会或社会的人类"。② 这一条依然承接着上一条，是对上一条内容的进一步丰富和深化。即是说，费尔巴哈的直观的唯物主义只能看到市民社会利己的孤立的个人，看不到孤立个体背后复杂的社会关系，看不到正是这些复杂的社会关系总和起来构成人的现实的本质。而当马克思诉诸"人类社会或社会的人类"时意味着他着眼于从复杂的总体性的社会关系角度去把握人，去追求人的解放，而不是单单着眼于个人，追求市民社会中原子式的个人的权利。因为在他看来，人的真正自由解放的前提是社会关系的合理化，在实现社会关系的解放以前去从事个人解放的活动是不现实的。也就是说，个体的社会本质决定了个人解放的前提是社会解放，即社会关系的解放。

《提纲》的最后一条是总结之笔，起到综括全文和画龙点睛的作用。马克思指出，"哲学家们只是用不同的方式解释世界，问题在于改变世界。"③ 如同以往学者解读的一样，这一条确实具有从总体上超越以往全

---

① 《马克思恩格斯文集》第1卷，北京：人民出版社2009年版，第502页。
② 《马克思恩格斯文集》第1卷，北京：人民出版社2009年版，第502页。
③ 《马克思恩格斯文集》第1卷，北京：人民出版社2009年版，第502页。

部旧哲学的范式的意义，即超越理论范式的哲学，建构了实践范式的哲学，从而实现了对传统哲学的根本性的革命。这是从理论意义上去把握的。而如果彻底贯彻马克思在《提纲》中所确立的实践观点的思维方式，那么我们就有必要揭示，马克思找到的改造世界的现实突破口是什么，实践所要变革的具体鹄的和标靶是什么。这一现实的鹄的和标靶就是马克思在第六条提到的"人的现实的本质"即社会关系。在这里，马克思所讨论的"世界"不是无人的纯粹自在自然的世界，而是已经打上人的烙印的世界，即人化的从而也就是社会化的世界，实践是创造这个人化世界的基石，而社会关系则深刻和全面地规范着实践本身，从而深刻和全面地规范人的存在发展和世界存在发展的内容、性质和状态。脱离社会关系的世界同脱离实践的世界一样，都不是人的世界，从而也不是马克思所讨论的世界。因此，与"全部社会生活在本质上是实践的"相对应，"全部实践在本质上也是社会的"。正是因为费尔巴哈不理解这一点，所以马克思才这样批判他："先于人类历史而存在的那个自然界，不是费尔巴哈生活于其中的自然界；这是除去在澳洲新出现的一些珊瑚岛以外今天在任何地方都不再存在的、因而对于费尔巴哈来说也是不存在的自然界"[①]。可见，在马克思看来，脱离社会而纯粹自在自然的世界，对于人来说无异于存在着的"无"。由此出发，我们便可以推知，为了改变这个属人的世界，即社会化的世界，必须改造人与人之间的现实交往关系，即社会关系。可以说，这一答案是马克思经过前期一系列观察、体会和研究积累而得到的，其间具有标志性的阶段有《莱茵报》时期的物质利益关系的苦恼、《德法年鉴》时期的"市民社会"的自觉、"巴黎手稿"时期社会联系视角的浮现、《神圣家族》中理想社会关系的构想等。如今在《提纲》中，诉求改变不合理的现实社会关系以达到理想化的人类社会境遇已经被明确地表述出来，而不是像在《神圣家族》中那样潜在的表达。也就是说，马克思《提纲》中的"实践"不仅具有一般性的哲学革命意义，而且也带有具体的现实的指向性和针对性，从这种具体的现实的指向性和针对性去看最后一条，他所谈论的改变世界才不会是"无的放矢"，而是蕴含着通过批判现存不合理的社会关系来达到变革人类社会的目的。

---

① 《马克思恩格斯文集》第1卷，北京：人民出版社2009年版，第530页。

至此,《提纲》的内在逻辑终于清晰起来,把握这一内在逻辑的关键就是对"实践"与"社会关系"的对立统一性的理解。即是说,社会由人的活动及其产物构成,而人的活动得以进行的前提是人与人之间建立社会关系,人类的活动伴随着社会关系而进行,所以这是"许多个人的共同活动"①,这种"共同活动"决定每一个人的生存状态和性质。然而,对于这种现实的共同的活动内容和方式,费尔巴哈没有进行批判。与之不同,马克思不仅在理论上对社会关系进行批判,而且宣布要实际地改变人的这种现实本质,"对实践的唯物主义者即共产主义者来说,全部问题都在于使现存世界革命化"②,这是马克思同费尔巴哈的重大差别之所在,也是理解《提纲》的关键之所在。

　　综上所言,《提纲》要点的拟定采取了对费尔巴哈进行反思、清算这种方式。在哲学上,费尔巴哈曾对马克思产生过重要影响,例如在马克思转向唯物主义以及批判宗教神学和黑格尔哲学的过程中都不同程度地借用了费尔巴哈的相关思想,以至于我们在马克思早期著作中不难见到相应的痕迹。尤其是"巴黎手稿"和《神圣家族》,马克思在这些文本中还给予费尔巴哈高度的赞誉。然而在《神圣家族》后写作的《提纲》中,马克思对费尔巴哈的态度却出现了巨大变化,拟定了清算费尔巴哈的相关要点。何以会出现这种转变?一个外部的原因是,赫斯和施蒂纳对费尔巴哈的批判③在一定程度上揭露了费尔巴哈的缺陷。但是,这种外部刺激至多只是加速马克思与费尔巴哈的分离,而最根本的还是马克思思想逻辑的内在发展。早在1843年致卢格的信中,马克思就曾揭示过费尔巴哈哲学的缺点④,而在经过集中的理论研究尤其是对政治经济学的钻研后,马克思的视野和境界已决定性地超越了费尔巴哈,由此开始清算费尔巴哈的思想。而马克思此前在致卢格的信中说过的应当"多强调政治",则在《提纲》中转化为"对现实的社会关系进行实践的批判"这一高度概括性的内涵。"对现实的社会关系进行实践的批判",这是马克思关注的焦点,而在费尔巴哈的哲学中却被遮蔽了。

---

　　①　《马克思恩格斯文集》第1卷,北京:人民出版社2009年版,第532页。
　　②　《马克思恩格斯文集》第1卷,北京:人民出版社2009年版,第527页。
　　③　关于赫斯和施蒂纳对费尔巴哈的批判,可参见侯才:《青年黑格尔派与马克思早期思想的发展》,北京:中国社会科学出版社1994年版,第三章与第五章;以及[日]广松涉:《物象化论的构图》,彭曦、庄倩译,南京:南京大学出版社2002年版,第一章第二节。
　　④　《马克思恩格斯全集》第47卷,北京:人民出版社2004年版,第53页。

实际上，当马克思说出"人的本质在其现实性上是一切社会关系的总和"的时候，就意味着他将社会关系的合理化看作消解人的异化和实现人的解放的前提，因此在马克思那里，理想生存境遇的建立必然以构建理想的社会关系为基石，建立这种理想的社会关系需要通过实践的方式去打破现成的不合理的社会结构和格局，这就是《提纲》中马克思表达的核心指向。从此视角观之，马克思在《提纲》中不仅一般地表达了"实践"对全部旧哲学的革命意蕴，从而完成了"批判的武器"的锻造与淬炼，而且也阐明了"武器的批判"的具体鹄的和标靶，这一鹄的和标靶就是被马克思称之为"人的现实本质"的"社会关系"，所以在《提纲》中马克思做到了"有的放矢"，这个"矢"就是"实践"，这个"的"就是"社会关系"，"实践"之矢射向的鹄的是"社会关系"，明确这一点对我们深入理解马克思的新世界观乃至马克思学说总体具有重要意义。

2.《德意志意识形态》："社会关系"概念的确立与唯物史观的诞生

诚然，《提纲》是"包含新世界观萌芽的天才大纲"，表述了新世界观的一些最为核心的思想。但是，作为马克思极短时间内匆忙拟定的供自己进一步研究用的备忘录，许多内容还来不及表达和展开。尤为重要的是，"社会关系"这一核心概念本身还有待进一步规定和具体化，也就是说，改变社会关系需要明确从哪一种社会关系入手。换言之，马克思需要明确何种社会关系才是最根本、最基础的社会关系。我们看到，在《德意志意识形态》（以下简称《形态》）中，马克思"从一切社会关系中划分出生产关系，即决定其余一切关系的基本的原始的关系"①。正是这一工作的进行，使马克思的新世界观即唯物史观臻于完成。

《形态》包含两个主要任务，一个是全面清算"德国哲学的意识形态的见解"，另一个是表达新世界观，即唯物主义历史观。二者之间是统一的关系，所谓有"破"必有"立"。正如马克思后来回忆时所说，批判"黑格尔以后的哲学的形式"是实现他和恩格斯共同阐明他们见解的方式②。

"黑格尔以后哲学形式"主要指的是青年黑格尔派哲学家。在马克

---

① 《列宁全集》第 1 卷，北京：人民出版社 1984 年版，第 106 页。
② 《马克思恩格斯全集》第 31 卷，北京：人民出版社 1998 年版，第 414 页。

思看来，青年黑格尔派的共同特点是仅仅试图通过哲学理论活动来改变现实，"根据青年黑格尔派的幻想，人们之间的关系、他们的一切举止行为、他们受到的束缚和限制，都是他们意识的产物"①。这就是说，青年黑格尔派将同思想意识做斗争看作拯救世界的途径，认为只要人们改变自己的思想意识，现实就会改变。马克思认为，与意识进行斗争实际上只是在同现实的影子进行搏斗，其结果只是在思想领域替换不同的观念、概念，表述不同的语句而已。而这种只针对思想理论进行的批判无异于以另一种方式承认现存世界，"既然他们仅仅反对现存世界的词句，那末他们就绝不是反对现实的、现存的世界。"② 在马克思看来，青年黑格尔派之所以局限于同影子作斗争是因为他们没有看到影子的真正源泉，即现实生活中的社会关系。与青年黑格尔派不同，马克思指出，应该"从市民社会出发来阐明各种不同的理论产物和意识形式，如宗教、哲学、道德等等，并在这个基础上追溯它们产生的过程。……意识的一切形式和产物不是可以用精神的批判来消灭的……而只有实际地推翻这一切唯心主义谬论所由产生的现实的社会关系，才能把它们消灭"③。"市民社会"是物质生活关系的总和，即现实的社会关系。马克思认为，现实的社会关系是政治、法以及与之相连的"宗教、哲学、道德"等意识形态的基础。因此，哲学、道德、宗教等不过是一定的社会关系的观念表现，这是马克思不同于青年黑格尔派思想家的地方。

在批判青年黑格尔派的同时，马克思还对"社会关系"做了进一步的把握和规定，即"从一切社会关系中划分出生产关系，即决定其余一切关系的基本的原始的关系"④。实际上，就马克思自己的思想发展来说，这是他的核心——新世界观的核心。具体而言，马克思在批评德国观念哲学时，深入对人及其历史真实产生过程的分析中，揭示了人的和历史的最深刻的基础。在马克思看来，人之所以能够从动物中脱颖而出、超越动物，是因为最根本的原因在于人们能进行物质生产。人与动物之间区别的开始不在于人有意识或有宗教，而是始于人们对物质生活资料的生产。而正是这种物质生产决定了历史，决定了人本身的状态，即

---

① 《马克思恩格斯文集》第1卷，北京：人民出版社2009年版，第515页。
② 《马克思恩格斯文集》第1卷，北京：人民出版社2009年版，第515页。
③ 《马克思恩格斯文集》第1卷，北京：人民出版社2009年版，第544页。
④ 《列宁全集》第1卷，北京：人民出版社1984年版，第106页。

"个人怎样表现自己的生命,他们自己就是怎样。因此,他们是什么样的,这同他们的生产是一致的——既和他们生产什么一致,又和他们怎样生产一致。"① 所谓"生产什么"和"怎样生产"指的是什么?马克思紧接着这句话的表述是:"因而,个人是什么样的,这取决于他们进行生产的物质条件。这种生产第一次是随着人口的增长而开始的。而生产本身又是以个人彼此之间的交往[Verkehr]为前提的。这种交往的形式又是由生产决定的。"② 在这里,马克思强调了交往对生产的意义,即人们必须通过交往才能进行生产,生产中的交往形式就是生产中人与人之间的组织方式,也就是列宁所说的"生产的社会关系",即生产关系。《马克思恩格斯文集》第1卷的编者在对此处进行注释时指出,《形态》中的"交往"概念含义很广,而生产中的交往指的就是生产关系,即"物质交往,首先是人们在生产过程中的交往,这是任何其他交往的基础。《德意志意识形态》中所用的'交往形式'、'交往方式'、'交往关系'、'生产关系和交往关系'这些术语,表达了马克思和恩格斯在这个时期形成的生产关系概念。"③ 所以,马克思想表达的是个人的生存生活同他的生产关系是一致的,也即人的生存状态在根本上受生产关系制约的思想。

为了证明生产关系是制约历史、制约人的生存状态的最根本的社会关系,马克思分析了生产关系中的两大基本组成部分,这就是所有制和分工。而正是在论述所有制的时候,马克思提出了"生产关系"这一概念。在马克思看来,不同的所有制形式构成了不同的社会阶段,是划分不同社会形态的根本标准。为此,他联系了不同的所有制形式对历史发展过程进行了分析,以说明社会阶段如何在不同所有制中发生更替。马克思分析的所有制形式主要包括部落所有制、古代公社所有制和国家所有制、封建的或等级的所有制等。在分析封建所有制时,马克思指出,"封建时代的所有制的主要形式,一方面是地产和束缚于地产上的农奴劳动,另一方面是拥有少量资本并支配着帮工劳动的自身劳动。这两种所有制的结构都是由狭隘的生产关系——粗陋原始的土地耕作和手工业式的工业所决定的。"④ 我们看到,这里的"生产关系"概念还不够准确,

---

① 《马克思恩格斯文集》第1卷,北京:人民出版社2009年版,第520页。
② 《马克思恩格斯文集》第1卷,北京:人民出版社2009年版,第520页。
③ 《马克思恩格斯文集》第1卷,北京:人民出版社2009年版,第808页。
④ 《马克思恩格斯文集》第1卷,北京:人民出版社2009年版,第523页。

但无论如何，马克思迈出了从全部社会关系中划分出基础性和决定性关系的关键一步。

关于分工，马克思认为它是同所有制相对应的，即有何种形式的所有制就有相应形式的分工。值得指出的是，马克思在叙述分工时着重揭示了不合理的分工对人的统治、压迫和束缚。在马克思看来，人们之间的利益在分工发展的基础上逐渐分化，由此产生个体利益同相互交往的人们的共同利益的矛盾，这种共同利益不仅存在于人们的意识中而且首先体现的是人们之间关系的性质。也就是说，这是一种导致人们之间分离、竞争、对立关系的分工，因此使社会关系和社会生产力具有了同单个人相对立的性质。"生产力表现为一种完全不依赖于各个人并与他们分离的东西，表现为与各个人同时存在的特殊世界，其原因是，各个人——他们的力量就是生产力——是分散的和彼此对立的"①。可见，社会力量之所以具有同个体对立的性质，之所以违背人的个性，在于个人与个人之间分散、对立的关系，因而改变生产力对人的压抑的前提是改变人与人之间在生产中的关系，即"分工使精神活动和物质活动、享受和劳动、生产和消费由不同的个人来分担这种情况不仅成为可能，而且成为现实，而要使这三个因素彼此不发生矛盾，则只有再消灭分工"②。这里的"分工"指的是不合理的分工，而不是分工本身。因为，如果完全消灭分工，那么就意味着单个人能够完成所有活动，个人成了完满的人，他不再需要任何人的协助，不需要同他人发生关系和联系，这是根本不可能的。因此，马克思所说的"消灭分工"实际上指的是消灭资产阶级的生产关系。实现这一任务的运动就是共产主义革命，共产主义革命是改造生产关系以重新驾驭现存生产力的根本方式。在共产主义运动中，"已成为桎梏的旧交往形式被适应于比较发达的生产力，因而也适应于进步的个人自主活动方式的新交往形式所代替"③。

在《形态》中，马克思在叙述一些结论时往往是在论述相关问题时直接引申出的，而很少做出专门的小结，他所做的第一个小结用连续的"＊"同之前叙述分割开来，十分醒目。在这第一个小结中，马克思的第一句话是"最后，我们从上面所发挥的历史观中还可以得出以下的结

---

① 《马克思恩格斯文集》第1卷，北京：人民出版社2009年版，第580页。
② 《马克思恩格斯文集》第1卷，北京：人民出版社2009年版，第535页。
③ 《马克思恩格斯文集》第1卷，北京：人民出版社2009年版，第576页。

论：(1) 生产力在其发展的过程中达到这样的阶段,在这个阶段上产生出来的生产力和交往手段在现存关系下只能带来灾难,这种生产力已经不是生产的力量,而是破坏的力量(机器和货币)"。① 十分明显,这句话想要表达的是现存的生产关系阻碍了生产力地发展,其中内含着批判和变革现有生产关系的旨趣。我们看到,马克思在第一个小结中叙述的第一个结论就是关于生产关系的思想,由此可见"生产关系"在整个《形态》占有着核心的地位和位置。这一地位在马克思对唯物史观进行表述的时候得到鲜明的体现,例如《形态》中就是如此。此外,在《〈政治经济学批判〉序言》中,马克思也表达了唯物史观的基本原理,他的第一句话就是"人们在自己生活的社会生产中发生一定的、必然的、不以他们的意志为转移的关系,即同他们的物质生产力的一定发展阶段相适合的生产关系。"接下来,马克思说,"这些生产关系的总和构成社会的经济结构,即有法律的和政治的上层建筑竖立其上并有一定的社会意识形式与之相适应的现实基础。……这些关系便由生产力的发展形式变成生产力的桎梏。那时社会革命的时代就到来了。……在考察这些变革时,必须时刻把下面两者区别开来:一种是生产的经济条件方面所发生的物质的、可以用自然科学的精确性指明的变革,一种是……意识形态的形式。……这个意识必须从物质生活的矛盾中,从社会生产力和生产关系之间的现存冲突中去解释。……新的更高的生产关系,在它的物质存在条件在旧社会的胎胞里成熟以前,是决不会出现的。"② 可以说,"生产关系"在《形态》中的大量出现,意味着马克思"社会关系"概念的完全确立,而正是在它彻底得到确立的时刻,马克思的新世界观——唯物史观宣告诞生。

综上所述,笔者认为,"社会关系"概念的确立对马克思哲学的发展意义十分重大。这表现在:物质利益关系对马克思的冲击使他转向唯物主义,采取了物质生活关系总和——市民社会决定政治形式的观点。在《穆勒评注》中,马克思开始大量分析商品经济社会中人与人之间的交往关系,确立了社会关系的视角。《神圣家族》表明,马克思已经将社会关系的性质看作扬弃人的异化的前提和根据。到了《提纲》中,马克思开始提出必须对现存社会关系进行实际地批判和改造,对他来说,

---

① 《马克思恩格斯文集》第1卷,北京:人民出版社2009年版,第542页。
② 《马克思恩格斯全集》第31卷,北京:人民出版社1998年版,第412—413页。

"改变世界"就是改变不合理的社会关系。在《形态》中,由于马克思从一切社会关系中划分出了决定性、根本性的社会关系,使得唯物史观真正完成,即确立了唯物史观的核心。最后,作为一个事实,在《形态》以后,马克思几乎在对待人类社会任何事物的时候都要联系一定的社会关系来说明。这是因为马克思意识到,"一个人的自由与解放程度与其社会关系的合乎人性的程度内在地关联在一起"①。

二、"社会关系"概念在马克思开展政治经济学批判过程中的重要地位

在《形态》中,马克思主要立足于价值性和理想性——追求人的自主活动来表达改造现有生产关系即资本主义生产关系的要求。但是,建立了唯物史观的马克思显然不可能仅仅满足于从这种角度去论证改造生产关系的要求,他必然要求自己从科学角度进行论证。因为,只有从科学上证明资本主义生产关系是不合理的,才能为变革它提供充足的理由和根据,亦即提供必要性与合法性。这一科学,在马克思看来就是政治经济学。但是,正如我们所看到的那样,在整个《形态》中,马克思在使用经济学术语方面往往不够准确,譬如他在论述所有制、生产关系、工业三者关系时所表现的那样。这说明,马克思的政治经济学知识还不够成熟,还不足以彻底说明现存生产关系的不合理性。所以,从《形态》写作结束后,马克思便再次投入对政治经济学的研究中。因此可以说,从政治经济学角度论证生产关系的不合理性,是马克思写作《形态》后的核心任务。所谓不合理的就是应被改变和取代的,即历史的、暂时的,因而论证资本主义生产关系的不合理性,就是论证其历史性。

另一方面,与马克思的想法正相对立,几乎全部资产阶级政治经济学家的出发点都是:资本主义生产关系是自然和天然的,所谓自然的、天然的就是永恒性的代名词。因此,致力于证明资本主义生产关系历史性的马克思,必然要对资产阶级政治经济学进行批判,马克思在表述他同德国政治经济学对立的时候说道,他的目的就是"使群众具有和迄今为止的德国科学直接相反的政治经济学的观点"②,即具有资本主义生产

---

① 贺来、张欢欢:《"人的本质是一切社会关系的总和"意味着什么》,载《学习与探索》,2014年第9期,第31页。

② 《马克思恩格斯全集》第3卷,北京:人民出版社1960年版,第3卷说明第6页。

关系历史性的政治经济学观点,以此唤醒广大无产阶级群众变革资本主义生产关系的意识。由此可见,"社会关系"概念在马克思政治经济学批判中处于引领地位。

(一) 政治经济学批判"战斗檄文"中的"社会关系"

马克思在《形态》后写作的第一部关于政治经济学批判的著作是《哲学的贫困》。有学者指出,"《哲学的贫困》在内容上几乎都是围绕社会关系概念展开的……马克思……把自己在社会关系问题上的思想提高了一大步。"① 这表明"社会关系"已经深深地"印在"马克思的脑海里了,成为马克思分析社会事物的基本视角和根本出发点。而除了看到"社会关系"是马克思的根本立场和基本视角,我们还应看到,马克思由此出发确立的一个核心任务是科学地揭示和证明生产关系的历史性,尤其是资本主义生产关系的历史性。所以,当他看到在工人群众中有一定影响的蒲鲁东用捏造的范畴顺序、"天命"、"社会天才"解释生产关系变迁因而遮蔽了生产关系历史性时,他自然大为不满,进而迫切地对之进行批判。可以说,马克思以论战的形式宣告了科学论证生产关系历史性的任务。

在《哲学的贫困》第一章开始部分,马克思通过评价蒲鲁东对交换和交换价值的论述,指出其历史性维度的缺乏:蒲鲁东错误地认为交换以人们之间的建议为基础,而且他没有对建议的起源进行解释。在蒲鲁东那里,个人被描绘成在开始时处于与他人隔绝的孤立状态,是脱离社会联系的鲁滨逊式的个人。马克思反问道,这个鲁滨逊怎么会突然想到要建议别人交换? 而且别人为什么毫无异议地接受了这个建议? 蒲鲁东在他的著作中没有对这样的前提作出解释,而"只是给交换这一事实盖了历史的印记,……这就是……蒲鲁东先生的'历史的叙述的方法'"②。即是说,蒲鲁东"历史的叙述的方法"其实是抽象的、非历史的叙述方法。马克思指出,"交换有它自己的历史。它经过各个不同的阶段。③"而对于这些阶段,蒲鲁东只能求助于"向别人,即向各行各业中他的合

---

① 唐正东:《从斯密到马克思——经济哲学方法的历史性诠释》,南京:江苏人民出版社2009年版,第354页。
② 《马克思恩格斯全集》第4卷,北京:人民出版社1958年版,第79页。
③ 《马克思恩格斯全集》第4卷,北京:人民出版社1958年版,第79页。

作者建议"① 的方式来说明,这是一个能说明一切、答复一切的方法,因而在实质上什么也说明不了、答复不了,即非历史的方法。

对交换价值的分析必然牵涉货币问题,而在对货币如何产生的问题上蒲鲁东又表现出一种浅薄,他认为,"经过君主的神圣化以后就产生了货币:君主们占有金银,并且在上面打了自己的印章。"② 这就是说,蒲鲁东把君主的专制权力当成了解释经济范畴的决定性的原因。对此,马克思针锋相对地指出,"只有毫无历史知识的人才不知道:君主们在任何时候都不得不服从经济条件,并且从来不能向经济条件发号施令。"③ 值得指出的是,马克思在批判蒲鲁东不懂得货币的起源的同时,还指出了货币的本质,即同其他经济关系一样,货币也是一种生产关系,"货币不是东西,而是一种社会关系。为什么货币所表现的关系也象任何其他经济关系如分工等一样,是一种生产关系呢?"④

《哲学的贫困》最重要的内容是第二章,马克思在这一章提出了许多深刻的、富有见地的思想。也正是在这一章,马克思最直接、最集中地批判了蒲鲁东对生产关系的非历史理解。马克思在这一章一开头便指出,蒲鲁东对资本主义生产关系分析的后果是遮蔽了资本主义生产关系的历史性。

马克思认为,资产阶级经济学家把以分工、信用、货币等为代表的资本主义经济关系说成是永恒的和固定不变的,把这些经济范畴当成是生产的既定的前提,从这些既定的前提出发解释现有的经济过程,而没有说明这些范畴本身的起源和来历。"经济学家们向我们解释了生产怎样在上述关系下进行,但是没有说明这些关系本身是怎样产生的,也就是说,没有说明产生这些关系的历史运动。"⑤ 蒲鲁东表面上与这些资产阶级经济学家观点相反,他想解释资本主义经济关系的形成和来历,但是他却从纯粹的思想和概念的角度来分析这些关系,只是把代表这些经济关系的思想、概念、范畴在逻辑上重新排列了次序,而这不可能真正说明经济关系的形成和来历,反倒使资本主义经济关系更加具有永恒性的

---

① 《马克思恩格斯全集》第4卷,北京:人民出版社1958年版,第79页。
② 《马克思恩格斯全集》第4卷,北京:人民出版社1958年版,第121页。
③ 《马克思恩格斯全集》第4卷,北京:人民出版社1958年版,第121页。
④ 《马克思恩格斯全集》第4卷,北京:人民出版社1958年版,第119页。
⑤ 《马克思恩格斯文集》第1卷,北京:人民出版社2009年版,第598页。

假象。对此，马克思说道，蒲鲁东使"我们忽略了生产关系（范畴只是它在理论上的表现）的历史发展"①，使"我们只希望在这些范畴中看到观念、不依赖实际关系而自生的思想，那末，我们就只得到纯理性的运动中去找寻这些思想的来历了"②。这就是说，在蒲鲁东那里，范畴脱离了现实，失掉了它"生动活泼的生活"，他不是对现实进行抽象，而是把抽象当成现实，是凭主观思维构造出经济范畴之间的矛盾和关系，这只能是对现实生产关系的歪曲理解。马克思指出了蒲鲁东这种理解的根源和实质，"我们谈的只是黑格尔的辩证法。下面我们要看到蒲鲁东先生怎样把它降低到极可怜的程度"③。这就是说，蒲鲁东之所以以这种方式对资本主义生产关系进行理解，是因为他想将黑格尔的辩证法套用在政治经济学的范畴上，构建他所谓的"贫困的哲学"。但是，由于蒲鲁东没有把握到黑格尔辩证法根底上所具有的深厚的历史性，所以他最终只是在表面上粗陋地将黑格尔的思辨逻辑搬到了经济范畴里，结果是仅仅在各范畴间编造了一种逻辑上的次序，最终遮蔽了资本主义各经济范畴的真实联系，从而生产关系的历史性便被遮蔽了。

在扼要地指出蒲鲁东方法上的缺陷之后，马克思开始具体地剖析和批判。第二个说明伊始，马克思便指出，"经济范畴只不过是生产方面社会关系的理论表现，即其抽象。"④ 然而，蒲鲁东却把思想上的经济范畴同现实生产关系这两个方面的真正关系颠倒了，认为现实的社会关系是人类理性的化身和体现，是一些范畴和原理的外在化，这些范畴和原理天然地"睡在'人类的无人身的理性'怀抱里"⑤。所以即便蒲鲁东论述了"人们是在一定的生产关系范围内制造呢绒、麻布和丝织品"⑥，但是他却根本不知道"这些一定的社会关系同麻布、亚麻等一样，也是人们生产出来的"⑦。也就是说，在蒲鲁东那里，现存的社会关系天然存于世间，是没有自己的真正历史的。但是事实上，这些现存的社会关系是通过人们之间相互的活动创造出来的，而一旦人们获得新的生产力的时候，

---

① 《马克思恩格斯文集》第1卷，北京：人民出版社2009年版，第599页。
② 《马克思恩格斯文集》第1卷，北京：人民出版社2009年版，第599页。
③ 《马克思恩格斯文集》第1卷，北京：人民出版社2009年版，第602页。
④ 《马克思恩格斯文集》第1卷，北京：人民出版社2009年版，第602页。
⑤ 《马克思恩格斯文集》第1卷，北京：人民出版社2009年版，第602页。
⑥ 《马克思恩格斯文集》第1卷，北京：人民出版社2009年版，第602页。
⑦ 《马克思恩格斯文集》第1卷，北京：人民出版社2009年版，第602页。

人们就会改变既有的生产方式以保持已经取得的果实，而对生产方式的改变也就是对现有的生产关系的改变。换句话说，任何生产关系都是历史的、变化的。对此，马克思说道，"人们按照自己的物质生产的发展建立相应的社会关系，正是这些人又按照自己的社会关系创造了相应的原理、观念和范畴。所以，这些观念、范畴也同它们所表现的关系一样，不是永恒的。它们是历史的暂时的产物。"① 而蒲鲁东的做法意味着他根本不懂得生产关系的这种历史的、暂时的性质，结果是，"在这一切一成不变、停滞不动的永恒下面没有历史可言"②。

值得指出的是，马克思在批判蒲鲁东的同时，还将蒲鲁东对待资本主义生产关系的非历史眼光同资产阶级经济学家的眼光进行了类比。马克思认为，对资本主义所有权进行正确叙述要以掌握资本主义全部生产关系为基础，因为每个不同的时代的所有权是不同的、历史的，而这根源于不同时代不同的生产关系。但是，蒲鲁东竟"想把所有权作为一种独立的关系、一种特殊的范畴、一种抽象的和永恒的观念来下定义，这只能是形而上学或法学的幻想"③，这种幻想"同他那狭隘的历史眼光大有关系"④。与蒲鲁东的历史眼光类似，资产阶级经济学家在看待资本主义生产关系时也犯了短视病，"经济学家们在论断中采用的方式是非常奇怪的。他们认为只有两种制度：一种是人为的，一种是天然的。封建制度是人为的，资产阶级制度是天然的。……永恒的资产阶级社会生产关系。"⑤ 实际上，资产阶级经济学家才是马克思心中认真对待、需要倾注大量心血的批判对象。在生产关系历史性的问题上，蒲鲁东虽与资产阶级经济学家同属一个阵营，但在科学性上却存在天壤之别。正像费尔巴哈同黑格尔比起来显示出"惊人的贫乏"一样，蒲鲁东同真正的资产阶级经济学家比起来也是贫乏的。所以，马克思只用两天便浏览完了蒲鲁东的《贫困的哲学》。但对于资产阶级经济学家的理论，马克思却耗费了大半生去钻研，用了二十余年去批判。就理论内容而言，马克思没有必要批判蒲鲁东。但马克思不仅在这时批判了蒲鲁东，而且在后半生的

---

① 《马克思恩格斯文集》第 1 卷，北京：人民出版社 2009 年版，第 603 页。
② 《马克思恩格斯文集》第 1 卷，北京：人民出版社 2009 年版，第 608 页。
③ 《马克思恩格斯文集》第 1 卷，北京：人民出版社 2009 年版，第 638 页。
④ 《马克思恩格斯文集》第 1 卷，北京：人民出版社 2009 年版，第 639 页。
⑤ 《马克思恩格斯文集》第 1 卷，北京：人民出版社 2009 年版，第 612—613 页。

理论研究中也一直关注和回顾蒲鲁东。原因在于，蒲鲁东在无产阶级中颇有一定影响，因此，如果他对生产关系的非历史理解不被驳倒，那么将对无产阶级革命带来危害。

综上所述，在马克思看来，蒲鲁东在构造政治经济学的形而上学时遮蔽了生产关系的历史性，没有意识到生产关系的历史变迁来自人民群众的主动改造①。而就马克思的任务而言，他已经将注意力放在政治经济学范围内论证资本主义生产关系历史性这个方向。也就是说，他已经准备好踏上科学地证明资本主义生产关系必将被改变的道路。

(二) 政治经济学批判手稿中的"社会关系"

在《哲学的贫困》中，马克思批判了蒲鲁东用"范畴""天命""社会天才"等解释生产关系的历史，强调生产关系只是一定社会阶段的、暂时的生产形式，并且提出了人民群众是变革生产关系的主体的观点。除此之外，马克思也批评了资产阶级经济学家将资本主义生产关系永恒化的做法。但是，由于马克思还没来得及深入资本主义生产的总过程对这种生产关系的起源和矛盾进行全面研究，所以尽管马克思多次表达了自己的立场，但在《哲学的贫困》中他对这一立场还只是局限于一般地论述和强调。也就是说，还不能深入其中的细节展开科学地、全面地分析，即政治经济学的研究还滞后于批判的热情。而到了写作一系列"重量级"的政治经济学批判手稿的时候，这一任务获得了实质性的推进。这表现在，马克思不再仅仅局限于一般性强调资本主义生产关系的历史性，而是深入到资本主义经济运动本身来揭示资本主义生产关系的实质。这里笔者选取奠定政治经济学批判"三大手稿"基调的第一部手稿即《1857—1858年经济学手稿》②来进行剖析。正是在这个被后来的研究者称作《大纲》的手稿中，马克思揭示了使资本主义生产关系不断再生产出来的那个"特殊"——劳动和所有权相分离，从而触及了资本主义生产关系最核心、最隐秘的本质，亦即它对工人进行剥削的秘密。这一秘密的揭开，使资本主义生产关系在经验科学面前暴露了它的压迫性和奴役性，从而宣告了它的历史的、暂时性的命运。

---

① 在《哲学的贫困》中，马克思还批判了蒲鲁东用"天命""社会天才"等解释生产关系变迁的做法，以及批判这种解释所带来的否定人民群众变革生产关系必要性和主动性的危害。由于篇幅关系，这部分内容就不再赘述。

② 通常称之为《政治经济学大纲》，以下简称《大纲》。

在《大纲》的"导言"部分，马克思指出，"摆在面前的对象，首先是物质生产。在社会中进行生产的个人，——因而，这些个人的一定社会性质的生产，当然是出发点。"① 与《哲学的贫困》从交换关系出发不同，马克思在这里首先明确了出发点是"一定社会性质的生产"。接着，马克思批判了斯密和李嘉图把孤立的个人生产当成出发点的做法，强调个体及其生产始终处于社会关系中，他说，"人是最名副其实的政治动物，不仅是一种合群的动物，而且是只有在社会中才能独立的动物。孤立的一个人在社会之外进行生产——这是罕见的事"②，这种罕见的事也只有具备社会力量的个人偶然落入荒野才是有可能的。可见，在马克思那里，"一定社会性质的生产"就是处于一定的社会关系中的生产，或者说，物质生产在一定的社会关系中展开，这种物质生产展开的过程也是生产中人的社会关系的生产和再生产的过程。

在言简意赅地指出生产在社会关系中进行的观点之后，马克思揭露了资产阶级经济学家将资本主义生产关系永恒化的手法，从而为论证生产关系的历史性作出铺垫。马克思指出，资产阶级经济学家从普遍的、共同的"生产一般"出发来解释资本主义生产关系，而忽视这种生产关系中所存在的特殊，以此遮蔽资本主义生产关系的历史性。实际上，生产一般只是一个抽象，它是人们从各个时代的生产中抽出来的共同点，这种共同点的作用是使人们不必在研究每种生产时都去重复地提炼这种抽象，所以本身是合理的。但是，构成事物发展的却并不是这种共同的东西，而是不同于这种共同点的差别，而抽出共同的东西的一个重要的意义就是对这种差别进行揭示。可是，现代经济学家恰恰要"忘记这种差别"，马克思指出，这就是"证明现存社会关系永存与和谐的现代经济学家的全部智慧"③。也就是说，资产阶级经济学家们把资本看作"是一种一般的、永存的自然关系"。不承认生产关系的历史性就意味着无法对其做到真正的理解和解释，这样，当凯里把生产关系的历史歪曲为是政府的篡改也就不难理解了："生产关系的全部历史，例如在凯里看来，是历代政府的恶意篡改。"④

---

① 《马克思恩格斯全集》第 30 卷，北京：人民出版社 1995 年版，第 22 页。
② 《马克思恩格斯全集》第 30 卷，北京：人民出版社 1995 年版，第 25 页。
③ 《马克思恩格斯全集》第 30 卷，北京：人民出版社 1995 年版，第 26 页。
④ 《马克思恩格斯全集》第 30 卷，北京：人民出版社 1995 年版，第 26 页。

资产阶级经济学家的"生产一般"是什么？是积累起来的劳动。就是说，在资产阶级经济学家那里，资本被仅仅当成积累起来的客体化了的劳动来看待，这样就把资本和普通的物化劳动等同起来了，从而忽视了二者的差别，资本由此而被合理化和永恒化。对此，马克思揭露道，资产阶级经济学家"抛开了正是使'生产工具'、'积累的劳动'成为资本的那个特殊"①。因此，真正揭示资本本性的不是资本作为积累起来的劳动，而是积累起来的劳动如何成为了资本，或者说，使资本不再同质于作为积累起来的劳动的那个特殊是什么。在马克思看来，这种特殊就是一定的生产关系，也就是说，积累起来的劳动只是由于凭借了一定的生产关系才转变成了资本。正是因为意识到资本主义生产关系是一种特殊的一定的生产关系，马克思才强调"生产关系的全部历史"。当他强调这一点的时候，他的意图是明显的，即为了说明资本主义生产关系的历史性和暂时性。特殊性也就是具体性，这意味着马克思不是对一般的人与人之间在生产中的社会关系的分析，而是对具体的社会角色如劳动者和资本家在生产中发生的社会关系的分析。那么这个特殊的一定的生产关系是什么？在马克思看来，就是劳动与所有权分离。让我们先往下看。

《大纲》的结构分为货币章和资本章两章，马克思在资本章而不是货币章对资本主义生产关系的特殊性进行分析，这与他采取从抽象上升到具体的政治经济学方法有关。具体说来，在货币章中，马克思从一般性的角度对商品交换关系进行了论述，分析了商品交换中所反映出的人与人之间的社会关系，但这种分析其实未说明商品本身在何种生产方式中被创造出来，也就是对商品的分析还从属于"生产一般"的层面，还没有揭示产生出这种商品的生产方式的特殊性和具体性。对资本主义生产方式的特殊性和具体性进行揭示是在资本章中进行的。这是一个从抽象到具体的过程，这种过程的目的是论证资本主义生产关系的历史特征，也就是揭示资本主义生产关系不同于其他生产关系的独特性。正因如此，马克思在货币章行将结束的时候写道，"在考察交换价值、货币、价格的这个第一篇里，商品始终表现为现成的东西。形式规定很简单。我们知道，商品表现社会生产的各种规定，但是社会生产本身是前提。然而，商品不是被设定在这一规定上。事实上，最初的交换也只是表现为多余

---

① 《马克思恩格斯全集》第30卷，北京：人民出版社1995年版，第26—27页。

的产品的交换,并不涉及和决定整个生产。这是一种处于交换价值世界之外的总生产的现成的多余产品。即使在发达的社会中,这些多余的产品同样会作为直接现成的商品世界而出现在社会表面上。但是商品世界通过它自身便超出自身的范围,显示出表现为生产关系的经济关系。因此,生产的内部结构构成第二篇。"① 可见,马克思采用的是从抽象上升到具体的路径,从货币交换关系深入到对生产关系的批判。就是说,"货币章"针对的是交换关系,揭露资本主义社会的一般状况,货币交换关系只是对资本主义社会一般状况的体现和反映,因此如果停留在交换关系上便不能把握到马克思的真实指向,也不可能理解他对资本主义社会的本质批判。

进入资本章后,马克思仍然多次强调,资本不是物而是一种关系,即物只有处在资本主义生产关系中它才成为资本,生产关系的性质就是资本的根本属性。但是马克思强调,"我不能用简单的加法从交换价值达到资本。"② 这是在说,资本章中分析的方法已不同于货币章,即从一般性进入到具体性,从而指出资本主义生产关系不同于其他生产关系所具有的那个特殊。如前所述,在马克思看来这一特殊就是劳动和所有权的分离。马克思指出,"资本只有同非资本,同资本的否定相联系,才发生交换,或者说才存在于资本这种规定性上,它只有同资本的否定发生关系才是资本;实际的非资本就是劳动。"③ 这里的劳动显然不是一般的劳动而是专指雇佣劳动,因为只有雇佣劳动才同劳动对象、劳动材料的所有权相分离。在这种分离中,雇佣劳动在给资本提供滋养以后便被抛到对面,所以这种劳动本身并没有成为资本,而是资本在吸食它。只有同这种劳动相交换,资本才能增殖,才能真正成为它自己,而在同其他物品的交换中资本是无法实现增殖的,因此也就不再是资本。由此可见,资本的源泉是雇佣劳动,这是一种特别的生产关系,资本主义所有的社会关系都以这种特别的生产关系为基础,受这种生产关系决定,资本主义以生产和再生产这种生产关系为前提,对资本主义来说,它的重要性高于物质财富的创造。因此,通过对资本主义生产关系的特殊性的揭示,马克思揭露了资本主义社会存在的根本矛盾:资本家和工人不是作为两

---

① 《马克思恩格斯全集》第30卷,北京:人民出版社1995年版,第180页。
② 《马克思恩格斯全集》第30卷,北京:人民出版社1995年版,第206页。
③ 《马克思恩格斯全集》第30卷,北京:人民出版社1995年版,第232页。

个平等的主体进行生产，而是一方在交换平等的掩盖下对另一方在生产中进行剥削。

通过上述分析，我们可以得出如下结论：劳动和所有权相分离是资本主义生产关系的特殊性，这一特殊性暴露了资本家无偿占有工人创造的剩余价值的秘密，亦即暴露了资产阶级对工人进行剥削的秘密，从而指明了造成资本主义社会无产阶级和有产阶级之间贫富分化的必然性的根源。因此，《大纲》是马克思立足政治经济学本身对资本主义生产关系历史性进行论证的一次重要推进，它初步揭示出无产阶级和资产阶级之间不可避免的对立性质，从而表明资本主义生产关系是暂时的社会生产形式，亦即昭示了资本主义生产关系必然灭亡的命运。

（三）政治经济学批判成熟著作中的"社会关系"

《大纲》作为手稿，具有记录马克思整个思考过程和所有思想细节的优点，但是其不足是许多思想还未定型，并且形式上缺乏系统性和条理性，例如手稿中叙述结构和逻辑结构往往存在不一致的现象，因而还是有待加工和修葺的。《资本论》是在《大纲》和其他手稿基础上加以完善的文本，其内容和形式更加完备而成熟。在《资本论》中，马克思对资本主义生产关系的分析升华为一种系统的逻辑演进和全面的理论铺展。所以，我们看到，除前述在《大纲》中分析的内容以外，在《资本论》中马克思还有条理地建构了揭示资本主义生产关系历史性的三大理论，即资本积累理论、资本流通理论以及资本主义经济危机理论。

首先，资本积累理论对资本主义生产关系历史性的揭示。

在马克思之前，资产阶级古典经济学家曾研究过资本积累问题，但囿于阶级立场和理论方法的局限，他们无法洞察资本积累的本质因而不能揭示资本主义发展的趋势。马克思在《资本论》中依靠他创立的剩余价值理论对资本积累的实质进行了剖析，从而证明了资本主义生产关系的历史性。这种历史性就在于，资本积累的过程中使占人口大多数的工人阶级的生存境遇发生了持续性的相对的恶化。

马克思在《资本论》第一卷中集中考察了资本积累对工人阶级命运的影响，认为影响工人命运的"最重要的因素是资本的构成和它在积累过程进行中所起的变化"[①]。所谓"资本的构成"，是指资本的价值构成、

[①] [德] 马克思：《资本论》第1卷，北京：人民出版社2004年版，第707页。

资本的技术构成和资本的有机构成，其中价值构成表示资本构成中的价值关系，技术构成表示物质关系，有机构成表示价值构成与技术构成之间的关系。马克思认为，在三种构成中技术构成是基础，它是一定的生产资料的量和操作这些生产资料的劳动的量按比例构成资本的那种构成，其中生产资料的量是不变组成部分，操作生产资料的劳动的量是可变组成部分。在马克思看来，在资本积累的过程中，资本技术构成中的可变组成部分必然发生萎缩。原因在于，资本在增殖本性驱使下会以各种方式加速自身积累，诸如提高社会劳动生产率和集中资本等，而每种加速资本积累的方式导致的后果都是可变组成部分的萎缩。例如，随着社会劳动生产率的提高，一定时间内单个劳动能够转化生产资料的数量增大，因而导致对工人劳动者的需求相对下降，也就是说，使一定生产资料的量转化为产品的劳动者的数量相对下降，用马克思的说法就是，"劳动的量比它所推动的生产资料的量相对减少"①。而资本技术构成中可变组成部分的减少意味着"资本主义积累不断地并且同它的能力和规模成比例地生产出相对的，即超过资本增殖的平均需要的，因而是过剩的或追加的工人人口"，②也就是在资本积累的过程中工人人口逐渐出现过剩的现象。

在马克思看来，除了生产率提高和集中资本，其他凡是能够加速资本积累的手段都在不同程度上加剧工人人口的过剩，马克思认为这就是资本主义生产关系中所特有的人口规律。这种人口规律表明工人不仅隶属于资本，而且在生产资本的同时创造了自身的贫困。也就是说，资本的积累与工人贫困的积累是同时进行的，对此，马克思指出，"在一极是财富的积累，同时在另一极，即在把自己的产品作为资本来生产的阶级方面，是贫困、劳动折磨、受奴役、无知、粗野和道德堕落的积累"③，这就是"资本主义积累的绝对的、一般的规律"。通过这一规律，马克思揭示了资本主义生产关系的内在矛盾：它在进行资本积累和再生产自身的同时生产出对自身的否定，生产出否定自身的主体——工人阶级。从这一角度来看，资本主义生产关系不可能是永恒的，而只能是暂时的和历史的。

---

① ［德］马克思：《资本论》第1卷，北京：人民出版社2004年版，第718页。
② ［德］马克思：《资本论》第1卷，北京：人民出版社2004年版，第726页。
③ ［德］马克思：《资本论》第1卷，北京：人民出版社2004年版，第733—744页。

其次，资本流通理论对资本主义生产关系历史性的揭示。

在《资本论》第二卷中，马克思剖析了资本的流通过程，揭示其中存在的不可避免的矛盾。在马克思看来，资本的增殖过程是一个周而复始的循环过程，这一循环包含三个环环相扣、依次过渡的阶段：第一，资本家进入市场，通过手中的货币购买生产资料和劳动力商品，货币被消耗；第二，资本家用购买到的生产资料和劳动力商品进行生产，生产的结果是获得了高于购买的生产资料和劳动力商品总价值的商品；第三，资本家回到市场，出售他生产出的商品，重新取得货币。这一循环顺利进行的前提是，每个阶段向下一个阶段顺利过渡，三个阶段在总体上保持统一。但是，马克思发现，资本循环第三阶段回到第一阶段时会周期性地出现困难，这一困难简单来说是市场中实际支付的不足。也就是说，每隔一个时期就会出现资本家生产的商品销售不出从而无法转换为对应货币的现象。这样，整个资本循环的过程就遇到了障碍，社会生产陷入停滞，"于是危机爆发了"。马克思认为，就资本循环而言，危机的表现是"资本对资本的交换，即资本再生产过程的缩减"①。也就是说，资本家用于开启下一阶段循环的支付能力衰减了。那么，为什么会出现社会实际支付不足的现象？是否是因为人们的需求不足？对此，马克思的回答是否定的，他说"这种出售同需求的实际状况绝对无关"②。

真正的原因何在？关于这一问题，马克思写道，要注意"资本家和工人的个人消费"③，认为"这一点在考察危机时很重要"④。实际上，马克思在后面解释了这个问题，他指出，"商品卖不出去，无非是找不到有支付能力的买者，也就是找不到消费者"⑤，这就是说，不是消费者的需求而是消费者的实际支付能力不足导致商品无法转化为货币。因而对于资本主义经济过程而言，这里的实际问题是商品资本无法转化为货币资本，从而使整个资本主义经济陷入停滞。在马克思看来，这其实"也就是生产过剩"，即资本主义生产出相对过剩的商品，或者说生产出商品的相对过剩。紧接着这段话，马克思批评了那种认为提高工人工资就能

---

① [德] 马克思：《资本论》第 2 卷，北京：人民出版社 2004 年版，第 89 页。
② [德] 马克思：《资本论》第 2 卷，北京：人民出版社 2004 年版，第 89 页。
③ [德] 马克思：《资本论》第 2 卷，北京：人民出版社 2004 年版，第 88 页。
④ [德] 马克思：《资本论》第 2 卷，北京：人民出版社 2004 年版，第 88 页。
⑤ [德] 马克思：《资本论》第 2 卷，北京：人民出版社 2004 年版，第 456—457 页。

根除危机的想法。通过这些提示和上下文我们可以断定，马克思这里讲的实际支付能力不足的人群就是工人阶级，而这一点呼应了第一卷所指出的资本积累的后果——工人阶级的贫困。

至此我们发现，《资本论》第一卷关于资本积累的理论，实际上揭示的是资本主义造成工人相对过剩，造成工人阶级陷入相对贫困，从而创造出否定资本主义的主体；而《资本论》第二卷关于资本流通的理论，实际上揭示的是资本主义造成商品相对过剩，造成流通危机，从而创造出否定资本主义的客观诱因。循着这条线索，我们可以推断，《资本论》第三卷是在前两卷的基础上的推进和综合。对于这一点，我们刚才的分析已有所提示了，这就是，马克思批评了那种认为提高工资就能够消除危机的想法。这种批评不仅指示了支付能力不足的主体是工人阶级，而且还有更深层的意义：危机虽在流通领域爆发，但其根源却在生产领域，即危机源于生产关系的缺陷而不是分配关系的缺陷。同这种指示相比，马克思在同一卷另一处的表达则是十分直接和明确的，他说，"在货币市场上作为危机表现出来的，实际上不过是表现生产过程和再生产过程本身的失常。"① 总之，消除经济危机不能依靠改变资本主义的分配关系和流通关系，而只能依靠对资本主义生产关系的变革，这表明资本主义生产关系不是永恒的，而是历史的和暂时的。对这一层意义的阐述构成《资本论》第三卷的主要内容。

最后，资本主义经济危机理论对资本主义生产关系历史性的揭示。

在马克思看来，资本主义经济危机是对资本主义经济过程中一切矛盾的强制的平衡，其代价是生产力的极大破坏。而探索资本主义经济危机不仅是为了掌握资本主义的经济规律，而且构成了对资本主义生产关系历史性和暂时性的有力论证，从而提供改变资本主义生产关系合法性的至为重要的根据，即革命的根据，建立共产主义的根据。

在《资本论》第三卷，马克思深入、集中地探讨了资本主义生产方式的内在缺陷及其引发的危机，认为这种缺陷和危机源自资本主义的本性，是其自身不可避免和无法彻底克服的。马克思指出，资本主义生产方式的缺陷突出地表现在：资本的增殖本性要求提高社会生产力和劳动生产率，然而社会生产力和劳动生产率的提高却使资本利润率下降，最

---

① ［德］马克思：《资本论》第 2 卷，北京：人民出版社 2004 年版，第 352 页。

终促使危机形成和爆发，从而导致社会生产遭到极大破坏。这里首先需要理解的是，社会生产力提高为什么导致资本利润率下降。这是因为，在社会生产力和劳动生产率提高的情况下，不变资本和总资本相对于可变资本有所提高，从而可变资本相对于总资本有所减少。由于剩余价值由可变资本创造，因此可变资本相对减少意味着剩余价值量相对于总资本的价值量减少，因此作为剩余价值量同总资本价值量比率的利润率必然是下降的。马克思强调，这种情况是在资本主义生产方式中发生的，即"一般利润率日益下降的趋势，只是劳动的社会生产力的日益发展在资本主义生产方式下所特有的表现"①。同时这也是资本主义生产方式必然发生的，亦即它是"根据资本主义生产方式的本质证明了一种不言而喻的必然性"②。对于生产力提高而利润率下降这种现象，马克思指出，资产阶级政治经济学并非没有注意到，只不过他们始终无法作出真正的解释。究其原因在于，这些经济学把资本主义生产方式当成天然的前提和永恒的方式，结果不能揭示剥削和剩余价值的问题，也就是"它们从来没有把剩余价值和利润区别开来"③。

接下来马克思阐述了利润率下降引起的后果，这就是：利润率的下降阻碍了新的独立资本的形成，加剧工人人口和生产的相对过剩，诱发投机行为，最终导致危机爆发，用马克思的话说就是，"劳动生产力的发展使利润率的下降成为一个规律，这个规律在某一点上和劳动生产力本身的发展发生最强烈的对抗，因而必须不断地通过危机来克服"④。可见，危机的实质是，它是对现有生产方式中出现的冲突和混乱的强制平衡，是通过极大地破坏生产力的代价来解决矛盾的暂时的方式，而不是从根本上解决问题，"危机永远只是现有矛盾的暂时的暴力的解决，永远只是使已经破坏的平衡得到瞬间恢复的暴力的爆发。"⑤ 也就是说，那些互相对抗的因素并没有彻底根除，而其中最根本的对抗就是前述指出的资本增殖的目的和为资本增殖服务的社会生产力发展的手段这个对抗。这表明，资本主义生产方式存在着阻碍社会生产的本性，因此它绝不可

---

① [德] 马克思：《资本论》第3卷，北京：人民出版社2004年版，第237页。
② [德] 马克思：《资本论》第3卷，北京：人民出版社2004年版，第237页。
③ [德] 马克思：《资本论》第3卷，北京：人民出版社2004年版，第238页。
④ [德] 马克思：《资本论》第3卷，北京：人民出版社2004年版，第287页。
⑤ [德] 马克思：《资本论》第3卷，北京：人民出版社2004年版，第277页。

能是永恒和绝对的。正是在这个方面，马克思批判了李嘉图。马克思指出，李嘉图看到了资本主义生产方式对社会生产的限制，但是他却从资本主义生产方式的永恒性出发把这种限制归咎于自然，对此，马克思说道，"像李嘉图那样把资本主义生产方式看做绝对生产方式的经济学家，在这里也感觉到，这种生产方式为它自己造成了一种限制，因此，他们不是把这种限制归咎于生产，而是把它归咎于自然"①。归咎自然实际上遮蔽了问题的本质，问题的本质在于"这种特有的限制证明了资本主义生产方式的局限性和它的仅仅历史的、过渡的性质，证明了它不是财富生产的绝对的生产方式，反而在一定阶段上同财富的进一步发展发生冲突。"② 也就是说，通过揭示资本增殖的本性同社会生产的发展存在的不可避免的冲突，马克思揭示了资本主义生产方式的历史性。

那么，马克思在这里所讲的生产方式具体指的是什么？在《资本论》第三卷的最后部分我们可以找到答案，这就是生产关系。马克思是在论述分配关系与生产关系之间的关系时揭晓这一点的，这就联系到我们之前提出的提高工人工资能否消除危机的问题。对于这个问题，马克思的答案显然是否定的。即是说，在马克思看来，克服危机的方式不是改变分配关系，而是对生产关系进行彻底变革。因为生产关系是一定生产方式中起决定作用的社会关系，"一定的分配关系只是历史地规定的生产关系的表现"③，是以"生产当事人之间的一定的社会关系为前提"④的。也就是说，生产关系决定着分配关系。在这里，我们看到，对于生产关系，马克思特别加上"历史地规定的"这个定语，表明他所致力于追求的是证明资本主义生产关系的历史的、暂时的性质。

对于证明资本主义生产关系的历史性、暂时性，马克思在多处进行明确表达，这里我们仅再举出一例："可见，所谓的分配关系，是同生产过程的历史地规定的特殊社会形式，以及人们在他们的人类生活的再生产过程中相互所处的关系相适应的，并且是由这些形式和关系产生的。这些分配关系的历史性质就是生产关系的历史性质，分配关系不过表现生产关系的一个方面。资本主义的分配不同于各种由其他生产方式产生

---

① [德] 马克思：《资本论》第3卷，北京：人民出版社2004年版，第270页。
② [德] 马克思：《资本论》第3卷，北京：人民出版社2004年版，第270页。
③ [德] 马克思：《资本论》第3卷，北京：人民出版社2004年版，第998页。
④ [德] 马克思：《资本论》第3卷，北京：人民出版社2004年版，第998页。

的分配形式，而每一种分配形式，都会随着它由以产生并且与之相适应的一定的生产形式的消失而消失。"① 也正是因为这一点，马克思批判了那些仅仅承认分配关系历史性而否认生产关系历史性的看法，他说，一些经济学家"虽然承认分配关系的历史发展性质，但同时却更加固执地认为，生产关系本身具有不变的、从人类本性产生出来的，因而与一切历史发展无关的性质"②。与这些经济学家不同，马克思进行政治经济学研究的一个核心任务恰恰就在于揭示资本主义生产关系的历史性，并且通过证明生产关系历史性来证明分配关系历史性，而不是相反。对此，马克思总结道，"对资本主义生产方式的科学分析却证明：资本主义生产方式是一种特殊的、具有独特历史规定性的生产方式；它和任何其他一定的生产方式一样，把社会生产力及其发展形式的一个既定的阶段作为自己的历史条件，而这个条件又是一个先行过程的历史结果和产物，并且是新的生产方式由以产生的既定基础；同这种独特的、历史地规定的生产方式相适应的生产关系——即人们在他们的社会生活过程中、在他们的社会生活的生产中所处的各种关系——，具有一种独特的、历史的和暂时的性质；最后，分配关系本质上和这些生产关系是同一的，是生产关系的反面，所以二者共有同样的历史的暂时的性质。"③

资本主义生产关系具体是怎样一种社会关系？这一点我们之前已经指出过了，就是劳动和所有权的分离，资本家通过占有的生产资料驱使工人为自己生产商品从而无偿占有工人创造的剩余价值，亦即它是雇佣劳动同资本之间的对立关系。马克思通过揭示这种生产关系必然造成阻碍和破坏社会生产的危机，证明了它只是一种历史的、暂时的形式。

由此可见，马克思在《资本论》的三卷中分别侧重探讨了三大问题，即资本积累、资本流通和经济危机，这三者在逻辑上呈现出层层深入和递进的关系。在第一卷，马克思集中剖析了资本积累，指出在资本积累过程中工人阶级必然出现人口相对过剩和贫穷的状况，为第二卷具体阐述经济危机埋下伏笔。在第二卷，通过剖析资本流通，马克思指出，资本循环和周转过程必然出现因实际支付不足导致循环和周转中断而爆发经济危机的问题。在第三卷，马克思深入经济危机的深处，指出流通

---

① [德] 马克思：《资本论》第3卷，北京：人民出版社2004年版，第999—1000页。
② [德] 马克思：《资本论》第3卷，北京：人民出版社2004年版，第994页。
③ [德] 马克思：《资本论》第3卷，北京：人民出版社2004年版，第994页。

领域的危机源于生产领域，分配关系取决于生产关系，从而揭示资本主义生产关系固有缺陷导致工人人口相对过剩和经济危机发生，即资本追求利润的目的同实现这一目的社会生产力提高的手段存在不可克服的矛盾。由此最终证明资本主义生产关系的非永恒性，亦即其历史的、暂时的、必然灭亡的性质。

综合本小节的论述，笔者认为，在《哲学的贫困》中，马克思没有全面系统地展开对资本主义生产关系历史性的论述，这一方面是由于《哲学的贫困》是一本论战性著作，不得不局限于批判对象的主题和形式所致，另一方面是由于马克思此时还没有足够的经济学知识支撑这种全面系统的论证。既然没有足够的经济学知识，那么马克思为什么要写作并发表这本著作？原因在于，他意识到蒲鲁东的这部著作会对社会主义产生不良影响，他迫切地想消除这种影响，所以他只用了两天就浏览完了蒲鲁东的《贫困的哲学》，之后便立即投入到对蒲鲁东这部著作的批判中。那么，蒲鲁东这本著作的什么缺陷会对社会主义产生不良影响？一个最重要的方面就是，蒲鲁东用唯心主义的方式来解释生产关系的变迁，遮蔽了资本主义生产关系历史的、暂时的性质，而这将阻碍无产阶级群众变革资本主义生产关系的积极性。用马克思的话来说就是，"这样他（指蒲鲁东——引者注）就陷入了资产阶级经济学家的错误之中，这些经济学家把这些经济范畴看作永恒的规律，而不是看作历史性的规律"[①]。因此，虽然《哲学的贫困》还是一部拘泥于批判对象的论战性著作，但它表露了马克思开展政治经济学批判的核心任务，即论证资本主义生产关系的历史性和暂时性。就此而言，《哲学的贫困》可以看作马克思从正面展开对资产阶级政治经济学批判的预告和先导，而这一批判集成于《大纲》，正式表达于《资本论》。当然，生产关系因其具体性，尤其是基础性和决定性的作用必然占据马克思理论分析的突出位置，但就全局性和总体性的角度而言，引领马克思全部理论创作的一般性概念是"社会关系"。因此，我们看到，马克思在批判资本主义生产关系之外，也相当多地论述社会关系。从一种全局和总体的眼光出发，我们或许可以这样评价："思想成熟后的马克思对'社会关系'概念的运用是大量的……二十多年精力写就的《资本论》可以说就是一部关于资本主

---

① 《马克思恩格斯全集》第 47 卷，北京：人民出版社 2004 年版，第 445 页。

义世界社会关系的起源、发展和演化及其趋势的宏大叙事……正是通过对'社会关系'概念的辩证理解和现实运用，马克思得以深入到社会历史的最本真层面，揭示了现实的人、社会和历史的发展基本规律"①。所以，对于社会关系和生产关系的交叉批判，不是马克思思想混乱和不清晰的表现，而恰恰是既划分出一般性和具体性，又将二者有机关联的科学方法，也即是说，是一种具有内在层次性的解析。

三、"社会关系"概念在马克思创立 科学社会主义过程中的重要地位

众所周知，马克思在他一生的理论探索中，除了建立唯物史观这一新世界观以及揭露资产阶级政治经济学的根本谬误，还有一个重大的创举，这就是创立了科学社会主义。因此，如果说"社会关系"概念是马克思哲学世界观中最基础、最核心概念，那么它除了表现在马克思建立新世界观和开展政治经济学批判的过程中，还必然表现在他创立科学社会主义的过程中。因此，我们需要对"社会关系"概念在马克思创立科学社会主义过程中的作用和地位进行阐释。

对于这一问题，笔者从三个方面进行分析：第一，马克思对社会主义的认同和接受可追溯至"巴黎手稿"时期，在那里，"社会关系"关乎马克思对社会主义哲学基础的理解。第二，除了社会主义的哲学基础，马克思在批判和超越以往社会主义理论时，"社会关系"是他始终站立的出发点。第三，恩格斯在《社会主义从空想到科学的发展》中指出，由于创立了唯物史观和剩余价值理论，马克思得以使社会主义从空想上升为科学，在前述我们已经阐明，"社会关系"正是唯物史观和剩余价值理论的核心概念，也就是说，剩余价值理论是政治经济学批判的核心理论，作为整个政治经济学批判核心概念的"社会关系"也必然是剩余价值理论的核心概念。

（一）从"社会关系"出发奠定社会主义的哲学基础

马克思初次接触社会主义是在《莱茵报》时期。当时《莱茵报》发表了引介和讨论法国社会主义的文章，正如马克思在1859年回忆的那

---

① 孙强：《社会关系维度的哲学沉思——对马克思哲学思想的一种当代解读》，复旦大学博士学位论文，2003年，第85页。

样,"在'莱茵报'上可以听到法国社会主义和共产主义的带着微弱哲学色彩的回声"①。不过,就马克思此时的立场而言,他并没有立即接受社会主义,他把这些法国社会主义的"回声"看作是一些"肤浅言论",并对这种"变种"表达了反对意见,而至于法国社会主义本身的理论,他此时还缺乏了解,认为只有在认真细致地研究过它们之后才能对他们进行评论。到了《德法年鉴》时期,马克思对社会主义的态度出现了转变,这一点在他1843年9月致阿尔诺德·卢格的信中有所体现。在那里,马克思开始有保留地承认社会主义的积极意义,认为社会主义部分地涉及了真正的人的本质的现实性②。也正是由于这种保留,马克思没有完全接受社会主义。正如我们所看到的,在发表于《德法年鉴》的文章中,已经转向无产阶级立场的马克思并没有使用社会主义这个概念来表达自己的理想,也没有对社会主义作出任何论述。

马克思真正接受社会主义是在"巴黎手稿"时期。在"巴黎手稿"的《穆勒评注》中,马克思确立了社会关系的立场,指出,"人的本质是人的真正的社会联系"③。也就是说,马克思看到人是一种相互补充、共同存在的存在者,人们之间的相互关系决定了人们的生存状态和境遇,决定了人们自由解放的程度。正是因为这一点,马克思在1844年8月致费尔巴哈的信中才会有这样的表达:"在这两部著作中,您(我不知道是否有意地)给社会主义提供了哲学基础,而共产主义者也就立刻这样理解了您的著作。建立在人们的现实差别基础上的人与人的统一,从抽象的天上降到现实的地上的人类这一概念,如果不是社会这一概念,那是什么呢?"④ 这就是说,马克思认为"建立在人们的现实差别基础上的人与人的统一"是社会主义的哲学基础。很明显,"人与人的统一"表达的是合理的社会关系,如果用单个概念来表达的话就是"社会关系"。可见,马克思之所以接受社会主义直接地关联于他对社会关系的理解,他将合理的社会关系看作社会主义的哲学基础。正如我们在第一节中指出的,费尔巴哈极为强调人与人之间相互需要、相互补充的关系,正是因为这一点,马克思才做出了上述判断。

---

① 《马克思恩格斯全集》第31卷,北京:人民出版社1998年版,第411页。
② 《马克思恩格斯全集》第47卷,北京:人民出版社2004年版,第64—65页。
③ [德]马克思:《1844年经济学哲学手稿》,北京:人民出版社2000年版,第170页。
④ 《马克思恩格斯全集》第47卷,北京:人民出版社2004年版,第73—74页。

当然，我们知道马克思在《提纲》和《形态》中对费尔巴哈的哲学进行了清算，在这一清算过程中，马克思也清算了自己曾对之大为赞誉的费尔巴哈的"社会关系"概念。那么，这是否意味着"社会关系"概念被马克思抛弃了？答案是否定的。恰恰相反，正是因为马克思对"社会关系"概念的进一步理解才使他与前人分道扬镳。也就是说，正是在"社会关系"内容上以及如何达到合理的社会关系的问题上，马克思站到了一个新的高度，拥有了新的眼界，当他从这种新的高度、眼界再回望费尔巴哈时，他当然不能再满足于费尔巴哈的哲学。因此，正如我们在第一节里所分析的，引起马克思批判的费尔巴哈的最重要的缺陷就是他没有理解社会关系是实践的，没有对现实的社会关系进行批判。这就是说，费氏虽然强调人与人之间相互需要，但是他不懂得人们满足相互之间需要的真正的方式，即不懂得将人与人联系起来的真正的方式。在他那里，人与人之间是通过抽象的"类"联系起来的。意识到人与人通过实践联系的马克思显然无法满意这种用概念联系人与人的观点，因而必然揭露费尔巴哈在社会历史领域的唯心主义，"当费尔巴哈是一个唯物主义者的时候，历史在他的视野之外；当他去探讨历史的时候，他不是一个唯物主义者。"① 社会历史领域的唯心主义表明，费尔巴哈没有达到对社会关系内容的真实理解，而这也就意味着费尔巴哈不可能做到对现存社会关系的变革和改造，即费尔巴哈"仅仅把理论的活动看作真正的人的活动"②。把理论活动看作真正的人的活动，是与费尔巴哈用抽象来联系人与人的关系是一致的。显然，把社会关系最终理解成观念关系，因而只诉诸观念变革，根本不可能在现实中实现社会主义。

与费尔巴哈求助于感性直观和类意识不同，在马克思看来，把人们联系起来的方式不是抽象的静态的直观或意识，而是感性的活动即实践，尤其是劳动生产实践活动。这就是说，人们之间的社会关系不是"内在的无声的把许多个人自然联系起来的"③，而是在感性实践活动中形成的。所以，改变现存的社会关系也就必然要通过感性的实践活动，而不能仅仅诉诸纯粹的理论批判，不能诉诸仅仅变革人们头脑中的观念。只有通过感性实践活动才能切实地变革现存不合理的社会关系，达到在现

---

① 《马克思恩格斯文集》第1卷，北京：人民出版社2009年版，第530页。
② 《马克思恩格斯文集》第1卷，北京：人民出版社2009年版，第499页。
③ 《马克思恩格斯文集》第1卷，北京：人民出版社2009年版，第501页。

实中实现社会主义的要求，即真正实现社会主义的方式是革命，而不是批判。可以说，正是在对费尔巴哈社会关系思想的超越中，马克思锻造了科学社会主义的真实基础。就此而言，费尔巴哈的社会关系思想并不能成为社会主义的真正的哲学基础，他对社会关系的强调至多只是在形式上提供了一个正确的方向，因而至多只能算作马克思创立科学社会主义的一个桥梁。

另一个能够证明马克思没有抛弃将"社会关系"理解为社会主义哲学基础的理由是，马克思将合理的社会关系确认为社会主义的哲学基础根本就不是来自费尔巴哈，他只是表达他对费尔巴哈强调人与人之间相互需要、相互补充关系的认同，正如马克思自己所说的，他根本就不知道费尔巴哈"是否有意地"为社会主义提供了哲学基础。也就是说，马克思通过自己在"巴黎手稿"中的研究自觉地将合理的社会关系理解为社会主义的哲学基础，或者也可以这样说，他独立地认为社会主义的哲学基础就是合理的社会关系。所以，马克思后来虽然批判了费尔巴哈对社会关系的理解，但他并没有抛弃"社会关系"概念本身，没有抛弃合理的社会关系这个理想。事实上，马克思恰恰将改造社会关系使现存社会关系合理化作为他实践的目标，即致力于"在实践中使之发生革命"①。

综上所述，在"巴黎手稿"的《穆勒评注》中，马克思首次确认了"人的本质是人的真正的社会联系"，正是由于看到人的本质在于人的真正的社会联系，才使他对费尔巴哈强调人与人之间关系的做法表示认同，所以在随后致信费尔巴哈的时候，他便指出，社会主义的哲学基础就是建立在人们现实差别基础上的人与人之间的统一。实际上，这是马克思通过自己独立的哲学思考为社会主义确立的基础和目标，而并非从费尔巴哈哲学中直接吸收过来的现成观点。同样，也是出于这一点，马克思在"巴黎手稿"的《对黑格尔的辩证法和整个哲学的批判》中再次称赞费尔巴哈对社会关系的强调。这时马克思还没认识到，费尔巴哈对人与人如何发生社会关系、社会关系的内容以及如何变革社会关系的理解是极成问题的。后来，马克思正是在这几个方面超越了费尔巴哈，才真正筑牢和夯实了社会主义的这一哲学基础。

---

① 《马克思恩格斯文集》第 1 卷，北京：人民出版社 2009 年版，第 500 页。

(二) 立足"社会关系"概念批判以往社会主义学说

考察马克思创立科学社会主义的过程,不得不联系他对以往形形色色社会主义学说的批判。众所周知,马克思对以往各种社会主义思潮的批判集中在他同恩格斯合著的《共产党宣言》中。在那里,他和恩格斯将以往的社会主义学说归结为三类,即"反动的社会主义",包括"封建的社会主义""小资产阶级的社会主义""德国的或'真正的'社会主义";"保守的或资产阶级的社会主义";"批判的空想的社会主义和共产主义"。马克思对这三类社会主义学说的批判基于相同的出发点,这就是"社会关系"。

首先,马克思立足"社会关系"概念对"反动的社会主义"进行了批判。

在马克思看来,"反动的社会主义"的第一种类型是"封建的社会主义"。这种社会主义学说在表面上站在无产阶级立场,维护工人们的利益,但实际上他们否定资本主义社会关系为的是恢复旧有的封建社会关系,尤其是封建的经济关系。所以,竭力拉拢无产阶级群众的他们,在内心深处刻着的是封建的徽章。这就是说,在"封建的社会主义"那里,占主导地位的内容是对过去社会关系的挽歌和回音,而利用无产阶级革命作出对资本主义的谤文和恫吓则是力图恢复这种旧关系的手段。换言之,"封建的社会主义"在根本上是想恢复旧的剥削制度。在马克思看来,同样作为剥削,封建的社会制度相比资本主义是过时的、落后的社会关系,"是在完全不同的、目前已经过时的情况和条件下进行剥削的"①。因此,妄图复辟封建的社会关系是开历史倒车的行为。而由于他们在根本上违背了历史的趋势,所以也不会懂得封建经济关系被资产阶级经济关系取代的必然性质,即不能理解"现代的资产阶级正是他们的社会制度的必然产物。"②

"反动的社会主义"的第二种类型是"小资产阶级的社会主义"。这种社会主义学说同"封建的社会主义"类似,即它也同样是假借维护工人阶级利益的方式来批判资本主义,而实际上力图恢复旧社会关系。在马克思看来,这种社会主义学说"非常透彻地分析了现代生产关系中的

---

① 《马克思恩格斯文集》第2卷,北京:人民出版社2009年版,第55页。
② 《马克思恩格斯文集》第2卷,北京:人民出版社2009年版,第55页。

矛盾"①。但是，同封建贵族一样的是，他们的目的也是想恢复旧有的经济关系，即恢复旧有的生产资料和交换手段，对此，马克思说道，"恢复旧的所有制关系和旧的社会，或者是企图重新把现代的生产资料和交换手段硬塞到已被它们突破而且必然被突破的旧的所有制关系的框子里去"。②"小资产阶级社会主义"没有意识到，现代生产资料和交换手段只能适应新的生产关系，因此是同旧的所有制格格不入的，将它们塞回旧的生产关系框架是矛盾和倒退的。那么，"小资产阶级社会主义"试图恢复的经济关系是什么？马克思回答说，是"工场手工业中的行会制度，农业中的宗法经济。这就是它的结论。"③

"反动的社会主义"的第三种类型是"德国的或'真正的'社会主义"。与前两种社会主义学说在为工人阶级发声的掩盖下力图恢复旧的经济关系不同，这种社会主义学说不自觉地在客观上维护了过时的社会关系，这主要表现在它对德国资产阶级政治运动的反对上。具体说来"德国的或'真正的'社会主义"将法国社会主义反对资产阶级的斗争照搬到德国，利用德国唯心主义观念论哲学加以改造，尔后对德国尚未发展起来的资本主义进行一系列批判。在马克思看来，这种学说没有认识到，法国社会主义的产生在于具有相应的物质生活关系基础，而这种土壤在德国还尚未形成。也就是说，德国缺乏产生社会主义的市民社会基础，因此在市民社会发展成熟前先行对市民社会扼杀是反动的，这使它在客观上变成了普鲁士封建专制制度的同盟，从而起到了维护过时社会关系的作用。对此，马克思批判道，"真正的社会主义遗忘了它赖以产生的现实运动、实际需要、一定阶级的生活条件的总和、现实的关系"④。就是说，马克思之所以批判"德国的或'真正的'社会主义"就在于它没有做到对社会主义赖以建基于其上的社会关系的把握，"法国的社会主义和共产主义的文献是在居于统治地位的资产阶级的压迫下产生的，并且是同这种统治作斗争的一种文字表现，这种文献被搬到德国的时候，那里的资产阶级才刚刚开始进行反对封建专制制度的斗争。"⑤ 可见，社会主

---

① 《马克思恩格斯文集》第2卷，北京：人民出版社2009年版，第56页。
② 《马克思恩格斯文集》第2卷，北京：人民出版社2009年版，第57页。
③ 《马克思恩格斯文集》第2卷，北京：人民出版社2009年版，第57页。
④ 《马克思恩格斯文集》第1卷，北京：人民出版社2009年版，第588页。
⑤ 《马克思恩格斯文集》第2卷，北京：人民出版社2009年版，第57页。

义是无产阶级同处于统治地位的资产阶级进行斗争的产物。而阶级的本质是对抗性的社会关系，即受一定物质利益关系决定的由相同利益的个人组成的对抗性集团。

其次是"保守的或资产阶级的社会主义"，马克思同样立足于"社会关系"概念对其进行了批判。

马克思指出，资产阶级中的一部分人想要消除社会的弊病，以便保障资产阶级社会的生存。这一部分人包括经济学家、博爱主义者、人道主义者、劳动阶级状况改善派、慈善事业组织者以及形形色色的小改良家。这种社会主义学说甚至被制成一些完整的体系。例如蒲鲁东的《贫困的哲学》就是代表这种体系的著作。在上一节，我们指出：马克思之所以批判蒲鲁东《贫困的哲学》，在于他在这部著作中拙劣地捏造经济范畴之间的关系，用经济范畴的纯粹逻辑推演来代替经济关系的客观分析，以及用"天命""社会天才"等解释生产关系的变迁史，遮蔽了生产关系真正的历史过程，否定了人民群众改造生产关系的必要性和主动性。这反映了"保守的或资产阶级的社会主义"维护现存经济关系、排斥社会斗争和社会变革的意图，即"他们愿意要现存的社会，但是不要那些使这个社会革命化和瓦解的因素。……在资产阶级看来，它所统治的世界自然是最美好的世界。①"除了上述在理论方面的代表，马克思还指出，这种社会主义学说还具有比较实际的形式。这种实际的形式承认经济关系的改变会给工人阶级带来好处，但是其所宣扬的经济关系的变革是在不触动资本主义生产关系前提下的行政上的改良，即不改变资本和雇佣劳动之间的关系。"这种社会主义所理解的物质生活条件的改变，绝对不是只有通过革命的途径才能实现的资产阶级生产关系的废除，而是一些在这种生产关系的基础上实行的行政上的改良"②。在马克思看来，不触动生产关系的行政改良至多只能简化资产阶级的财政管理和减少它的统治费用。也就是说，其实际行动仍然是为资产阶级而不是无产阶级服务。

最后，马克思批判第三类社会主义学说，即"批判的空想的社会主义和共产主义"时立足的是"社会关系"概念。

"批判的空想的社会主义和共产主义"，从这一名称上即可看出其具

---

① 《马克思恩格斯文集》第2卷，北京：人民出版社2009年版，第61页。
② 《马克思恩格斯文集》第2卷，北京：人民出版社2009年版，第61页。

有二重性,即批判性与空想性。所谓批判性,在马克思看来,在于这种社会主义学说意识到改造资本主义社会关系的必要性,例如,它指出要消灭私人营利、消灭雇佣劳动以及消灭城乡对立等,并且提倡让国家成为仅仅负责管理生产的机构,提倡社会和谐等。这些目标反映了"批判的空想的社会主义和共产主义"抓住了问题的关键,即变革不合理的社会关系,反映了"关于未来社会的积极的主张","提供了启发工人觉悟的极为宝贵的材料"①。但是,这种社会主义学说所存在的一个根本缺陷是,它实现这一目标的方式是诉诸小范围的试验和计划、纯粹的理论宣传甚至寄托于资产阶级的良心发现等,同时它又激烈地反对通过政治运动和革命行动来变革现存社会关系。这使得它最终落入了空想的境地,甚至落入反动。针对它的这种表现,马克思批判道,"社会的活动要由他们个人的发明活动来代替,解放的历史条件要由幻想的条件来代替,无产阶级逐步组织成为阶级要由一种特意设计出来的社会组织来代替。在他们看来,今后的世界历史不过是宣传和实施他们的社会计划"②,"他们总是不加区别地向整个社会呼吁,而且主要是向统治阶级呼吁"③,"他们拒绝一切政治行动,特别是一切革命行动,他们想通过和平的途径达到自己的目的,并且企图通过一些小型的、当然不会成功的试验,通过示范的力量来为新的社会福音开辟道路"④。在马克思看来,这一切最终都只能化为"空中楼阁",也就是说,"批判的空想的社会主义"根本达不到它们变革社会关系的目标。

现在,让我们梳理一下马克思对以往各种社会主义学说进行批判时所持的基本要点:首先,马克思批判"反动的社会主义"的原因是,这类社会主义学说要么试图恢复过时的剥削关系,要么无视现实社会关系基础和社会关系发展的需要。其次,马克思批判"保守的或资产阶级的社会主义"的原因是,这类社会主义学说把资本主义生产关系看成天然和永恒的,在不触动生产关系前提下改变资本主义社会各种表面弊病。最后,马克思批判"批判的空想的社会主义和共产主义"的原因是,这类社会主义学说虽看到资本主义经济关系具有不合理性,也提出改变资

---

① 《马克思恩格斯文集》第 2 卷,北京:人民出版社 2009 年版,第 63 页。
② 《马克思恩格斯文集》第 2 卷,北京:人民出版社 2009 年版,第 63 页。
③ 《马克思恩格斯文集》第 2 卷,北京:人民出版社 2009 年版,第 63 页。
④ 《马克思恩格斯文集》第 2 卷,北京:人民出版社 2009 年版,第 63 页。

本主义社会关系的愿望,但却反对任何政治运动和革命,寄希望于试验、宣传、人民的意识觉醒和资产阶级良心发现。通过将马克思批判三类社会主义学说时所持的要点进行对比,我们发现,马克思在批判时的一个基本参照系或原则性立场是:判断这些社会主义学说能否做到使现存社会关系实际地被改造为符合无产阶级利益的社会关系。简言之,"社会关系"是马克思的立足点、根据、标准和尺度。就此而言,"社会关系"概念对马克思扬弃以往社会主义学说具有根本性的意义。

(三)马克思的"社会关系"概念与社会主义从空想到科学的飞跃

理解马克思的科学社会主义理论,恩格斯的《社会主义从空想到科学的发展》①无疑是一个十分重要的文本。那么,对于马克思所创立的科学社会主义,恩格斯是如何理解的?对此,他在《空想到科学》中这样指出,"由于唯物史观和剩余价值理论的发现",马克思使社会主义从空想成为科学②。我们在第一节曾指出,"社会关系"是马克思创立唯物史观的核心概念。在第二节我们指出,它是马克思开展政治经济学批判的核心概念,而剩余价值理论作为支撑政治经济学批判的核心理论,其外延包含在政治经济学批判中,所以其核心概念同政治经济学批判一样是"社会关系"。就此而言,作为唯物史观和剩余价值理论核心概念的"社会关系",必然是马克思科学社会主义的核心概念。在这里,我们就依据恩格斯的《空想到科学》来探讨为什么马克思的唯物史观和剩余价值理论会使社会主义从空想成为科学,以此揭示"社会关系"在马克思创立科学社会主义过程中所具有的地位和意义。

空想社会主义何以是空想?在前面我们已经指出,马克思、恩格斯认为空想社会主义的缺陷是它仅仅诉诸理论宣传、传播福音、小型试验等,同时又坚决反对政治运动和社会革命。这种方式不可能真正实现社会主义。对此,马克思恩格斯在《共产党宣言》中对这些缺陷进行了叙述。不过,在那里,二人并没有具体揭示导致空想社会主义这些缺陷的根源。完成这一任务的是恩格斯的《空想到科学》。在《空想到科学》中,恩格斯指出,导致空想社会主义具有这些缺陷的根源是空想社会主义把社会主义仅仅看成是个别天才人物在头脑中偶然发现的真理,没有

---

① 以下简称《空想到科学》。
② 《马克思恩格斯文集》第3卷,北京:人民出版社2009年版,第545—546页。

把握到社会主义从资本主义生产关系中产生出来的历史必然性。相反,科学社会主义之所以是科学就在于,它通过唯物史观和剩余价值理论揭示了社会主义从资本主义生产关系中产生出来的历史必然性,所谓"科学的"也就是"必然的""规律性的"。下面,我们来具体分析。

首先,空想社会主义把社会主义仅仅看成是个别天才人物在头脑中偶然发现的真理,没有把握到社会主义从资本主义生产关系中产生出来的历史必然性。如前所述,空想社会主义看到现存社会关系是不合理的,它提供了一些有价值的具体性的目标,但是它实现这些目标的方式却是幻想的。之所以如此,在于空想社会主义把社会主义当成个别天才人物偶然发现的真理,对它而言,现存不合理的社会关系"只是弊病",而"消除这些弊病是思维着的理性的任务。于是,就需要发明一套新的更完善的社会制度,并且通过宣传,可能时通过典型示范,从外面强加于社会。"[①] 这就是说,在空想社会主义看来,社会主义之所以没有出现和实现,"所缺少的只是个别的天才人物,现在这种人物已经出现而且已经认识了真理"[②],于是,认识到公平、正义、平等的社会关系是人间真理的空想社会主义,便把全部任务归结为揭示、描画这些美好的社会关系,使人们相信这些社会关系是更值得过的生活,认为这样就可以实现它们。所以,他们致力于理论宣传、进行种种试验,目的就是为了传播自己发现的真理和福音,在空想社会主义看来,"真正的理性和正义至今还没有统治世界,这只是因为它们没有被人们正确地认识"[③]。

实际上,空想社会主义没有看到,导致现存社会关系不合理的根源是以私有制为核心的资本主义生产关系。对此,恩格斯指出,"不成熟的理论,是同不成熟的资本主义生产状况、不成熟的阶级状况相适应的。解决社会问题的办法还隐藏在不发达的经济关系中,所以只有从头脑中产生出来。"[④] 这就是说,空想社会主义没有认识到,"一切重要历史事件的终极原因和伟大动力是社会的经济发展,是生产方式和交换方式的改变,是由此产生的社会之划分为不同的阶级,是这些阶级彼此之间的

---

① 《马克思恩格斯文集》第 3 卷,北京:人民出版社 2009 年版,第 528 页。
② 《马克思恩格斯文集》第 3 卷,北京:人民出版社 2009 年版,第 526 页。
③ 《马克思恩格斯文集》第 3 卷,北京:人民出版社 2009 年版,第 525 页。
④ 《马克思恩格斯文集》第 3 卷,北京:人民出版社 2009 年版,第 528 页。

斗争"①。这意味着，只要资本主义"生产方式和交换方式"不通过感性实践活动消灭，那么资产阶级就不可能不去剥削无产阶级。因为资产阶级存在的方式就是剥削无产阶级，这种剥削就是资本主义的"生产方式和交换方式"，归根结底是其生产关系。换言之，以私有制为基础的资本主义生产关系将不可避免地持续产生两大阶级的必然的对立。也可以说，随着资本主义生产关系本身的不断再生产，社会之划分为对立的两大阶级也源源不断的再生产，而不消灭两大阶级的对立，改变全部社会关系就只能是空谈。正是忽略了这一点，导致空想社会主义不能从事消灭资本主义私有制的感性实践活动，从而陷入了失败和幻想。总之，空想社会主义不是根据历史发展的规律和历史必然性来理解社会主义的。

其次，唯物史观和剩余价值理论把握到了社会主义从资本主义生产关系中产生出来的必然性。所谓必然性也就是科学性、规律性。马克思的唯物史观揭示了历史发展的一般规律，而他的剩余价值理论则揭示了资本主义的特殊规律，由此展现了资本主义过渡到社会主义的必然性，使得社会主义从空想成为科学。

恩格斯这样表述唯物史观所描述的历史发展的一般规律，"生产以及随生产而来的产品交换是一切社会制度的基础；在每个历史地出现的社会中，产品分配以及和它相伴随的社会之划分为阶级或等级，是由生产什么、怎样生产以及怎样交换产品来决定的。所以，一切社会变迁和政治变革的终极原因，不应当到人们的头脑中，到人们对永恒的真理和正义的日益增进的认识中去寻找，而应当到生产方式和交换方式的变更中去寻找……同时这还说明，用来消除已经发现的弊病的手段，也必然以或多或少发展了的形式存在于已经发生变化的生产关系本身中。"② 这就是说，马克思的唯物史观揭示了以往除了原始状态以外的全部人类历史都是阶级斗争的历史，而这些相互对立和斗争的阶级是一定的生产关系的产物。因此消除不合理的社会关系的"弊病"，即人与人之间分裂、对抗的状态，必须通过改变生产关系来实现。可见，马克思之所以能够看到全部社会关系不合理的根源，在于他通过唯物史观掌握了历史发展的一般规律。在恩格斯看来，对历史一般规律的发现奠定了科学理解社会主义的基础，即"社会主义现在已经不再被看做某个天才头脑的偶然

---

① 《马克思恩格斯文集》第3卷，北京：人民出版社2009年版，第509页。
② 《马克思恩格斯文集》第3卷，北京：人民出版社2009年版，第547页。

发现，而被看做两个历史地产生的阶级即无产阶级和资产阶级之间斗争的必然产物。"①

社会主义是无产阶级同资产阶级斗争的必然产物，那么导致无产阶级同资产阶级必然斗争的是什么原因？这涉及资本主义生产关系的特殊规律。也就是说，唯物史观提出阶级斗争的根源在于生产关系，因而指出改变社会关系的根源是改变生产关系，那么进一步的任务就是回答为什么资本主义生产关系是不合理的、有缺陷的，也即需要证明改变资本主义生产关系的必要性与合法性。与之对应的是解开下述谜团：资产阶级生产关系是怎样压迫无产阶级的，它怎样制造无产阶级苦难的，它怎样导致无产阶级受屈辱、受奴役和被蔑视的。这些问题在最后还可以归结为一个问题：资产阶级是怎样剥削无产阶级的，即"这种剥削是怎么回事，它是怎样产生的"②？空想社会主义无法回答这一问题。

在恩格斯看来，剩余价值理论回答了资产阶级对无产阶级的必然的剥削，即资产阶级的存在本身就建立在对无产阶级剥削的基础上，从而指明两大阶级不可避免的斗争和资本主义不可避免的灭亡性。这就是说，通过剩余价值理论，马克思揭示了资本家剥削工人的秘密，即无偿占有工人所创造的剩余价值——剩余劳动，从而揭露了隐藏在资本主义生产关系中的剥削和不平等。马克思的剩余价值理论指出，劳动力是一种特殊商品，这种商品在投入生产领域进行消费时会创造比自身价值更大的价值，因此资本家不仅补偿了购买劳动力商品时消耗的价值，同时还占有了那部分多出来的价值，这种活动循环进行使资本家积累起越来越多的财富。相反，在工人那一方面，劳动力的价值却始终只是维持工人的肉体存在，为了维持生存工人不得不持续地出卖自己的劳动力，从而自身的生命活动只能受制于资本家，被资本家统治。也就是说，正是由于生产关系中的剥削和不平等，造成了两大阶级在所有领域的不平等，也即不合理的生产关系是不合理的社会关系的根源。

资本家为什么能够占有剩余价值？这是因为劳动和生产资料是分离的，即"集中在资本家手中的生产资料和除了自己的劳动力以外一无所有的生产者彻底分离"③ 这种生产关系。这是资本主义特有的生产关系。

---

① 《马克思恩格斯文集》第3卷，北京：人民出版社2009年版，第545页。
② 《马克思恩格斯文集》第3卷，北京：人民出版社2009年版，第545页。
③ 《马克思恩格斯文集》第3卷，北京：人民出版社2009年版，第551页。

在剩余价值理论中，马克思揭示了这种分离。他指出，在资本主义之前的中世纪，生产者占有生产资料，用自己的劳动对所占有的生产资料进行改造，生产出劳动产品，这种生产出来的产品归生产者自身所有，即"产品的所有权是以自己的劳动为基础的"①。但是，到了资本主义生产关系中，情况就发生了变化，"现在，劳动资料的占有者还继续占有产品，虽然这些产品已经不是他的产品，而完全是别人劳动的产品了。这样，现在按社会化方式生产的产品已经不归那些真正使用生产资料和真正生产这些产品的人占有，而是归资本家占有。"② 一方是占有生产资料的资本家，另一方是除了自己的劳动力以外一无所有的工人劳动者，在这种情况下，为了维持生存，工人劳动者就不得不将劳动力出卖给资本家，不得不请求被奴役。可见，资本家对工人剩余价值的剥削就在于生产资料私人占有的这种生产关系，从而也就是无产阶级和资产阶级不可避免的对立之根源。

最后，值得指出的是，恩格斯在《空想到科学》中也多次强调，科学社会主义的核心任务就是控制人们自己的社会关系，在根本上是控制"生产的社会关系"。

在恩格斯看来，资本主义使每个人都变成了商品生产者，个体只有作为商品生产者才能参与社会。然而，恰恰是这种通过交换劳动产品才能实现社会联系的社会中，"生产者丧失了对他们自己的社会关系的控制"③。而人们之所以失去对自己社会关系的控制，在于人们没有控制自己的生产关系。生产关系的这种性质表明，它已经不适应生产力的发展，不适应人和社会的发展。根据恩格斯的论述，资本主义社会最大的荒谬性就在于：消费不足竟然是因为生产太多，或者说，消耗不足竟然是因为产品过多。即"生产者没有什么可以消费是因为缺乏消费者这种荒谬的矛盾"④，这种荒谬性说明"资本主义生产关系暴露出它没有能力继续驾驭这种生产力"⑤。这意味着人们必须建立新的生产关系以驾驭生产力，从而控制人们自己的社会关系。

---

① [德] 马克思：《资本论》第1卷，北京：人民出版社2004年版，第673页。
② 《马克思恩格斯文集》第3卷，北京：人民出版社2009年版，第550页。
③ 《马克思恩格斯文集》第3卷，北京：人民出版社2009年版，第552页。
④ 《马克思恩格斯文集》第3卷，北京：人民出版社2009年版，第563页。
⑤ 《马克思恩格斯文集》第3卷，北京：人民出版社2009年版，第557页。

那么，怎样支配生产关系进而支配人们自己的社会关系？恩格斯的回答是，废除资本主义私有制，建立社会主义公有制。资本主义生产关系对人的自由发展和对社会进步的阻碍就在于它的生产资料私人占有制，正是这种生产关系导致生产的无政府状态。恩格斯多次强调的生产无政府状态，本质上就是生产关系失去控制，它带来的最大破坏就是导致生产力极大浪费的经济危机。因此，人们控制自己社会关系的前提就是废除资本主义私有制，建立社会主义公有制，这样将使社会占有生产力，"随着社会占有生产力，这种社会性质就将为生产者完全自觉地运用"①，"当人们按照今天的生产力终于被认识了的本性来对待这种生产力的时候，社会的生产无政府状态就让位于按照社会总体和每个成员的需要对生产进行的社会的有计划的调节。"② 很明显，恩格斯想表达的是实现对"生产的社会关系"的控制，以此控制全部社会关系。对此，恩格斯指出，当人们一旦做到控制自己的生产关系的时候，"国家政权对社会关系的干预在各个领域中将先后成为多余的事情而自行停止下来。"③

可见，科学社会主义的核心任务是控制生产关系。关于控制生产关系对实现社会主义的意义，恩格斯这样说道，"人们自身的社会结合一直是作为自然界和历史强加于他们的东西而同他们相对立的，现在则变成他们自己的自由行动了。……这是人类从必然王国进入自由王国的飞跃。"④ 这就是说，在恩格斯看来，人只有成为人们自己社会结合的主人，即掌控自己社会关系的人，才能控制同自然界的关系，也才能成为自己的主人，成为自由的人。"人终于成为自己的社会结合的主人，从而也就成为自然界的主人，成为自身的主人——自由的人。"⑤ 恩格斯在《空想到科学》中多次表达和强调这一观点，表明了对社会关系的掌控是社会主义的核心任务。恩格斯的论述符合马克思本人的思想，马克思本人也在不同著作中多次强调这一点，例如在《大纲》中，马克思就指出，"全面发展的个人——是历史的产物而不是自然的产物，

---

① 《马克思恩格斯文集》第3卷，北京：人民出版社2009年版，第560页。
② 《马克思恩格斯文集》第3卷，北京：人民出版社2009年版，第560页。
③ 《马克思恩格斯文集》第3卷，北京：人民出版社2009年版，第562页。
④ 《马克思恩格斯文集》第3卷，北京：人民出版社2009年版，第564页。
⑤ 《马克思恩格斯文集》第3卷，北京：人民出版社2009年版，第566页。

他们的社会关系作为他们共同的关系,也是服从于他们自己的共同控制的"①。

通过上述分析,笔者认为,科学社会主义是无产阶级运动在理论上的表现,为无产阶级的实践服务。而它的中心任务就是,实现人类对自己社会关系的控制,在根本上是对生产关系的控制。因此,"社会关系"在马克思创立科学社会主义过程中具有核心的作用和地位。

---

① 《马克思恩格斯全集》第 30 卷,北京:人民出版社 1995 年版,第 112 页。

第二章 马克思"社会关系"概念的基本内涵

在第一章中我们已经阐明了"社会关系"在马克思思想体系中的重要地位和重大作用,现在我们需要进一步剖析,马克思"社会关系"概念的基本内涵是什么?我们知道,马克思同时代的以及他之前许多思想家都对"社会关系"进行了探讨,而其中一些探讨对他理解把握相关问题产生了重要影响,因此本章对马克思"社会关系"概念基本内涵的剖析就先从回顾和梳理相关思想家的探讨开始。而通过这一回顾和梳理,我们将看到,马克思在辩证地吸收和批判既有社会关系思想的基础上形成了自己的独特理解,他将社会关系看作"人们以生产实践为根基以物质为载体形成的历史性的交互作用",此即马克思"社会关系"概念的基本内涵。

一、社会关系思想的古近之变与德国古典哲学中的"社会关系"

在本节,我们将选取亚里士多德、霍布斯、卢梭、黑格尔和费尔巴哈五位思想家,对他们的社会关系思想进行回顾和梳理。之所以选取这些思想家,主要基于以下三个方面的考虑:第一,这些思想家在"社会关系"的探讨上较具影响和代表性;第二,这些思想家的探讨分别对应古代、近代和德国古典哲学三个重要阶段[1];第三,同时也是最重要的原因,这些思想家对"社会关系"的探讨同马克思社会关系思想的形成发展有着较为紧密的关联,其中尤以黑格尔和费尔巴哈为著。

---

[1] 德国古典哲学实际上可划归为近代哲学的范畴,但德国古典哲学(尤其是黑格尔和费尔巴哈的思想)对马克思影响重大,故应单独凸显,也是因为这一点,后文对黑格尔和费尔巴哈分别单独论述。

(一) 社会关系思想的古近之变：从亚里士多德到霍布斯和卢梭

1. 亚里士多德的社会关系思想

在古希腊的所有思想家中，亚里士多德的地位无疑是举足轻重的，更为重要的是，他对"社会关系"的分析给马克思的思想带来了重要影响，因此我们的回顾首先从亚里士多德说起。

众所周知，亚里士多德有一句被后世广为流传的名言，即"人天生是一种政治动物"①，这一观点他曾在不同的著作中提出，而其中被他视为探讨最高科学的《政治学》与之关系尤为紧密。正是在这里，亚里士多德通过对家庭、村落尤其是城邦的探讨表达了他对社会及社会关系的基本理解②。在《政治学》中，亚里士多德指出，"人天生是政治动物"的本性在城邦中得到了充分的体现。具体来说，亚里士多德认为，人类最初的共同体是家庭，在家庭中，人们可以满足基本的日常生活需要，而为了获得更多满足需要的物品，家庭与家庭之间就结合成为村落，最后，为了进一步满足生活需要，村落与村落之间联合成为城邦。亚里士多德认为，城邦的出现是人的自然本性发展的结果，因为"人类仅仅为了求得生存也会结合在一起，形成并维持政治共同体"③。就时间上的先后次序来说，城邦的出现晚于家庭和村落，不过亚里士多德强调城邦的地位却比家庭和村落更高，因为越是得到充分发展的共同体越是能够体现人的本性，而城邦是发展最充分的共同体，所以虽然城邦出现在家庭和村落之后，但它更能反映人的自然本性，因此城邦的地位高于家庭和村落。当然，家庭、村落与城邦一样，其本身也都体现了人的合群或合作本性。这表明，在亚里士多德那里，人是一种相互依赖的存在物，单个人的生存发展离不开与他人的结合，所以他曾这样指出，"人类天生就被注入了社会本能"④。而人们结合而成的共同体对人们需要的满足程度也不尽相同，其中，城邦作为完备的共同体满足的是人们对自足生活或

---

① [古希腊]亚里士多德：《政治学》，高书文译，北京：中国社会科学出版社2009年版，第6页。

② 在亚里士多德那里，伦理学被视为政治学的一部分。参见[古希腊]亚里士多德：《尼各马可伦理学》，廖申白译注，北京：商务印书馆2003年版，译注者序 xxiv—xxv 页。

③ [古希腊]亚里士多德：《政治学》，高书文译，北京：中国社会科学出版社2009年版，第106页。

④ [古希腊]亚里士多德：《政治学》，高书文译，北京：中国社会科学出版社2009年版，第7页。

优良生活的需要,在亚里士多德看来,达到这种生活状态也就是实现了幸福,而幸福则是最高的善。那么这里面有一个关键的问题:如何使城邦得到正常运转,以使其满足优良生活的目的获得实现?

亚里士多德认为,使城邦得到正常运转必须做到公正和友爱,因为"公正[就其功能来说]应该是属于共同体的,因为它是确定事物是非曲直的标准,是一个政治共同体维持其秩序的基础"①,而"友爱不仅是必要的,而且是高尚[高贵]的"②。在亚里士多德看来,政治关系是社会关系的基础,而在政治交往中最重要的内容是拥有公民权的个人为管理城邦共同事务发生的相互往来。这里面关键的是公民权的确定,它关涉政治关系的主体,从而也就关涉社会关系的主体的确定。亚里士多德指出,一个人是不是公民,不能用是否居住在城邦之内来确定,因为外来的侨居者和奴隶都和公民一样居住在城邦之内,但他们却并不是公民。同样,确定公民身份的标准也不在于是否具有诉讼权,因为外来的侨民也可以通过条约获得诉讼的权利。判定是否属于公民的标准不是居住权和诉讼权,而是政治权利,真正的公民只能是那些在城邦中具有相应政治权利的人。对于政治权利的内容,亚里士多德作出了明确的规定,这就是参加司法和议事的权利,从而"公民就是在一定时期之内享有司法和议事权利的人"③,或者也可以这样说,"凡有权参与议事和审判事务的人,[不论期限,无论是有固定期限还是没有固定期限的人]都可以获得该城邦中的公民身份"④,由此出发,亚里士多德指出,"所谓城邦就是足以维持自足生活的公民组合体"⑤。而在城邦的政治生活中,做到公正还需要依靠友爱,"它是一种德性或包含一种德性"⑥,城邦的团结

---

① [古希腊]亚里士多德:《政治学》,高书文译,北京:中国社会科学出版社 2009 年版,第 7 页。
② [古希腊]亚里士多德:《尼各马可伦理学》,廖申白译注,北京:商务印书馆 2003 年版,第 229 页。
③ [古希腊]亚里士多德:《政治学》,高书文译,北京:中国社会科学出版社 2009 年版,第 88 页。
④ [古希腊]亚里士多德:《政治学》,高书文译,北京:中国社会科学出版社 2009 年版,第 91 页。
⑤ [古希腊]亚里士多德:《政治学》,高书文译,北京:中国社会科学出版社 2009 年版,第 91 页。
⑥ [古希腊]亚里士多德:《尼各马可伦理学》,廖申白译注,北京:商务印书馆 2003 年版,第 227—228 页。

与稳定需要这种德性来维护，真正的公正实际上也是对友爱的体现。可见，对亚里士多德来说，友爱不仅对公正来说必要，而且也高于公正，"若人们都是朋友，便不会需要公正；而若他们仅只公正，就还需要友爱"①。但是，正因为人们并不都是朋友，所以城邦中的公正就不可或缺。实际上，同对公民权的论述类似，亚里士多德认为，友爱的主体在数量上也是很有限的，即"一个人却不可能是许多人的朋友，并且都是因他们的德性和他们自身之故而爱着他们"②。

可以看出，尽管亚里士多德强调"人天生是政治动物"，但是在他那里，并不是所有人都能被当作"人"，亦即不是所有人都能成为城邦的公民。例如，从事生产劳动的奴隶就没有任何权利，这些人只是主人的物品，被当作有生命的工具或会说话的工具，而妇女和异邦人也没有参加司法和议事的权利，他们也不是公民。这样一来，奴隶、妇女和异邦人就被排除在最核心的政治关系之外，处于社会关系的边缘。亚里士多德所具有的这种局限是和他的那个时代的局限性有关的。

2. 霍布斯的社会关系思想

在亚里士多德那里，人被看作"天生的政治动物"，生来即具有合群的本性或社会性，不过亚里士多德的"人"的范围实际上非常有限，社会关系的主体只被限定在一部分人即公民身上，这部分具有政治权利的人才被看作完整意义上的人。由于时代和社会历史条件的变化，到了霍布斯这里，对人的本性和社会关系主体的理解也随之发生了改变。

与亚里士多德将人的内在的自然本性作为前提探讨城邦及其中的社会关系不同，霍布斯以一种外在的自然状态作为起点对国家的起源和人类社会的建立进行讨论。霍布斯认为，在国家出现以前，人们生活在一种自然的状态中，而生活在这一状态中的人并不像亚里士多德认为的那样是具有合群或合作的本性的。相反，每个人都是极端独立的个体，彼此之间漠不关心，一心只想追求自我的保全，而每个独立的个体对一切

---

① ［古希腊］亚里士多德：《尼各马可伦理学》，廖申白译注，北京：商务印书馆2003年版，第229页。

② ［古希腊］亚里士多德：《尼各马可伦理学》，廖申白译注，北京：商务印书馆2003年版，第285页。

事物都天然的拥有无限的权利。因此，同亚里士多德认为社会关系对人来说是天然的这一观点相反，霍布斯的观点是人的本性在于自私性，人的行为的动力来自自私的需要而不是合作的需要。在霍布斯看来，这种自我保全完全是人的自然权利，所谓"自然权利，就是每一个人按照自己所愿意的方式运用自己的力量保全自己的天性——也就是保全自己的生命——的自由"①。霍布斯进一步说道，在自然状态下，人和人之间的能力在大体上是相近和平等的，即便存在微弱的差别也可以通过"密谋"或"联合"的方式弥合，因此自然状态下的人们不会出现太大的差距和鸿沟，自然使人在身心两方面的能力都十分相等，以致有时某人的体力虽则显然比另一人强，或是脑力比另一人敏捷；但这一切总加在一起，也不会使人与人之间的差别大到使这人能要求获得人家不能像他一样要求的任何利益②。每个人都最大限度地追求自我保全，彼此的能力又是相近和平等，在这样的条件下，如果资源是有限的，那么为了保全自己而争夺有限的资源必然导致人和人之间出现无穷无尽、难解难分的斗争，而自然状态中的资源正是有限的，因此生活在自然状态中的每个人都竭尽所能地发挥对一切事物的无限的权利，由此就产生了"人对人像狼一样"的状况，对于这种状况，霍布斯形象地将之概括为"一切人反对一切人的战争"。

在霍布斯看来，自然状态下的人们陷入无休止的斗争和对抗是难以避免的，而在这里文明也难以开拓和前进，"最糟糕的是人们不断处于暴力死亡的恐惧和危险中，人的生活孤独、贫困、卑污、残忍而短寿"③。在这种状态下，任何法律和正义都断然无存，而社会的无序和混乱必定使得每个人都时时刻刻处于被毁灭的风险和威胁当中，由此就导致出现一种悖反的结果：原本出于自我保全目的而使用无限的自然权利的结果却是自身难以保全。霍布斯指出，对于这一矛盾和悖谬，人们终于有所意识，要求消除这种使彼此欲置对方于死地的危险状态，于是大家签订契约，同意转让手中除生命权的一切权利，将之共同交到一个统一的意

---

① ［英］托马斯·霍布斯：《利维坦》，黎思复、黎廷弼译，北京：商务印书馆1985年版，第97页。
② ［英］托马斯·霍布斯：《利维坦》，黎思复、黎廷弼译，北京：商务印书馆1985年版，第92页。
③ ［英］托马斯·霍布斯：《利维坦》，黎思复、黎廷弼译，北京：商务印书馆1985年版，第95页。

志那里，而这个统一的意志就是国家，于是国家这个"利维坦"就诞生了。霍布斯用"利维坦"这一《圣经》中的巨大海兽比喻国家，意指其力量强大，有足够的威慑力和强制力防止人对人的侵害。由此可见，在霍布斯那里，人们之间最本质的关系是出于自我保全而建立的交往关系，这种交往关系的核心就是契约，因而霍布斯哲学中的社会关系可以从一般层面把握为原子式个人之间的契约。需要指出的是，霍布斯契约论最终指向了对王权的辩护，在他那里，转让权利的是被统治者即人民，接受转让来的权利的是统治者即元首，而除了生命权，人民需要转让所有权利给统治者。除此以外，霍布斯还认为，虽然国家元首接受了订立契约的人民转让的权利，但是他本身却不是契约方，因而不受契约人的限制，他的权力是绝对的和至高无上的，因此推翻国家元首是毁约的行为，从而被视为叛乱。对于霍布斯来说，他只承认一种情况下可以替换国家元首，这就是国家元首不能保障契约人的生命的时候。

通过以上分析，我们能够发现，在霍布斯那里，"人"的范围已经被扩展到全体，每个人都是社会契约的订立者，成为社会关系的主体。人和人之间由此在理论上获得了平等的地位，而不是像亚里士多德那样，把社会关系的主体只限于少数的城邦公民。与此同时，霍布斯用孤立个人签订契约的方式解释国家的产生实际上也在一定程度上表达了摆脱人身依附关系的时代要求，因此也是一个进步之处。但是，霍布斯理论的不足也是很明显的，一方面他强调人在天性上是自私和孤立的，把自我保全看作人的最根本的需要，这就抹杀了人的社会本性；另一方面，他对王权的推崇也显示了还未完全摆脱封建专制的影响，从而最终又扼杀了他思想中显露的人的自由平等的萌芽。个人作为社会契约的主体所具有的权利和地位在霍布斯那里还受到限制和束缚，而卢梭则在霍布斯的基础上向前迈了一大步。

3. 卢梭的社会关系思想

卢梭在对社会起源的探讨上也引入了"自然状态"这个概念，但是他对自然状态的叙述与霍布斯很不相同。霍布斯所描写的自然状态是"人对人像狼一样""一切人反对一切人的战争"的状态，而在卢梭这里，自然状态则具有两层含义：第一种是原初的自然状态，在这种状态中，人们虽彼此隔绝但却自由快乐地生活着；第二种自然状态是社会中的自然状态，在这里才出现了霍布斯所说的"人对人像狼一样""一切人反对一切人的战争"的现象，也就是说，霍布斯的自然状态恰恰被卢梭用来形容社会。我们先看卢梭所描写的第一种自然状态或原初的自然状态。

　　卢梭认为，原初自然状态下的人们是一些彼此缺少交往的孤立个体（这一点同霍布斯类似），这些个体遵循天性自在生活，心思单纯，只追求满足生存的基本需要，而不做过多思考，是一种"自由的、心灵安宁身体健康的人"①。尽管这个时候的人们可能在生理方面存在差异，但是这些差异小到感觉不到，影响甚微，以至于不会引起奴役和屈从等不平等现象。这是卢梭在《论人类不平等的起源和基础》中对人类原初的自然状态的基本看法。后来在《社会契约论》中他又指出，这种状态不代表这一时期的人类是幸福的，因为这一时期的人类还没有幸福的观念，而在他看来，人类历史上最幸福的时代是从最初的自然状态刚刚进入社会状态的时候，因为人们"从一个狭隘、愚蠢的动物一变而成为智能的生物"②。所以我们能够发现，卢梭在《论人类不平等的起源和基础》和《社会契约论》中的思想并不完全一致，而是出现了微妙的变化。

　　那么，人类何时从最初的自然状态跨越到社会状态？对此，卢梭说了一段后来变得十分有名的话，他说："谁第一个把一块土地圈起来并想到说：这是我的，而且找到一些头脑十分简单的人居然相信了他的话，谁就是文明社会的真正奠基者。"③ 可见，在卢梭看来，私有制的出现是文明的标志，而社会和社会关系也是从这一时候起才真正建立起来的。换言之，人们建立社会或创造文明的第一个行动就是明确所有关系，但是，卢梭紧接着指出，在文明到来的同时，倒退和落后的种子也被埋了下来。也就是说，在文明的社会中，人们陷入沉沦和堕落无法自拔，日益走向严重的不平等。对此，卢梭说道："这些偶然事件曾经使人的理性趋于完善，同时却使整个人类败坏下去。在使人成为社会的人的同时，却使人变成了邪恶的生物，并把人和世界从那么遥远的一个时代，终于

---

① ［法］让·雅克·卢梭：《论人类不平等的起源和基础》，李常山译，北京：商务印书馆1962年版，第96页。
② ［法］让·雅克·卢梭：《社会契约论》，徐强译，北京：中国社会科学出版社2009年版，第28页。
③ ［法］让·雅克·卢梭：《论人类不平等的起源和基础》，李常山译，北京：商务印书馆1962年版，第111页。

引到了今天这个地步"①。在卢梭看来，如果人们像在最初的自然状态中那样只追求一些淳朴简单的需要，那么就不会产生奴役和压迫这些不平等的现象，譬如满足于"简陋的小屋""用鱼刺或树刺缝制皮衣""用羽毛或贝壳来打扮""用锋利的石头凿制渔船或制造乐器"等，就会使人们在天性所能容纳的情况下自由、健康、活泼和善良的生活。然而，这种情况被打破了，因为人们发现利用别人的力量、获得更多的资源更为有利，从此以后，"平等就消失了、私有制就出现了、劳动就成为必要的了，广大的森林就变成了须用人的血汗来灌溉的欣欣向荣的田野；不久便看到奴役和贫困伴随着农作物在田野中萌芽和生长"②。

对于社会中出现的不平等现象，卢梭认为可以划分为三个阶段：首先是"富人和穷人的不平等"的第一阶段，这一阶段的出现是因为"法律和私有财产权"的出现；其次是"强者和弱者的不平等"的第二阶段，这一阶段的出现是由于"官职的设置"使得社会的不平等程度进一步加深；最后，在"合法的权力变成专制的权力"后，社会的不平等发展到终极，在这里强者和弱者的不平等被另外一种更严重的不平等所掩盖，这就是"主人和奴隶"的不平等，亦即人民成了奴隶，暴君成了主人。而除了暴君以外所有的人在本质上都没有差别，亦即都是奴隶，从而除了暴君所有的人相互之间又可以说是平等的，卢梭视这种极端状态为"新的自然状态"，即"这里是不平等的顶点，这是封闭一个圆圈的终极点，它和我们所由之出发的起点相遇。在这里一切个人之所以是平等的，正是因为他们都等于零。臣民除了君主的意志以外没有别的法律；君主除了他自己的欲望以外，没有别的规则。这样，善的观念，正义的原则，又重新消失了。在这里一切又都回到最强者的唯一权力上来，因而也就是回到一个新的自然状态。然而这种新的自然状态并不同于我们曾由之出发的那种自然状态，因为后者是纯洁的自然状态，而前者乃是过度腐化的结果。"③ 怎样才能克服不平等，重新恢复人们的权利？卢梭认为，原初的自然状态已经一去不复返，并且那种状态也不是人类的幸

---

① ［法］让·雅克·卢梭：《论人类不平等的起源和基础》，李常山译，北京：商务印书馆1962年版，第109页。
② ［法］让·雅克·卢梭：《论人类不平等的起源和基础》，李常山译，北京：商务印书馆1962年版，第121页。
③ ［法］让·雅克·卢梭：《论人类不平等的起源和基础》，李常山译，北京：商务印书馆1962年版，第145—146页。

福时代,而仅仅依靠强力也不可取,因为强力既不能产生权利也不能产生义务,正确的思路是在现有的社会历史条件下制定新的契约,"既然任何人对他周围的人都没有天然的权威,而且又由于强力自身根本不能产生权利,那么人们之间任何具有合法性的权威都必须建立在约定的基础之上。"①

对于依照何种原则制定新的契约,卢梭首先抛出了关系到自由平等之实现的核心问题,即"怎样找到某种形式的结合,使这种结合能够动用全部成员的集体力量来保护其结合者的人身和利益;而且在这种结合下,每个人在和别人结合的时候并不是使自己服从于其他的人,而是仅仅服从于他自己,并且仍然像从前一样自由"②。在卢梭看来,解决问题的关键还是在于权利的转让,但是这种转让绝不是为了创造一个凌驾于一切个人之上的整体,而是创造一个"我就是我们,我们就是我"的"道德的共同体",在这个共同体中,"每个结合者自身及其所有的权利全部都转让给整个共同体"③。也就是说,这个共同体是一个实现自我与他人、个人与整体有机统一的整体,它能够充分保障人们自由和平等的权利,因为个人转让权利的对象不是一个人或一部分人,而是包含自身在内的所有人,它在转让给所有人权利的同时获得支配所有人的权利,因此它得到的权利并不比失去的少,同时又得到更大的力量即整体的力量来保障自身。而在这种转让中形成了公共意志,这种公共意志是道德共同体的实质,它作为公共利益的维护者,不是某个人或某一部分人的意志,也不是机械地叠加在一起的所有个人的意志,而是去除众人意志中互相排斥的部分后得到的那个意志。在卢梭看来,"由所有人结合而形成的公共人格,以前被称作城邦,现在则被称作共和国或者政治体"④。显然,卢梭所追求的是人民共和,而不是专制集权,这就斩断了霍布斯所留下的"尾巴"。

---

① [法]让·雅克·卢梭:《社会契约论》,徐强译,北京:中国社会科学出版社2009年版,第10页。
② [法]让·雅克·卢梭:《社会契约论》,徐强译,北京:中国社会科学出版社2009年版,第21页。
③ [法]让·雅克·卢梭:《社会契约论》,徐强译,北京:中国社会科学出版社2009年版,第21页。
④ [法]让·雅克·卢梭:《社会契约论》,徐强译,北京:中国社会科学出版社2009年版,第23页。

如前所述，卢梭在《社会契约论》中对社会关系建立过程的论述同《论人类不平等的起源和基础》中的论述不完全相同，甚至有明显差异。在《论人类不平等的起源和基础》中卢梭极力证明自然状态下的个人是孤立的，彼此之间没有交往的必要，而且一再坚信这种状态就是历史事实。而在《社会契约论》中他则指出，他设想自然状态中出现了个人之间不予联合就无法克服的生存威胁，因而联合就成了维持人们生存发展的必要。这种变化显示了在卢梭的社会关系思想中出现了张力，他一方面坚持个人天生自由独立和平等，另一方面也逐渐赋予社会以地位，认为社会性对个人来说已变得不可避免。但尽管如此，社会关系在他那里仍然没有彻底地达到对人来说是本质的高度。在这一点上，他和霍布斯是相同的，而与亚里士多德相反。

从亚里士多德到霍布斯和卢梭，思想家们对社会关系的探讨从来没有停止过，而这种探讨随着时代的发展，尤其是生产力和生产关系的进步而日益走向深入。在此过程中，自然法和契约论可以说是社会关系研究方面影响颇大的理论，而霍布斯和卢梭正是其中的重要代表。至于亚里士多德，这位人类历史上少有的"百科全书式"思想家，更是在自然科学和哲学社会科学诸多领域作出了开创性贡献，以至于对其在相关学科的影响无论做出怎样高的评价都不为过。作为"德国的亚里士多德"（马克思语），黑格尔总结概括了整个西方哲学的历史，将以往哲学发展的全部历程作为环节吸收进自己所建构的理论，由此创立了包罗万象的哲学体系，因此探讨马克思的社会关系思想自然不能绕过黑格尔这一环，这不仅在于黑格尔的思想重要，而且更在于黑格尔的思想对马克思的影响重大。

(二) 黑格尔对"社会关系"的理解

黑格尔是德国古典哲学的集大成者，他建立了巍峨庞大的哲学体系，而黑格尔基于唯心主义立场的社会关系思想也曾对马克思产生过重要影响，因此马克思"社会关系"概念独特内涵的形成离不开对黑格尔社会关系思想的批判和吸收。事实上，黑格尔在多部著作中都曾论及人与人之间的关系问题，表达了对"社会关系"的看法和理解。一般来说，按照黑格尔的观点，个人的本质在于自我意识，因而"社会关系"在他那里就表现为自我意识之间的关系。与此同时，黑格尔又将自我意识本身看作是"客观理性"和自在精神的外化，从而自我意识间的关系实际上又是"客观理性"自我实现的环节。所以，从整体上说，黑格尔"社会关系"概念的实质内涵是"作为'客观理性'展开和实现环节的自我意识及其构成体之间的相互交往和相互作用"。

马克思曾经指出，《精神现象学》是"黑格尔哲学的诞生地和秘密"①，而正是在这一"诞生地和秘密"中，我们能够看到，黑格尔"社会关系"概念的根本规定是精神性。也就是说，在《精神现象学》中，黑格尔把人的本质理解为自我意识，而人与人之间关系的实质则被看作自我意识及其构成体之间的相互关系。在《精神现象学》中，黑格尔通过意识到自我意识的过渡，使自我与物的关系转移到自我与他人的关系问题上，亦即转移到对社会关系的探讨上。按照黑格尔的观点，自我意识是有生命、集激情和欲望的意识，它的对象同样是自我意识，即另外一个自我意识。而欲望作为人的内在本性和生命的冲动，是自我意识的最初阶段。在这个阶段，它的满足方式是取消客体的独立自存的性质，也就是说，要求"消灭那独立存在的对象"②，只有如此它才能"给予自身以确信"③。正是因为这一点，在自我意识面对另外的自我意识时，扬弃对象的独立性在最初便体现为消灭另一个自我意识的存在，即"规定对象为无"。但是到了后来，自我意识却逐渐发现，虽然消灭另外的自我意识能够取消对方的独立性，但是它同时也失去了对象，而失去另外的自我意识，自我便无法真正得到确证。因此，自我意识认识到只有在保障对方存在的前提下否定对方的独立性才能真正扬弃对方，而这就转变为使另一个自我意识依附、服从自身，亦即征服对方。对此，黑格尔这样说道，"欲望和欲望的满足而达到的自己本身的确信是以对象的存在为条件的，因为对自己确信是通过扬弃对方才达到的，为了要扬弃对方，必须有对方存在"④。

扬弃对方当然要有对方存在，这句话看起来是空话，实际上并非如此，黑格尔的意思其实是自我在保持对方存在的前提下否定对方的独立

---

① 《马克思恩格斯文集》第 1 卷，北京：人民出版社 2009 年版，第 201 页。
② ［德］黑格尔：《精神现象学》上卷，贺麟、王玖兴译，北京：商务印书馆 1979 年版，第 136 页。
③ ［德］黑格尔：《精神现象学》上卷，贺麟、王玖兴译，北京：商务印书馆 1979 年版，第 136 页。
④ ［德］黑格尔：《精神现象学》上卷，贺麟、王玖兴译，北京：商务印书馆 1979 年版，第 136—137 页。

性。因此，自我意识对另外的自我意识独立性的扬弃便成为自我意识之间相互的征服斗争。只有征服对方，才能使对方放弃独立自存的性质，承认自我的存在，即自我意识"所以存在只是由于被对方承认。"① 为了证明其存在，自我意识甚至"通过生死的斗争来证明它们的存在"②。就此而言，一个自我意识就是为另外的自我意识存在的。在为了获得对方的承认而进行的斗争中，只有那些不惜一切代价敢于牺牲生命的自我意识才能胜出，而那些惧怕死亡、惧怕失掉生命的自我意识则处于被征服的地位，前者迫使后者放弃独立性服从自己，因此成为了主人，而后者则成为隶属于前者的奴隶，从而也就产生了"主奴关系"。在黑格尔看来，主人为了精神性而甘愿牺牲自然性的生命，这是一种自为的存在，由于具备这种自为的性质他是自由的。相反，奴隶为了保全自然性的生命不得不被迫承认和服从于主人，由此丧失了自为的和独立的性质，从而成为奴隶。也就是说，"其一是独立的意识，它的本质是自为存在，另一为依赖的意识，它的本质是为对方而生活或为对方而存在"③。

值得指出的是，黑格尔在上述主奴关系中加入了一个非常重要的因素，这就是"劳动"。由于"劳动"的加入，上述关系发生了戏剧的变化，黑格尔也得以展现了他的辩证方法。具体来说，主人是斗争中胜出的独立存在的自我意识，迫使另外的自我意识承认自己、放弃独立性为自己提供劳动。而这样一来，主人同劳动产品的关系就不再是直接性的关系，而是由于奴隶的劳动成为了一种间接的关系，即主人享用的劳动产品是由奴隶改造过的物。然而，这种物是通过奴隶劳动而失掉自身独立性的对象，因此，在面对和享用这个对象的过程中，主人所实现的并不是他自己的自为性和独立性。也就是说，他在物中感受和直观的不是他自己。与主人的状态相反，奴隶则直接接触独立的物并通过自己的劳动改变物的独立的性质，由此否定和扬弃了对象的独立性，使之具有了自为的性质。这样，奴隶意识到自己是一个自为的存在，是一个具有"真正的独立性"的存在。用黑格尔的话来表达就是，"正因为对象对于

---

① [德] 黑格尔：《精神现象学》上卷，贺麟、王玖兴译，北京：商务印书馆1979年版，第140页。
② [德] 黑格尔：《精神现象学》上卷，贺麟、王玖兴译，北京：商务印书馆1979年版，第143页。
③ [德] 黑格尔：《精神现象学》上卷，贺麟、王玖兴译，北京：商务印书馆1979年版，第144页。

那劳动者来说是有独立性的。这个否定的中介过程或陶冶的行动同时就是意识的个别性或意识的纯粹自为存在。"① 在黑格尔那里，为他人服务的劳动就是对自己欲望的克制，是一种社会历史性的活动，而奴隶正是通过劳动获得了"独立的意识的真理"，容纳了"纯粹的否定性和自为存在的真理在自身内"②，亦即在经历了恐惧和劳动的陶冶之后，奴隶发现了"他自己固有的意向"。奴隶的劳动本来源于恐惧，但是在劳动过程中奴隶却实现了对对象的否定，在改变对象中改变了自己，使自己的意识获得自为性和普遍性。这是一种建立在劳动基础上的通过否定的否定达到肯定的过程，由此黑格尔便呈现了自我意识间关系进展和上升的序列。

黑格尔的《法哲学原理》承继了他在《精神现象学》中关于社会关系本质的基本看法，因而同《精神现象学》中对自我意识及其构成体之间关系的分析一致，在《法哲学原理》中，黑格尔也将人与人之间的关系看成意识上升到"客观理性"的一个环节，其背后具有决定性作用的是"客观理性"。正因如此，我们很容易理解黑格尔在《法哲学原理》中的下述论断，即"现实的理念即精神把自己分为自己概念的两个理想性的领域，分为家庭和市民社会，即分为自己的有限性的两个级别，目的是要超出这两个领域的理想性而成为自为的无限的现实精神。于是这种精神便把自己这种有限的现实性的材料分配给上述两个领域，把所有的个人当做群体来分配"③。黑格尔对霍布斯率先用于描述自然状态而被卢梭转而形容社会状态的"一切人反对一切人的战争"命题有着深入的体悟，他说："市民社会是个人私利的战场，是一切人反对一切人的战场，同样，市民社会也是私人利益跟特殊公共事务冲突的舞台，并且是它们二者共同跟国家的最高观点和制度冲突的舞台"④，这里面既有个体与个体、个体与共同体之间的冲突，也有共同体与共同体之间的矛盾，

---

① ［德］黑格尔：《精神现象学》上卷，贺麟、王玖兴译，北京：商务印书馆1979年版，第147—148页。
② ［德］黑格尔：《精神现象学》上卷，贺麟、王玖兴译，北京：商务印书馆1979年版，第146页。
③ ［德］黑格尔：《法哲学原理》，范扬、张企泰译，北京：商务印书馆2017年版，第300页。
④ ［德］黑格尔：《法哲学原理》，范扬、张企泰译，北京：商务印书馆2017年版，第351页。

那么黑格尔对此是怎样理解和解决的？同前述基本立场一致，黑格尔认为在理性的发展中，国家必将实现为完善的形态，而完善形态的国家是绝对精神的现实化身，"是伦理理念的现实……是绝对自在自为的理性东西"①，它必将融化和消解私人、家庭、市民社会等个体之间、共同体之间以及个体与共同体之间的矛盾和冲突，而这些矛盾和冲突不过是绝对精神实现自身的一个必要的过程和阶段。由此可见，黑格尔认为人与人之间的关系在本质上是自我意识之间的关系，即一种精神性的关系，就此而言，黑格尔社会关系思想的一般内涵可以这样把握，即"作为'客观理性'展开和实现环节的自我意识及其构成体之相互交往和相互作用"。

(三) 费尔巴哈对"社会关系"的论述

恩格斯曾经指出，费尔巴哈在很多方面是黑格尔哲学和恩格斯与马克思的思想的中间环节②，这意味着，费尔巴哈的理论对马克思与恩格斯批判地吸收改造黑格尔哲学，发展自己的思想起到了重要的推动作用。而这种作用的体现之一就是马克思在费尔巴哈的影响下确立了"社会关系"的立场和出发点。正因如此，我们才会看到马克思在"巴黎手稿"中高度赞扬"费尔巴哈使社会关系即'人与人之间的'关系也同样成为理论的基本原则"③ 这一论断，而马克思正是认为这是费尔巴哈的重大贡献之一。那么，费尔巴哈是怎样具体论述"'人与人之间的'的关系"的？这需要从费尔巴哈对宗教的批判谈起。

费尔巴哈曾在他的一部著作中指出，他的理论工作的主要任务之一就是对宗教进行批判。实际上，他对黑格尔哲学进行激烈批判的一个原因也在于他把后者看作是另一种方式的神学，即以思辨哲学的方式论证宗教的神学、变成哲学的神学，或者说是"神学最后的理性支柱"。正是在对黑格尔哲学和宗教进行批判的基础上，费尔巴哈阐述了他关于人与人之间相互需要、相互补充的关系的看法。费尔巴哈认为，黑格尔所论述的理性和意识从来就不是什么独立自在的实体，而是依附于人的感性，如果没有人的感性直观，理性和意识也就无法存在。也就是说，不

---

① [德] 黑格尔：《法哲学原理》，范扬、张企泰译，北京：商务印书馆2017年版，第288页。
② 《马克思恩格斯文集》第4卷，北京：人民出版社2009年版，第265页。
③ 《马克思恩格斯文集》第1卷，北京：人民出版社2009年版，第200页。

是理性和意识而是感性直观才具有真正的确实性或实在性，事物首先不是作为理性、意识的对象而存在，而是作为感性的对象而存在，"只有感觉的对象，直观的对象，知觉的对象，才是无可怀疑地、直接地确实存在着的"①。由此可见，费尔巴哈将感性直观作为武器来对抗黑格尔的思辨理性，通过肯定和高扬感性直观来消解黑格尔的哲学。为了肯定感性直观的实在性和确定性，费尔巴哈甚至将感性直接说成人的本质，指出"肉体的我就是精神的我"②。而正是在肯定感性直观是确认事物存在的方式的基础上，费尔巴哈建构了感性对象性的原理，这个感性对象性原理不仅贯穿在他的哲学中，而且也是他论证人的社会本性的基础。

所谓感性对象性原理，用费尔巴哈在《基督教的本质》一书中的两个命题来概括就是，"没有了对象，人就成了无"以及"主体必然与其发生本质关系的那个对象，不外是这个主体固有而又客观的本质"③。这里的前一个命题是说，人通过感性直观确证自己的前提是有对象存在，必须同对象发生关系。而后一个命题的意思是，与人发生关系的对象中的本质其实就是人自己的本质。通过这个原理，费尔巴哈解构了宗教和思辨哲学。即是说，费尔巴哈证明了宗教、上帝和神不过是人的本质的异在化表现，是人对人的对象化的本质的崇拜，而哲学作为变成思想的宗教在根本上也是人的本质的异化。即"人由对象而意识到自己：对于对象的意识，就是人的自我意识。你由对象而认识人；人的本质在对象中显现出来：对象是他的公开的本质，是他的真正的、客观的'我'"④。与这种方式相同，在用这一原理解释人同他人的关系时，费尔巴哈把作为对象的他人看作是自己的本质，或者说，作为对象的"你"就是"我"的本质。对于自我和他人、"我"和"你"的这种关系，用费尔巴哈的话来表达就是，"别人就是我的'你'，——虽然这也是彼此的——，就是我的另一个'我'，就是成为我的对象的人，就是我的坦

---

① ［德］费尔巴哈：《费尔巴哈哲学著作选集》上卷，荣震华等译，北京：商务印书馆1984年版，第170页。

② ［德］费尔巴哈：《费尔巴哈哲学著作选集》上卷，荣震华等译，北京：商务印书馆1984年版，第212页。

③ ［德］费尔巴哈：《费尔巴哈哲学著作选集》下卷，荣震华等译，北京：商务印书馆1984年版，第29页。

④ ［德］费尔巴哈：《费尔巴哈哲学著作选集》下卷，荣震华等译，北京：商务印书馆1984年版，第30页。

白的内隐,就是自己看到自己的那个眼睛。只有在别人身上,我才具有对类的意识;只有借别人,我才体验到和感到我是个人;只有在对他的爱里面,我才明白他属于我和我属于他,才明白我们两人缺一不可,才明白只有集体才构成人类"①。可见,在费尔巴哈那里,人与人之间在根本上是一种相互依赖、相互需要的关系。依据这种理解,费尔巴哈进一步指出,人是一种团体性的存在物,个人生活在团体中,不能脱离开他人或团体而单独存在,而对于"我"之外的所有其他的人,费尔巴哈统称为"类"。

按照费尔巴哈的看法,个体只有通过"类"才能确证自己的本质,才能获得自己的现实性,为此他举出了很多例子来说明。譬如,他认为,个体的一切力量包括"心灵的力量"——"机智、敏慧、幻想、感情"等在根本上都是来自"类",都是"类"的力量的体现和表现。基于这一思想,他指出,"只有人与人之间发生冲撞和摩擦的场合下,机智和敏慧才燃烧了起来……只有在人与人和睦相处的场合下,才产生感情和幻想;因此,爱——这是一种交际往来,如果得不到反应,必带来最大的痛苦——是诗之源泉。最后,只有在人与人说话的场合下,只有在谈话——一种共同的行为——之中,才产生了理性。"② 由此可见,在费尔巴哈那里,除了感觉、感情等内外的感性,道德、思维也是只有在人同人之间的关系中才存在和发展起来的,对费尔巴哈来说,"孤立的、个别的人,不管是作为道德实体或作为思维实体,都未具备人的本质。人的本质只是包含在团体之中,包含在人与人的统一之中"③。借助感性对象性原理来解释人与人之间的关系,费尔巴哈以此把人解释为"社会的产物"。之前我们说到,他的这一原理是以感性直观为基础的,所以他在解释人与人之间的关系时,也特别强调感性直观的关系,比如对于"我"与"你"之间彼此直观的关系,费尔巴哈认为是友谊;而建立在性别差异基础上的直观,即男人与女人的彼此直观的关系,费尔巴哈认为是两性关系。

---

① [德]费尔巴哈:《费尔巴哈哲学著作选集》下卷,荣震华等译,北京:商务印书馆1984年版,第193页。
② [德]费尔巴哈:《费尔巴哈哲学著作选集》下卷,荣震华等译,北京:商务印书馆1984年版,第113页。
③ [德]费尔巴哈:《费尔巴哈哲学著作选集》上卷,荣震华等译,北京:商务印书馆1984年版,第527页。

经过上述分析，我们可以对费尔巴哈"社会关系"概念的实质内容进行概括，这就是，在费尔巴哈那里，社会关系是"建立在感性直观基础上的人与人之间相互需要、相互补充的关系"。为了证明人们之间相互需要、相互补充的关系，费尔巴哈强调他人是"我"的第一对象。在他看来，自然虽然是使个人得以存在的前提，但是个人能够成为一个真正的人则在于同其他人的联系或关系。因此如果没有同其他人的联系或关系，那么个人无论是在形体上还是在精神上都是"一无所能"的。此外，费尔巴哈还认为，个人的力量是有限的，而所有个人结合起来的力量却是无限的，等等。总之，在费尔巴哈那里，他最为强调的就是人与人之间相互需要、相互补充的关系，用他的一段经典的话说就是，"我之所以是依赖于世界的，就是因为我先感到自己是依赖于别人的。如果我不需要别人，那我也就不需要世界了。我仅仅借助于别人，才使自己跟世界和解、和睦"①。由此可见，在费尔巴哈看来，人对整个世界依赖的原因也不过是在于对他人的依赖，对"类"的依赖。

如前所述，费尔巴哈十分强调人和人之间相互需要、相互补充的关系，那么社会关系发生的方式是否只有友谊关系和两性关系两种方式？显然费尔巴哈也不能满足这样的论述，他认为，人们还通过"理性、意志、爱"或者说"理智、意志、心"而发生关系。对于"理性、意志、爱"，费尔巴哈也将它们统称为"类意识"，并且认为这种"类意识"是三位一体的，即"在人里面而又超乎个别的人之上的属神的三位一体，就是理性、意志和爱的统一"②。正是通过这种三位一体的"类意识"，人们建立了多种多样的联系和关系，而"对道德律、法、礼尚、真理的意识，本身就仅仅联系于对别人的意识"③。需要强调是，在费尔巴哈看来，这样的"类意识"也是以感性直观为基础的。也就是说，费尔巴哈所强调的"类意识"不是黑格尔意义上的"意识"，因为在费尔巴哈看来，作为"类意识"的"理性、意志、爱"不过是人的头脑的产物，是建立在自然的前提上的，是受到人的生物学本能和肉体的状况限制的。

---

① [德]费尔巴哈：《费尔巴哈哲学著作选集》下卷，荣震华等译，北京：商务印书馆1984年版，第112页。
② [德]费尔巴哈：《费尔巴哈哲学著作选集》下卷，荣震华等译，北京：商务印书馆1984年版，第28页。
③ [德]费尔巴哈：《费尔巴哈哲学著作选集》下卷，荣震华等译，北京：商务印书馆1984年版，第194页。

总之，在费尔巴哈那里，社会关系是"建立在感性直观基础上的人与人之间相互需要、相互补充的关系"。费尔巴哈试图从唯物主义立场出发对社会关系进行说明和论述，在那个时期是令人印象深刻的，由此给既有的思想环境增添了一抹亮色，以至于马克思认为他给社会主义提供了哲学基础即"社会"，而且一时称赞他"使社会关系即'人与人之间的'关系也同样成为理论的基本原则"①。不过，正如我们在第一章中所分析的，马克思在后来又明确批判了费尔巴哈的社会关系思想，认为费尔巴哈对社会关系的理解存在着重大缺陷，这种缺陷导致费尔巴哈无法做到对现实社会关系的批判。

二、马克思对从亚里士多德到费尔巴哈的社会关系思想的吸收和批判

如前所述，在马克思社会关系思想的形成和发展过程中，亚里士多德、霍布斯、卢梭尤其是黑格尔和费尔巴哈的思想对他产生了十分重要的影响，也正是在辩证性地理解这些学说的基础上，马克思建立了属于自己的独特理论，那么马克思具体是如何吸收和批判这些思想的？这就是本节所要探讨的问题。

（一）马克思对亚里士多德、霍布斯、卢梭的社会关系思想的吸收和批判

1. 马克思对亚里士多德社会关系思想的吸收和批判

在马克思的心目中，亚里士多德具有极高的地位，无论是在早期还是后期的文本中，马克思都时常引述亚里士多德的观点，并且对亚里士多德的赞誉一生都未曾改变，而这种"待遇"，是许多曾经深深打动马克思的哲学家都不曾有的。从社会关系思想方面来看，马克思主要继承的是亚里士多德关于社会性是人的本性的理解，而在社会关系的基础和主体等方面，他则对亚里士多德进行了批判和超越。

一方面，马克思吸收了亚里士多德关于社会性是人的本性的思想。亚里士多德在他的许多著作中都表达了"人是政治动物"的观点，尤其是在《政治学》中他对"人天生是政治动物"进行了较为集中的论述，而这里面的"天生"一词绝对不是可有可无的，它表明在亚里士多德看

---

① 《马克思恩格斯文集》第 1 卷，北京：人民出版社 2009 年版，第 200 页。

来，政治性是人的本性，即对人来说是自然而然的。这里的政治性在亚里士多德那里实际上就是社会性，因为在亚里士多德生活的时代，政治共同体与社会还没有分离，而是紧密地结合在一起。正因如此，我们能够看到亚里士多德在《尼各马可伦理学》中有这样的表述，他说："我们所说的自足不是指一个孤独的人过孤独的生活，而是指他有父母、儿女、妻子，以及广言之有朋友和同邦人，因为人在本性上是社会性的。"① 对于这里"人在本性上是社会性的"的表述，《尼各马可伦理学》的译注者特别指出，该表述也可以翻译为"人在本性上是政治的"，并且指出亚里士多德在《政治学》中同样的表述后面加上了"动物"一词，由此得到了我们今天广为人知的名言："人天生是政治动物"②。亚里士多德的这一观点对马克思产生了重要影响，以至于马克思一生都不时的回顾和引述，这里我们仅指出马克思后期的一些引用。例如，在《1857—1858年经济学手稿》中马克思指出，"人是最名副其实的政治动物，不仅是一种合群的动物，而且是只有在社会中才能独立的动物。孤立的一个人在社会之外进行生产——这是罕见的事，在已经内在地具有社会力量的文明人偶然落到荒野时，可能会发生这种事情——就像许多个人不在一起生活和彼此交谈而竟有语言发展一样，是不可思议的。"③ 很明显，马克思在这里是以肯定性的口吻来引用亚里士多德的观点的，表明马克思深刻认同亚里士多德的这一思想。在正式出版的《资本论》第一卷第十一章"协作"中马克思说道，"人即使不像亚里士多德所说的那样，天生是政治动物，无论如何也天生是社会动物。"④ 这里面，马克思在亚里士多德"天生是政治动物"的说法前面加了句"即使不像"，与他在《1857—1858年经济学手稿》中的说法存在差别，即后退了一步，为什么会出现这样的差别呢？

马克思所生活的时代与亚里士多德的时代发生了重大变化，而由于这种变化，说"人天生是政治动物"可能未必准确地表达相应的内涵，甚至仅仅说"人天生是政治动物"还可能被理解成反面意思，引起误

---

① ［古希腊］亚里士多德：《尼各马可伦理学》，廖申白译注，北京：商务印书馆2003年版，第18—19页。
② ［古希腊］亚里士多德：《尼各马可伦理学》，廖申白译注，北京：商务印书馆2003年版，第19页。
③ 《马克思恩格斯文集》第8卷，北京：人民出版社2009年版，第6页。
④ 《马克思恩格斯文集》第5卷，北京：人民出版社2009年版，第379页。

解,起到反作用。也就是说,在马克思的时代,"政治"的内涵出现了改变,它已经不再像亚里士多德最初理解的那样。具体而言,在亚里士多德那里,"天生是政治动物"实际上就是"人天生是社会动物"的表达,因为在当时政治共同体和社会还是融为一体的,二者没有实现分离,政治对人们的社会生活发挥着一种直接的主导作用,也是社会动员的根据,而决定这种状态的根源——生产力和经济关系则隐藏在政治背后,并且受到政治的束缚,所以亚里士多德才用"政治"概念代替"社会"。而由于时代和社会历史的变迁,马克思在正式发表《资本论》时使用的"政治"概念的内涵发生了转化,他意识到亚里士多德时代束缚在政治内的社会已经被释放出来,在这一时代不是政治囊括社会,而是社会囊括政治,为了避免误解他加上了限定,实际上马克思清楚地知道,亚里士多德所说的"政治"与"社会"是同义的,所以他才这样说"即使不像"。换言之,在近代以后政治和社会已不再像近代以前那样统一在一起,而是出现了分化,政治性已经不再能够代替社会性,尤其是激烈的政治斗争使"政治"这一概念的内涵中融入了更多的矛盾、分裂、对抗意义,所以在正式出版的面对大众的著作中,仅仅说"人天生是政治动物"有可能引起误解,因为"政治"概念已经融入了矛盾、斗争的色彩,在某些语境中讲"政治"就是讲"斗争"。尽管《资本论》最终目的也是要构造这种语境,但不是在此处。在这里,马克思恰恰要讲"合",在此基础上引出无产阶级之"合"同资产阶级进行的"斗",在"合"与"斗"的辩证活动中超越资本主义,实现人类的进步和人的更为自由解放的生存状态。那么,马克思为什么还要使用亚里士多德的这句论述,这是因为亚里士多德对他的影响还是比较大的,另外对马克思来说,在文中稍微处理以避免误解也不是什么难事。对于这一点,我们回顾《1857—1858年经济学手稿》可以得到更明确的验证。在那里,马克思有这样的论述:"人最初表现为类存在物,部落体,群居动物——虽然决不是政治意义上的政治动物。"① 很明显,马克思在这里想要表达人是一种在本性中具有合群和合作倾向的存在者,或者说具有互助共生、彼此促进本性的存在者,所以他还是认同亚里士多德的"人天生是政治动物"的观点,只不过他认为亚里士多德所说的政治动物不能用今天的

---

① 《马克思恩格斯文集》第8卷,北京:人民出版社2009年版,第147页。

"政治"含义去理解。总之，亚里士多德认为，社会关系对人来说是本质的，而对此马克思深表认同。

另一方面，马克思也清楚地认识到，亚里士多德对社会关系的源泉和社会关系的主体的理解也是有缺陷的，这种缺陷主要表现在以下方面：

首先，亚里士多德没有看到社会关系的原初发生地是物质生产活动。作为"古希腊最博学的人物"和"百科全书式"的思想家，亚里士多德是许多学科领域的开创者，同时也是许多哲学传统的开创者，包括西方实践哲学的传统，但是，亚里士多德在开创西方实践哲学传统的时候，并未给予物质生产活动以应有的地位，相反，他把物质生产活动看作是一种低下的活动。在亚里士多德那里，人类的活动被划分为三种：第一种是理论的活动，其内容主要是对事物的本性进行思考，这种活动在地位上最高，只有具备相应的物质财富，又不需从事物质生产劳动的有闲者才有条件从事；第二种是实践的活动，其内容主要是道德行为和政治事务，它的地位居中，是城邦中的自由民或公民可以从事的活动；第三种是制作的活动，其主要内容是物质生产，它的地位最为低下，主要由奴隶从事。正如《尼各马可伦理学》一书译注者廖申白先生所言，"制作活动既然只以某种外在善为目的，活动本身就只作为手段才是善，或者从本质上说不是善"①，而理论活动和实践活动本身就是目的和善，因此高于制作。由此我们可以看出，在亚里士多德那里，实践活动和物质生产活动是分离的，而物质生产活动被视为最低下的奴隶从事的活动，因此也就不可能被当做社会关系的"发源地"和"秘密"，即没有作为社会关系的根基去理解。与亚里士多德不同，马克思认为，物质生产劳动是整个人类和社会历史的根基，也是社会关系的始源和根据，这在"巴黎手稿"以后的诸多著作中都多有论述，尤其是《形态》中的论述十分集中。因此，对于亚里士多德的这种思想，马克思是不能认同的。

其次，亚里士多德没有把从事物质生产的劳动者看作社会关系的主体，这一点与没有把物质生产看作社会关系的原初发生地内在相关。亚里士多德不认为从事物质生产的劳动者是社会关系的主体，而只是将社会关系的主体理解为城邦中的自由民或公民，这些自由民或公民具有管

---

① [古希腊]亚里士多德：《尼各马可伦理学》，廖申白译注，北京：商务印书馆2003年版，译注者序第xxii页。

理城邦政治事务的资格，而他们中的一部分有条件者可以从事理论沉思活动。因此，尽管亚里士多德在历史上率先提出"人天生是政治动物"的著名观点，从而在一定程度上揭示了个人不能脱离共同体而存在以及人们相互需要、彼此促进的本性，但是他对"人"的理解还局限在城邦公民的范围。也就是说，局囿于有限的阶级视角，亚里士多德把"人"的范围大大缩小了，城邦中的外来者、从事生产劳动的奴隶以及妇女等没有政治权利的人都被排除在公民以外，由此也大大缩小了社会和社会关系的范围，尤其是人口众多的从事生产劳动的奴隶，只是被城邦中的公民即奴隶主当做会说话的工具。这一点也是马克思不能接受的，在马克思那里，劳动者才是社会的主体，才是社会和历史的创造者，对此，马克思在"巴黎手稿"中进行了充分的论述。

最后，亚里士多德没有将经济关系，尤其是生产关系视为全部社会关系中最基础的关系，显然，这一点与前面两点也是有关的。在亚里士多德那里，人与人之间交往中占主导地位的是政治关系，他没有意识到，生产关系是社会关系的基础。与之不同，马克思认识到全部社会关系中最基础的是生产劳动的组织和交往，即生产关系。从马克思的观点出发来看，亚里士多德生活的那种社会或城邦之所以会出现，正是因为人类生产能力和生产关系的低下。所以马克思有时为了突出生产关系的重要性，甚至干脆以生产关系总和来表达社会关系乃至社会本身，如《雇佣劳动与资本》中指出"生产关系总和起来就构成所谓社会关系，构成所谓社会"①。而在划分人类的社会阶段时，马克思也时常用经济的社会形态来做划分的标准，而经济的社会形态本质上就是生产关系的总和，由此足以表明马克思将生产关系看作社会关系的基础，这一点与亚里士多德是不同的。

对于亚里士多德社会关系思想的缺点和不足，马克思有着清醒的认识，他在《资本论》中援引亚里士多德的理论分析商品价值形式的时候指出："亚里士多德没有能从价值形式本身看出，在商品价值形式中，一切劳动都表现为等同的人类劳动，因而是同等意义的劳动，这是因为希腊社会是建立在奴隶劳动的基础上的，因而是以人们之间以及他们的劳动力之间的不平等为自然基础的。价值表现的秘密，即一切劳动由于而

---

① 《马克思恩格斯文集》第 1 卷，北京：人民出版社 2009 年版，第 724 页。

且只是由于都是一般人类劳动而具有的等同性和同等意义，只有在人类平等概念已经成为国民的牢固的成见的时候，才能揭示出来。而这只有在这样的社会里才有可能，在那里，商品形式成为劳动产品的一般形式，从而人们彼此作为商品占有者的关系成为占统治地位的社会关系。亚里士多德在商品的价值表现中发现了等同关系，正是在这里闪耀出他的天才的光辉。只是他所处的社会的历史限制，使他不能发现这种等同关系'实际上'是什么"①。由此可见，限于古希腊社会的历史条件即奴隶制，使亚里士多德难以承认物质生产劳动的地位，因为这样的活动主要由身份最为卑贱低微甚至被视为会说话的物品的奴隶来从事，因此也就不能将物质生产视为社会关系的原初发生地，而奴隶等广大劳动者也被排除在社会关系的主体之外，与此同时，生产关系作为全部社会关系基础的地位也难以被意识到。

2. 马克思对霍布斯社会关系思想的吸收和批判

马克思曾经将霍布斯称为"英国最老的经济学家和最独特的哲学家之一"②，霍布斯对国家的起源和社会关系本性的探索在一定程度上影响了马克思，尤其是他所描述的"一切人反对一切人的战争状态"成为马克思从深层透视现代资本主义社会人类生存状态的镜鉴。

对于霍布斯思想的积极意义，马克思虽未像评价亚里士多德甚至费尔巴哈那样对其给予极高的赞誉，但也并不吝惜褒扬，例如马克思在《神圣家族》中回顾近代哲学同社会主义关系的时候，就曾指出，霍布斯是"用人的眼光来观察国家"的近代思想家的早期代表，"从理性和经验出发，而不是从神学出发来阐明国家的自然规律"③ 是霍布斯哲学的一个重要特征。而由此一来，霍布斯就突破了宗教神学在思想领域对国家理论和社会理论的束缚。因为在漫长的中世纪当中，以奥古斯丁和托马斯·阿奎那等人为代表的神学家，正是借用柏拉图和亚里士多德的理论，给国家理论和社会理论罩上了重重神秘性的阴影，而弗兰西斯·培根虽然把物理学从神学中解放出来，从而使物理学成为一门有成果的科学，但是有神论的偏见依然残存在他的哲学当中，正是霍布斯从人的理性和经验的角度出发铲除了培根哲学中残留的神秘性，使得对国家和

---

① 《马克思恩格斯文集》第 5 卷，北京：人民出版社 2009 年版，第 75 页。
② 《马克思恩格斯全集》第 16 卷，北京：人民出版社 1964 年版，第 144 页。
③ 《马克思恩格斯全集》第 1 卷，北京：人民出版社 1995 年版，第 227 页。

社会的解释根据彻底从神性转向人性，这种转向给马克思带来了深刻的影响。对于霍布斯的这种历史贡献，马克思在不同著作中多次表达了肯定，在马克思看来，国家、社会的本质应当由人自身来解释而不是神，即"人就是人的世界，就是国家，社会"①，在这里不难见到霍布斯"用人的眼光来观察国家"的影子，"用人的眼光来观察国家"正是马克思对霍布斯的肯定性评价。

在"用人的眼光来观察国家"的霍布斯那里，"人"的范围也得到了"回归"。也就是说，与亚里士多德因受到时代限制而把"人"的范围缩小到少部分具有政治权利的人不同，霍布斯认为每一个人都是拥有政治权利的独立个体。并且在对自然状态中的个人进行描述时，霍布斯还赋予了不同个体以自由平等的地位。而这种自由平等的出发点的设定不仅深深感染了卢梭，也给马克思的心灵打下了重重的烙印，成了马克思一生为之不懈奋斗孜孜以求的目标和情怀。此外，霍布斯在论证他的观点的过程中描绘了"一切人反对一切人的战争"的状态，马克思经由卢梭的启发，将霍布斯的这一描述转换为在深层透视现代资本主义社会人类生存状态的一面镜子。马克思曾不止一次地引用霍布斯的这一论断，用以反思人类生存境遇的实然，追问人类存在发展的本然，构想人类未来生活的应然。对于人类生存境遇的实然，马克思在《1857—1858年经济学手稿》中借用霍布斯的这一论断指出："这种互相依赖，表现在不断交换的必要性上和作为全面媒介的交换价值上。经济学家是这样来表述这一点的：每个人追求自己的私人利益，而且仅仅是自己的私人利益；这样，也就不知不觉地为一切人的私人利益服务，为普遍利益服务。关键并不在于，当每个人追求自己私人利益的时候，也就达到私人利益的总体即普遍利益。从这种抽象的说法反而可以得出结论：每个人都妨碍别人利益的实现，这种一切人反对一切人的战争所造成的结果，不是普遍的肯定，而是普遍的否定。"② 在一定意义上，我们也可以说，霍布斯的"一切人反对一切人的战争"成为了马克思"反向吸收"的对象，即成为马克思致力于破除和超越的状态。马克思曾经指出，人的自由全面发展必须建立在高度发达的生产力的基础上，如果生产力落后，那么自由个性是不可能实现的，至少务必避免生产力的低下。因为如果生产力

---

① 《马克思恩格斯文集》第1卷，北京：人民出版社2009年版，第3页。
② 《马克思恩格斯文集》第8卷，北京：人民出版社2009年版，第50页。

低下，那么人们就将重新陷入贫困，而极端贫困的状态下人们"必须重新开始争取必需品的斗争，全部陈腐污浊的东西又要死灰复燃"①。马克思提出的"陈腐污浊的东西"的极端形态想必是霍布斯所说的"孤独、贫困、卑污、残忍而短寿"的现象，因此，在提出这样的观点的时候，浮现在马克思脑海中的可能正是霍布斯所说的"一切人反对一切人战争"的场景。

  当然，霍布斯的缺点也是显而易见的，其中最突出的就是霍布斯没有把社会性或社会关系理解为人的本性。在霍布斯看来，国家形成前人类生存的状态是一种自然状态，在那里，社会尚未建立，也谈不上社会关系，而由于缺乏契约，每个人都无限制地使用自身拥有的自然权利，从而造成的后果是"人对人像狼一样""一切人反对一切人的战争"的境遇，出于避免在相互战争中被毁灭的自我保全的需要，人们约定转让自己的自然权利和力量，交付给一个集中的统一的意志，这个意志由于集合所有人的权利和意志从而足够强大，由此能够保证所有人互不侵犯，实现安全、生存和发展，这就是霍布斯对国家和社会的起源的理解。在霍布斯那里，人类最初的状态是一个个孤立的个体，人的本性是自私自利的性质，人们最重要的需要是自我保全，出于这种需要，最初的交往被描绘成"对抗"和"争斗"，刻画为彼此欲置对方为死地的场景。只是迫于相互毁灭的恐惧，人们才建立社会关系，这样就把社会性或社会关系理解成对人来非本质的东西。马克思对这种把人看成天生孤立的个体的思想是持反对意见的，正如他所指出的那样，"人是最名副其实的政治动物，不仅是一种合群的动物，而且是只有在社会中才能独立的动物。孤立的一个人在社会之外进行生产——这是罕见的事，在已经内在地具有社会力量的文明人偶然落到荒野时，可能会发生这种事情——就像许多个人不在一起生活和彼此交谈而竟有语言发展一样，是不可思议的。"②这就是说，在马克思看来，社会性是人的本性，个人不能脱离社会或社会关系而存在，并且认为个人之所以能够独立恰恰是借助了社会的力量或人与人联合的力量，没有社会给个人提供的基础，个人就只能像动物一样服从自然，与自然环境融为一体，而不可能成为一个自由、自主、自觉的能动的

---

① 《马克思恩格斯文集》第1卷，北京：人民出版社2009年版，第538页。
② 《马克思恩格斯文集》第8卷，北京：人民出版社2009年版，第6页。

人,更谈不上人的各种权利。

不仅如此,马克思还指出了将孤立个人看作历史起点的思想之所以产生的现实根源,即:"人只是在历史过程中才孤立化的。人最初表现为类存在物,部落体,群居动物——虽然决不是政治意义上的政治动物。交换本身就是造成这种孤立化的一种主要手段。它使群的存在成为不必要,并使之解体。"① 由此可见,经济生活或经济关系对整个社会关系产生了重大影响,而马克思正是将经济关系尤其是其中的生产关系看作决定全部社会关系的社会关系,而这也与霍布斯很不相同。经济关系作为整个社会关系的核心,不仅使现实的人的生存状态和交往方式发生实际的改变,而且也必然决定各种反映社会关系的思想和理论的内容的变化,因此归根结底,正是经济关系的变革使霍布斯的理论同以往的理论存在不同,马克思得以进一步指出霍布斯将人类的社会关系归结为自我保全基础上的功利关系的根源,这就是:"把所有各式各样的人类的相互关系都归结为唯一的功利关系,看起来是很愚蠢的。这种看起来是形而上学的抽象之所以产生,是因为在现代资产阶级社会中,一切关系实际上仅仅服从于一种抽象的金钱盘剥关系。在第一次和第二次英国革命时期,即在资产阶级取得政权的最初的两次斗争中,在霍布斯和洛克那里出现了这种理论。"②

另外,霍布斯社会关系思想中的缺陷还在于为君主专制和王权辩护,他认为一旦人们把手中的权利转让给国家元首,那么就应当听凭国家元首的统治,而且这种服从应当是完全的或至少是接近绝对的,他只承认一种状态下人民才有权利替换国家元首,即后者不能保障前者生命权的时候,而这是马克思绝对不能认同的。对于这一点,马克思借用霍布斯自己的说法表达了不同的观点:"真正的人民即无产者、小农和城市贫民,正象霍布斯所说的,是 puer robustus, sed malitiosus,一个结实而调皮的孩子;他不会让国王(无论是瘦瘦的还是肥胖的)牵着自己的鼻子走"③。

3. 马克思对卢梭社会关系思想的吸收和批判

在近代西方思想史上,卢梭是继霍布斯之后在自然法和契约论方面

---

① 《马克思恩格斯文集》第 8 卷,北京:人民出版社 2009 年版,第 147 页。
② 《马克思恩格斯全集》第 3 卷,北京:人民出版社 1960 年版,第 479 页。
③ 《马克思恩格斯全集》第 4 卷,北京:人民出版社 1958 年版,第 220—221 页。

的重要代表，尽管他在很多方面都不同意霍布斯的观点，但他越多的反对霍布斯反而越是显示了受霍布斯的影响之大，其理论同霍布斯的思想有着切不断的联系。在霍布斯思想的启发下，卢梭进一步发展了个人天生自由平等的观点，并且大为拓展霍布斯思想中隐藏的人在社会关系面前具有自主性和能动性的要素，从改造社会关系亦即社会革命的视角进一步设计了实现人的理想生存状态的原则和方案。卢梭思想中的这些闪光点对马克思产生了深刻的影响。

卢梭突破霍布斯观点的一个较为明显的表现是剔除了霍布斯思想中残留的封建专制因素。在卢梭看来，任何使人的自由平等被抹杀和遮蔽的专制统治都是不可接受的，因为每一个人都是社会关系的主体，作为社会关系的主体，个人先天地具有自由平等的权利，从而自由平等拥有与人性一样的意义，对卢梭来说，"放弃自由就是放弃一个人的人性，就是放弃他作为人的权利"①。这一思想深刻地感染了马克思，以至于马克思在批判普鲁士的专制统治时这样指出："这种秩序是在许多野蛮的世纪中产生的和形成的，它现在已成为最终的制度出现在我们面前，这种制度的原则就是使世界不成其为人的世界。"② 在这里，马克思认为人是生而自由和平等的，自由平等是人的基本权利，而普鲁士的专制制度扼杀了人的这一权利，无异于是对人性的违背。与破除霍布斯契约论中残留的专制因素内在相关，卢梭与霍布斯不同的另一个论点还在于将统治者包含在契约之中，而不是像霍布斯那样使其排除在契约之外，变成凌驾于契约和社会之上的存在，由此一来，卢梭指出，只要契约不符合人的自由平等本性，那么人民就有权推翻现存统治，重新制定契约。卢梭的这一思想对马克思的影响在于，社会关系是由人们创造的，同时也由人们来变革，所以马克思指出，"对实践的唯物主义者即共产主义者来说，全部问题都在于使现存世界革命化，实际地反对并改变现存的事物"③，马克思站在唯物主义和共产主义的角度深化了卢梭的思想。

值得注意的是，卢梭接过霍布斯的自然法和契约论，在对其进行改造和完善的过程中，他自己的思想也发生了重要变化，例如：在《论人

---

① [法] 让·雅克·卢梭:《社会契约论》，徐强译，北京：中国社会科学出版社2009年版，第12页。
② 《马克思恩格斯全集》第1卷，北京：人民出版社1956年版，第410页。
③ 《马克思恩格斯文集》第1卷，北京：人民出版社2009年版，第527页。

类不平等的起源和基础》中卢梭用大量篇幅论述自然状态的和谐美好，由此给人以社会是不必要的甚至是罪恶的入口的错觉，但是到了《社会契约论》中卢梭通过修改自然状态的假设表明社会关系即使不是必然的也是必须的，个体不能脱离社会关系，与此同时，人在社会关系面前也具有能动的创造性。在卢梭的基础上，马克思进一步发挥人们创造和变革社会关系的自由性，指出正如"社会本身生产作为人的人一样，社会也是由人生产的"①。相比于卢梭，马克思对社会关系的理解层次更为深入，基础更为牢固，因为马克思将国家和社会置于生产关系上去理解和把握。

从卢梭的思想来看，追求实现人的自由解放必须使社会关系合乎人性，受卢梭的这一思想的影响，马克思在《〈黑格尔法哲学批判〉导言》中指出，"无产阶级宣告迄今为止的世界制度的解体，只不过是揭示自己本身的存在的秘密，因为它就是这个世界制度的实际解体。无产阶级要求否定私有财产，只不过是把社会已经提升为无产阶级的原则的东西，把未经无产阶级的协助就已作为社会的否定结果而体现在它身上的东西提升为社会的原则。"②"协助"一词是卢梭使用的重要概念，它体现了卢梭对社会关系之于人的必要性的理解，而在这里则被马克思所吸收。对于马克思而言，无产阶级存在的本质反映的是一种不合理的社会关系，这种不合理的社会关系束缚人的自由，使人成为不平等的存在。正是因为如此，马克思在同一篇文章中指出，"必须推翻使人成为被侮辱、被奴役、被遗弃和被蔑视的东西的一切关系"③。

如果说，在《〈黑格尔法哲学批判〉导言》中，卢梭的影子还是依稀可见的话，那么在《论犹太人问题》里，马克思则直接引述卢梭的原文来表达自己的观点："卢梭关于政治人这一抽象概念论得很对：ّ敢于为一国人民确立制度的人，可以说必须自己感到有能力改变人的本性，把每个本身是完善的、单独的整体的个体变成一个更大的整体的一部分——这个个体以一定的方式从这个整体获得自己的生命和存在——，有能力用局部的道德存在代替肉体的独立存在。他必须去掉人自身固有

---

① 《马克思恩格斯文集》第 1 卷，北京：人民出版社 2009 年版，第 602 页。
② 《马克思恩格斯文集》第 1 卷，北京：人民出版社 2009 年版，第 17 页。
③ 《马克思恩格斯文集》第 1 卷，北京：人民出版社 2009 年版，第 11 页。

的力量,才能赋予人一种异己的、非由别人协助便不能使用的力量'"①。这里面的"异己"不是马克思后来在"巴黎手稿"中阐释的异化劳动意义的"异己",而是指称自我之外的他人,而卢梭所说的"非由别人协助便不能使用的力量"对应着他所论述的公共意志或普遍意志(又译总意志)的思想,因而这里可以说是马克思后来在《共产党宣言》中指出的"每个人的自由发展是一切人自由发展的条件"②的萌芽。卢梭在写作《社会契约论》时观点发生了变化,他认为个人的自由平等只能实现在社会中,即只能靠有机统一人们相互之间的意志和彼此促进的协作才有可能,而在《论人类不平等的起源和基础》中他力图说明他所理解的原初自然状态的真实性,然而他所依据的却是大量的猜测和联想。不管怎样,在社会关系思想方面,卢梭对马克思的重要影响是确凿无疑的,正是在《论犹太人问题》中,马克思在引用卢梭那段话表达自己观点之后,又写下了这样一句话,他说:"任何解放都是使人的世界即各种关系回归于人自身"③,这与《〈黑格尔法哲学批判〉导言》中的"推翻……关系"完全一致,同时也与卢梭的基本观点完全契合。与此相关,卢梭给马克思带来的启示还有认为私有制是造成社会不平等的罪魁祸首,并且否认私有制是天然的、永恒的或者说是原初自然状态所具有的,由此把私有制描绘成后天的、历史的事物,这与当时的主流资产阶级国民经济学大为不同,也对马克思的思想具有积极的促进作用,推动马克思锁定"一切问题之所在的那些问题的中心",即所有制问题。

当然,卢梭的思想也有不足,他的这一不足同霍布斯一样,就是没有把社会性看作是人的本性或本质,认为个人最初是极其孤立的状态。卢梭在《论人类不平等的起源和基础》中说道,"人与人之间既然没有任何来往,也没有任何来往的需要"④,社会关系只是后来随着占有或所有制的出现才出现的。而在他看来,社会出现的同时也是人类开始堕落和出现不平等的起点,而重新实现平等需要改造社会,改造的方法就是制定新的契约。尽管后来在《社会契约论》中卢梭做出了重大的修正,

---

① 《马克思恩格斯文集》第1卷,北京:人民出版社2009年版,第46页。
② 《马克思恩格斯文集》第2卷,北京:人民出版社2009年版,第53页。
③ 《马克思恩格斯文集》第1卷,北京:人民出版社2009年版,第46页。
④ [法]让·雅克·卢梭:《论人类不平等的起源和基础》,李常山译,北京:商务印书馆1962年版,第96页。

即认为在自然状态下出现了人们若不联合便无法破解生存威胁的难题，由此使社会或社会关系成为必要，但这种解释依然是成问题的，因为把原初自然状态中人们的结合和社会关系看作是偶然的和被迫的，这不符合人具有的社会本性这一事实。事实上，私人所有制的产生经历了一个漫长的过程，它是在原始社会共同所有制解体的基础上发展起来的，而原始社会作为共产主义社会则进一步说明人类最初具有结合与协作的社会性。卢梭之所以不能正确理解这个问题，一个重要原因在于没有看到生产实践是人的真正基础，而生产实践恰是共同活动，"生命的生产，无论是通过劳动而生产自己的生命，还是通过生育而生产他人的生命，就立即表现为双重关系：一方面是自然关系，另一方面是社会关系，社会关系的含义在这里是指许多个人的共同活动"①。在前面我们引用了马克思阐释孤立个人的观点在近代产生根本原因的论述，这一论述不仅适用于看待马克思对霍布斯的超越。可见，人的本性是社会性而不是孤立性，但是卢梭在《论人类不平等的起源和基础》中竭力证明原初自然状态中的人不是合群的动物，并且竭力说明许多个人不在一起生活和彼此交谈而有语言发展，由于违背历史事实，他的说明充满了猜想、推测和假设，从而是徒劳和不成功的。

（二）马克思对黑格尔社会关系思想的吸收和批判

在黑格尔的社会关系思想中，包含了一些积极的要素和成分，而这些要素和成分被马克思辩证地吸收和融合，推动了他对社会关系基本内涵的把握和理解。这些积极的要素和成分主要体现在以下几个方面：

第一，在黑格尔的论述中包含了立足差别基础上的人与人的统一的思想，这种思想被马克思所吸收。尽管黑格尔也论述自我意识之间为了获得对方对自身的承认而斗争，但是这种斗争在发展过程中将向对立面转化，即最终实现彼此之间的统一，由此而上升到真正的精神，而在真正的精神实现的状态中，具体性与普遍性、特殊性与一般性达成了和解。由此出发，黑格尔明确指出，"精神是这样的绝对的实体，它在它的对立面之充分的自由和独立中，亦即在互相差异、各个独立存在的自我意识中，作为它们的统一而存在：我就是我们，而我们就是我。"② 可见，黑

---

① 《马克思恩格斯文集》第 1 卷，北京：人民出版社 2009 年版，第 532 页。
② ［德］黑格尔：《精神现象学》上卷，贺麟、王玖兴译，北京：商务印书馆 1979 年版，第 146 页。

格尔进一步发展了卢梭的观点,他所理解的人与人的统一不是直接的同一,而是建立在差别基础上的统一,因而是对人与人之间既对立又统一的本性的揭示,这一思想为马克思进一步把握自我与他人、个体与共同体等关系提供了理论启示,因而被马克思所汲取和吸收。我们应当记得,马克思在致费尔巴哈的信中曾指出:"建立在人们的现实差别基础上的人与人的统一,从抽象的天上降到现实的地上的人类这一概念,如果不是社会这一概念,那是什么呢"①,马克思对人与人之间统一的理解不是简单的同一,而是强调了"现实差别",这与他对黑格尔上述思想的把握不无关联。当然,黑格尔对"现实"的理解是"倒立着的",而费尔巴哈实际上却不懂得"现实"。

第二,在黑格尔对社会关系的论述中包含了历史性的特点,这一要素被马克思所吸收。我们看到,黑格尔并不是像谢林、雅可比等哲学家那样诉诸神秘的直觉、直观或天启等方式来证明自己的论题,而是诉诸一种否定之否定的历史化方式去理解和把握最高的对象即绝对,而在这一过程中,黑格尔融入了复杂的自然、社会和人类思维的内容,这些内容在他那里表现为一个动态的变化和演进过程。而就社会关系而言,黑格尔在探讨人类生活内容的过程中揭示了社会关系的历史性特征,从而表明人与人的关系不是天然的、固定不变的,而是历史的、变化的,这种历史性也为马克思带来启发,马克思曾不止一次的强调和肯定在黑格尔哲学当中所包含的巨大历史感,这种历史感也引导他去捕捉社会关系的基本属性和特征。

第三,在黑格尔对社会关系的论述中包含了劳动改变社会关系的重要内容,这一内容给马克思带来重要启示。通过对自我意识经劳动中介而发展的相互关系的辩证分析,黑格尔揭示了"社会关系"的矛盾转化和否定之否定特征,这种分析不仅再次加强了社会关系具有历史性的理论论证,而且更重要的是启示马克思找寻社会关系本身存在及其历史性和辩证性的源头。对此,马克思曾以肯定性的口吻说道,"黑格尔的《现象学》及其最后成果——辩证法,作为推动原则和创造原则的否定性——的伟大之处首先在于,黑格尔把人的自我产生看做一个过程,把对象化看做非对象化,看做外化和这种外化的扬弃;可见,他抓住了劳

---

① 《马克思恩格斯全集》第 47 卷,北京:人民出版社 2004 年版,第 73—74 页。

动的本质,把对象性的人、现实的因而是真正的人理解为人自己的劳动的结果"①。在获得这种认识的基础上,马克思进一步指出,"整个所谓世界历史不外是人通过人的劳动而诞生的过程"②。

然而,尽管黑格尔的社会关系思想具有这些积极的意义,但是其也存在不足和缺陷,其中最突出的缺点就是唯心主义的哲学立场。黑格尔的整个哲学体系是"客观理性"或"绝对理性"的逻辑发展过程,或者说理性的自我外化、自我发展、自我认识、自我实现的过程,因此"社会关系"在他那里是"作为'客观理性'展开和实现环节的自我意识间的关系"。而这意味着,人在根本上不是作为感性存在物而存在,而是作为自我意识而存在,自我意识自己并不是自己的真理,它的真理是"客观理性"或"绝对理性"。这样,包括社会关系的历史在内的全部历史都是理性自我设定、自我外化、自我发展的逻辑环节。或者说,全部历史是逻辑范畴的外化过程。在黑格尔那里,世界被描述成按照逻辑而演进的,它过去怎样、现在怎样、将来怎样是按逻辑的构图制定好的,正如罗素所曾经讥讽的那样,"宇宙在渐渐学习黑格尔的哲学"③。由此可见,在黑格尔的逻辑蓝图中,无论是个人还是社会关系都只不过是客观精神自我实现的工具和手段,个人和社会关系被神秘化了,变成了不食人间烟火的抽象幽灵。而在"绝对理性"面前,作为环节的个体和社会关系是微不足道的,个体之存在与历史长河比起来不过是在"玩跷跷板的游戏罢了"④。显然,在这种理解中,社会关系的真实作用、地位和意义无疑遭到了遮蔽。

如前所述,在写于《精神现象学》之后的《法哲学原理》中,黑格尔具体思考了如何解决市民社会中人与人之间冲突的问题,他在《法哲学原理》中这样指出,"市民社会是个人私利的战场,是一切人反对一切人的战场,同样,市民社会也是私人利益跟特殊公共事务冲突的舞台,

---

① 《马克思恩格斯文集》第 1 卷,北京:人民出版社 2009 年版,第 205 页。
② 《马克思恩格斯文集》第 1 卷,北京:人民出版社 2009 年版,第 196 页。
③ [英]伯特兰·罗素:《西方哲学史》下卷,马元德译,北京:商务印书馆 1982 年版,第 282 页。
④ [德]黑格尔:《法哲学原理》,范扬、张企泰译,北京:商务印书馆 2017 年版,第 189 页。

并且是它们二者共同跟国家的最高观点和制度冲突的舞台"①。身在没有实现资产阶级革命的德国能够意识到市民社会中人与人的冲突这一根本缺陷,体现了黑格尔眼光的独特和敏锐,但是,黑格尔对这一问题的理解和解决却局限于唯心主义的框架中。就是说,他遵循《精神现象学》中的逻辑,将物质关系看成非本质的关系,而将客观的精神、理性视为本质、主体和实体,因而将市民社会——物质关系仅仅作为环节扬弃到代表理性的国家中,试图以此来超越人与人之间的冲突。这带来的后果是问题的实质被掩盖了。也就是说,黑格尔哲学体系的整体气质和根本属性仍处于客观唯心主义之中,在他那里,不是作为物质生活关系总和的市民社会决定国家,而是作为理性在现实中的最高形式——国家决定着市民社会。对于这一点,黑格尔这样指出,国家是世俗中的"神物","是伦理理念的现实……是绝对自在自为的理性东西"②。既然国家是"绝对理性"的外现,那么作为这种理性的体现的国家必然能够克服人与人之间的冲突,但是事实并非如此。

  与黑格尔不同,马克思认为,人类的社会关系首先不是作为精神关系或观念关系而存在,相反,社会关系首先是一种物质的关系。正如我们在前面提到的,物质生活关系总和被概括为市民社会,因此在马克思看来,市民社会是一切其他关系的基础,它决定着国家、法、政治形式以及观念的意识形态等。对此,马克思说道,"家庭和市民社会是国家的前提,它们才是真正的活动着的"③,而在黑格尔那里这种真实的关系被头足倒置了。就是说,黑格尔对社会关系的理解是颠倒的,马克思借用费尔巴哈的方法将这种颠倒比作是主语和谓语的颠倒,认为黑格尔哲学神秘的思辨性就体现在这种颠倒上。在马克思看来,政治制度体现的是人与人之间的关系,这种关系的基础是物质关系,是物质关系的表现。但是,黑格尔却把政治制度看作是受精神关系决定的理性的体现,是从"一般观念"中发展出来的东西。对此,马克思批判道,"他(指黑格尔——引者注)把身为理念的主体的东西当成理念的产物,当成理念的

---

  ① [德]黑格尔:《法哲学原理》,范扬、张企泰译,北京:商务印书馆2017年版,第351页。

  ② [德]黑格尔:《法哲学原理》,范扬、张企泰译,北京:商务印书馆2017年版,第288页。

  ③ 《马克思恩格斯全集》第3卷,北京:人民出版社2002年版,第10页。

谓语，他不是从对象中发展自己的思想，而是按照做完了自己的事情并且是在抽象的逻辑领域中做完了自己的事情的思维的样式来制造自己的对象"①。这就是说，在黑格尔那里，社会关系和历史的主体不是现实的个人，而是"一般观念"，而物质生活关系则被当成"一般观念"的外在表现，从而仅仅被理解为假象。换言之，黑格尔把物质生活关系作为"一般观念"的发展环节，认为"一般观念"是社会关系的本质，赋予社会关系以意义。马克思揭露了黑格尔对现实社会关系的这种歪曲，指出黑格尔对社会关系的歪曲理解来源于"逻辑的、泛神论的神秘主义"②，也就是说，黑格尔把"观念变成了主体，而家庭和市民社会对国家的现实的关系被理解为观念的内在想像活动。"③ 马克思在批判局限于黑格尔哲学的青年黑格尔派时使用的一段话，同样适用于黑格尔哲学，这就是，从黑格尔哲学立场看来，"人们之间的关系、他们的一切举止行为、他们受到的束缚和限制，都是他们意识的产物"④。

在《形态》中，马克思曾一语道破黑格尔"社会关系"内涵的抽象本性，"不难一眼看出，'利用'范畴是从我和别人发生的现实的交往关系中抽象出来的，而完全不是从反思或仅仅从一种意志中抽象出来的；其次也不难看出，通过纯思辨的方法，这些关系反过来被用来冒充这个从那些关系本身中抽象出来的范畴的现实性。黑格尔就完全是用同样的方法和同样的根据把一切关系都描述成客观精神的关系"⑤。这就是说，社会关系在黑格尔那里实际上是"普遍的自我意识"，其背后是一个一般的共相，人与人之间的社会关系不过是这个共相的显现，即先验的本质、实体的显现。换言之，个体、关系统统都是实体的环节，真正作为实体的是这个共相、一般的概念。因此，黑格尔通过对历史性过程的分析将各个特殊性、具体性容纳到这个共相、概念之中，只是为了证明各个具体是共相和概念的外化、显现。这个本质、实体就是抽象的精神、理性。正如黑格尔所说，"这种纯粹形式被认作弥漫于一切个体的普遍的

---

① 《马克思恩格斯全集》第3卷，北京：人民出版社2002年版，第18—19页。
② 《马克思恩格斯全集》第3卷，北京：人民出版社2002年版，第10页。
③ 《马克思恩格斯全集》第3卷，北京：人民出版社2002年版，第10页。
④ 《马克思恩格斯文集》第1卷，北京：人民出版社2009年版，第516页。
⑤ 《马克思恩格斯全集》第3卷，北京：人民出版社1960年版，第480页。

陶冶事物的力量和绝对的概念"①。这表明，黑格尔把概念看作现实个体的力量源泉，因而奴隶所从事的劳动的本质就成了按照普遍概念塑造事物的过程，即概念才是决定的因素。同那种将社会关系归结为思辨的抽象的精神关系的理解相对立，马克思指出，"一开始就表明了人们之间是有物质联系的。这种联系是由需要和生产方式决定的，它的历史和人的历史一样长久；这种联系不断采取新的形式，因而就呈现出'历史'"②。很明显，在马克思看来，人与人之间的社会关系在根本上是物质的关系而不是精神的关系，亦即物质关系是一切关系的基础。

我们看到，在对黑格尔"社会关系"思想进行批判的过程中，体现了马克思"社会关系"概念的显性规定，这就是物质性规定。即在马克思那里，社会关系在根本上是物质性的关系。这一点从马克思对黑格尔法哲学进行批判的时候开始就未曾改变。马克思认为，人类历史在根本上是物质关系变迁的历史，而不是精神自我运动的历史。对此，在1846年12月28日致安年科夫的信中，马克思这样指出，"人们不能自由选择自己的生产力——这是他们的全部历史的基础，因为任何生产力都是一种既得的力量，是以往的活动的产物。可见，生产力是人们应用能力的结果，但是这种能力本身决定于人们所处的条件，决定于先前已经获得的生产力，决定于在他们以前已经存在、不是由他们创立而是由前一代人创立的社会形式。后来的每一代人都得到前一代人已经取得的生产力并当做原料来为自己新的生产服务，由于这一简单的事实，就形成人们的历史中的联系，就形成人类的历史，这个历史随着人们的生产力以及人们的社会关系的愈益发展而愈益成为人类的历史。由此就必然得出一个结论：人们的社会历史始终只是他们的个体发展的历史，而不管他们是否意识到这一点。他们的物质关系形成他们的一切关系的基础"③。从这段清晰的文字中我们可以看出，在马克思那里，社会关系的一个基本规定就是物质性，对于马克思来说，脱离物质的社会关系是根本不存在的。值得指出的是，同黑格尔将社会关系的真实主体看作客观的理性不同，马克思认为，社会关系的真正主体是现实的个人。因此马克思才会

---

① [德]黑格尔：《精神现象学》上卷，贺麟、王玖兴译，北京：商务印书馆1979年版，第149页。

② 《马克思恩格斯文集》第1卷，北京：人民出版社2009年版，第516页。

③ 《马克思恩格斯全集》第47卷，北京：人民出版社2004年版，第440页。

说，"历史只是个体发展的历史"，从这种立场来看，社会关系只能是"物质的和个体的活动所借以实现的必然形式"①。

为了强调社会关系的物质规定，马克思甚至直接在物质关系的意义上使用"社会关系"概念。例如在论述唯物史观的特点时，马克思指出，唯物史观"不是在每个时代中寻找某种范畴，而是始终站在现实历史的基础上，不是从观念出发来解释实践，而是从物质实践出发来解释观念的东西，由此还可得出下述结论：意识的一切形式和产物不是可以用精神的批判来消灭的，也不是可以通过把它们消融在'自我意识'中或化为'幽灵'、'怪影'、'怪想'等等来消灭的，而只有实际地推翻这一切唯心主义谬论所由产生的现实的社会关系，才能把它们消灭"②。这里的"社会关系"概念与"意识的一切形式和产物"相对立，其内涵是物质关系。马克思在这里想表达的是，人们的思想、观念不是独立的和凭空产生的，仅仅对它们进行批判不可能将他们改变或消灭。它们真正的根源是物质的关系和联系，即思想、观念是物质关系的理论表现，只有改变物质关系才能改变思想关系。除此之外，马克思在突出物质关系的意义上使用"社会关系"概念的表述，还有"以一定的方式进行生产活动的一定的个人，发生一定的社会关系和政治关系"③，以及"人们的观念、观点和概念，一句话，人们的意识，随着人们的生活条件、人们的社会关系、人们的社会存在的改变而改变"④等观点。

总的来说，马克思对黑格尔"社会关系"思想的批判显示出物质性是马克思"社会关系"概念的一项重要规定。对于这一规定，我们可以联系马克思在《形态》中对社会关系进行的总括式论述来理解："思想、观念、意识的生产最初是直接与人们的物质活动，与人们的物质交往，与现实生活的语言交织在一起的。观念、思维、人们的精神交往在这里还是人们物质关系的直接产物。"⑤ 这就是说，物质关系和精神关系之间的关系是前者决定后者，后者是前者的体现，正如马克思在这段话中所指出的，在最初的时候精神关系还只是"物质关系的直接产物"。

---

① 《马克思恩格斯全集》第47卷，北京：人民出版社2004年版，第440页。
② 《马克思恩格斯文集》第1卷，北京：人民出版社2009年版，第544页。
③ 《马克思恩格斯文集》第1卷，北京：人民出版社2009年版，第524页。
④ 《马克思恩格斯文集》第2卷，北京：人民出版社2009年版，第50—51页。
⑤ 《马克思恩格斯文集》第1卷，北京：人民出版社2009年版，第524页。

(三) 马克思对费尔巴哈社会关系思想的吸收和批判

如前所述,费尔巴哈"社会关系"概念的内涵可以一般地把握为"建立在感性直观基础上的人与人之间相互需要、相互补充的关系",费尔巴哈对社会关系的这种理解具有一定的作用和价值,一定程度上推动了马克思"社会关系"概念的发展,这主要表现在两个方面:

一方面,费尔巴哈对"社会关系"的论述是植根于感性和自然的基础上的,他对感性和自然的重视以及立足这种基础对黑格尔思辨的唯心主义哲学的批判给马克思带来了影响。在写作《提纲》之前,马克思曾多次表达对费尔巴哈的赞扬,而这种肯定是包含着对费尔巴哈唯物主义立场的认可的。此外,马克思还直接地运用费尔巴哈的主宾倒置法和感性对象性原理,前者我们可以在马克思的《黑格尔法哲学批判》中找到大量的印证,后者我们可以在"巴黎手稿"中追踪到相关的痕迹。费尔巴哈对感性自然的强调以及他的主宾倒置法和感性对象性原理给马克思带来了启迪,这种启迪在马克思对黑格尔哲学感到怀疑的情况下进一步发酵,推动马克思否定黑格尔将理性、意识作为世界本原的观点,确立物质生活关系的自觉,以此坚定唯物主义的基本立场,在此基础上,马克思得以牢牢地抓住社会关系的感性物质性规定。

另一方面,费尔巴哈着重论述了人与人之间相互需要、相互补充的关系,这对于马克思进一步将人的本性理解为社会性具有积极意义。马克思退出《莱茵报》编辑部之后,集中精力思考先前令他苦恼的物质利益关系与理性之间的关系,对这种苦恼的破解是通过批判性地反思黑格尔的法哲学来实现的,正是在这一过程中,马克思受到费尔巴哈的影响,借用费尔巴哈的主宾倒置法对黑格尔进行批判,而与此同时,马克思也对费尔巴哈关于人与人之间相互需要、相互补充的看法表示认同,能够证明这种影响的依据之一就是马克思开始使用费尔巴哈著作中频繁出现的"类"概念,例如在《论犹太人问题》中,马克思就用"类存在物"来形容人与人之间彼此促进、相互实现的本性,而对"类存在物"概念的使用和人的这种本性的理解显然表明马克思受到了费尔巴哈的影响。到了写作《资本论》手稿的时期,马克思内心依然确信人在本性上就是一种彼此促进、相互实现的存在物,他认为个体的孤立化是后天形成的,是由于历史的原因而导致的,因此他仍然使用了"类存在物"这一概念。

不过，费尔巴哈的社会关系思想也存在着重大不足，其中最明显的不足就是他对社会关系的理解缺乏历史性的原则，这种缺乏显示了他在社会历史领域的知识是贫瘠的，而且使他的社会关系概念变得空洞、抽象、僵化，最终无法理解内在于社会关系中的辩证性和否定性，甚至重新陷入唯心主义的窠臼。

早在"巴黎手稿"中的《对黑格尔的辩证法和整个哲学的批判》中，马克思就已经隐约觉察到了费尔巴哈哲学中历史性原则的缺乏。在那里，马克思曾作出这样的表述，"费尔巴哈把基于自身并且积极地以自身为根据的肯定的东西同自称是绝对肯定的东西的那个否定的否定对立起来"①。马克思一开始是以赞扬的口吻表达这句话的，但是在后面他也很快意识到黑格尔"否定的否定"原则具有"批判的形式"，而费尔巴哈则恰恰缺少这种否定性和批判性，即费尔巴哈"肯定的东西"同黑格尔否定的"批判的形式"存在着"差别"。也就是说，费尔巴哈批判理性神学的目的是正确的，但是在批判中，他却把黑格尔的能动性和创造性的原则——否定性的辩证法一同抛弃了。然而，马克思意识到辩证法的否定本性恰恰在于它是一个矛盾转化的、对立统一的过程，而这体现了人的存在、社会存在的历史性本质，正如马克思后来在《资本论》第二版跋中所指出的，辩证法在本质上是"批判的和革命的"。换言之，否定的原则、批判性、革命性也就是历史性。因此，当费尔巴哈基于直接的肯定同黑格尔的否定之否定对立时，实际上表现出他不理解矛盾转化、对立统一的过程性的意义，从而显示出他缺乏历史性原则的弱点。

正是由于这种历史性原则的缺乏，导致费尔巴哈在理解"社会关系"的内涵时陷入抽象。也就是说，费尔巴哈在解释人们发生社会关系的具体机制或具体形式时重新回到了唯心主义，即用"类"来解释人们之间的相互关系。虽然他试图将"类"、意识等统统归结到感性的基础上，但是感性在他那里实际上也仅仅是一种失去活动的抽象物。所以说，马克思在《提纲》中批判费尔巴哈，指出费尔巴哈把人的本质理解为单个人先天"固有的抽象物"是一针见血的。同样，马克思在《提纲》中还指出，费尔巴哈"撇开了历史的进程，假定有一种独立的宗教感情，并且假定有一种抽象的——孤立的——人的个体"②。因为费尔巴哈用

---

① 《马克思恩格斯文集》第 1 卷，北京：人民出版社 2009 年版，第 200 页。
② 《马克思恩格斯文集》第 1 卷，北京：人民出版社 2009 年版，第 501 页。

"固有的抽象物"来解释人与人之间的社会关系,所以他必然使社会关系的真实发展变化过程即历史性遭到遮蔽,从而反映出他无法将社会关系和历史统一起来理解。用马克思的话来说就是,在费尔巴哈那里,"本质只能被理解为'类',理解为一种内在的、无声的、把许多个人自然地联系起来的普遍性"①。可见,马克思批判费尔巴哈的重点是费尔巴哈把人与人之间的联系和关系变成了纯粹自然的联系,也就是变成一种固有的、没有生成变易的联系和关系,即非历史的社会关系。总之,在"包含新世界观的天才萌芽"的《提纲》中,马克思对费尔巴哈"社会关系"内涵的批判重点体现在对费尔巴哈缺乏历史性的批判上。这一点集中表现在,短短几句话中,马克思使用了"固有的""撇开历史的进程""无声的""自然地"等用语。而对于费尔巴哈"社会关系"缺乏历史性的批判同批判费尔巴哈不能批判现实社会关系是一致的,也就是说,费尔巴哈做不到对现实社会关系的批判意味着他的"社会关系"概念是缺乏历史性的。

在《形态》中,马克思针对费尔巴哈不能理解"社会关系"的历史性再次进行了批判。在"费尔巴哈章",马克思指出,人无论是同自然的关系,还是同他人的关系,都是"在历史上形成的关系",这种历史性的关系建立在"前一代传给后一代的大量生产力、资金和环境"②的基础上,因而随着生产力、资金、环境的变化而变化。在马克思看来,这种"每个个人和每一代当作现成的东西承受下来的生产力、资金和社会交往形式的总和,是哲学家们想象为'实体'和'人的本质'的东西的现实基础"③。即是说,社会关系或社会交往的形式是一代一代相传的,是在不断改变的,即暂时的、历史的。但是,对于社会关系的这种生成和变易,费尔巴哈却根本没有意识到,结果,费尔巴哈在"关于人与人之间的关系问题上的全部推论无非是要证明:人们是互相需要的,并且过去一直是互相需要的。"④ 也就是说,费尔巴哈根本就不懂得改造现实的人与人关系的必要性,他仅限于指出人与人之间的相互需要就满足了。而费尔巴哈之所以不能理解这一点,是因为他在理解人与人的关

---

① 《马克思恩格斯文集》第1卷,北京:人民出版社2009年版,第200页。
② 《马克思恩格斯文集》第1卷,北京:人民出版社2009年版,第545页。
③ 《马克思恩格斯文集》第1卷,北京:人民出版社2009年版,第545页。
④ 《马克思恩格斯文集》第1卷,北京:人民出版社2009年版,第548—549页。

系时缺少了历史性的视角。

我们在之前曾经提到,费尔巴哈对"社会关系"的理解是建立在感性直观基础上的,这种感性直观正是黑格尔思辨的否定之否定的对立面,因此抛弃否定性、生成变易性的这种缺陷就是感性直观的缺陷,这一缺陷就是丧失了历史性的规定。对于这一点,马克思当然是清楚的,他这样说道,"费尔巴哈对感性世界的'理解'一方面仅仅局限于对这一世界的单纯的直观,另一方面仅仅局限于单纯的感觉。费尔巴哈设定的是'人',而不是'现实的历史的人'。……在前一种情况下,在对感性世界的直观中,他不可避免地碰到与他的意识和他的感觉相矛盾的东西,这些东西扰乱了他所假定的感性世界的一切部分的和谐"①。这就是说,费尔巴哈把包含社会关系在内的整个世界的理解建立在感性直观的基础上,这使得他无法看到世界、社会关系等在不同时代、不同历史条件下状况的不同。

对于费尔巴哈在理解"社会关系"内涵时所表现出来的缺陷,恩格斯曾作出这样的评价:"在每一页上都宣扬感性,宣扬专心研究具体的东西、研究现实,可是这同一个费尔巴哈,一谈到人们之间的纯粹的性关系以外的某种关系,就变成完全抽象的了……就形式讲,他是实在论的,他把人作为出发点;但是,关于这个人生活的世界却根本没有讲到,因而这个人始终是宗教哲学中出现的那种抽象的人"②。这就是说,费尔巴哈只是做到了在形式上重视社会关系,然而在内涵上对社会关系的理解却是非历史的,正是这种非历史性引起了马克思的不满和批判。马克思对费尔巴哈非历史的"社会关系"概念的批判,可以以一段话来总结,这就是:"他(指费尔巴哈——引者注)没有看到,他周围的感性世界决不是某种开天辟地以来就直接存在的、始终如一的东西,而是工业和社会状况的产物,是历史的产物,是世世代代活动的结果,其中每一代都立足于前一代所奠定的基础上,继续发展前一代的工业和交往,并随着需要的改变而改变他们的社会制度。甚至连最简单的'感性确定性'的对象也只是由于社会发展、由于工业和商业交往才提供给他的。"③

---

① 《马克思恩格斯文集》第 1 卷,北京:人民出版社 2009 年版,第 528 页。
② 《马克思恩格斯文集》第 4 卷,北京:人民出版社 2009 年版,第 290 页。
③ 《马克思恩格斯文集》第 1 卷,北京:人民出版社 2009 年版,第 528 页。

三、马克思"社会关系"概念的基本内涵

通过前面所介绍的马克思对既往社会关系思想的辩证性吸收和批判,我们已经能够看出在马克思的"社会关系"概念中包含的一些要素和成分,这些要素和成分有全体个人、交互作用、生产实践、物质性和历史性等。全体个人、交互作用在马克思那个时代已经成为"社会关系"概念的默认的无条件前提,从而不属于马克思的独创,无须进一步解释,需要进一步阐释的是马克思所做出的独特理解,即在生产实践基础上把握社会关系,从而实现了物质性与历史性两大规定在"社会关系"概念上的统一。也就是说,把握马克思"社会关系"概念基本内涵关键的是把握生产实践、物质性、历史性三个规定,正是这三个规定的有机整合使马克思"社会关系"概念的内涵更为完善深入,从而超越了既有的关于社会关系的理论认识,而马克思"社会关系"概念的基本内涵就是:"人们以生产实践为根基以物质为载体形成的历史性的交互作用"。

(一)生产实践:"社会关系"的原初发生地

马克思之所以能够更为深入彻底地把握社会关系以此超越以往思想家,一个十分重要的原因在于他认识到社会关系是植根于生产实践的,即生产实践是社会关系的原初发生地。不过,马克思将社会关系"架设"到生产实践的地基上不是一蹴而就的,而是经历了一个过程。对这一过程进行考察可以使我们明确社会关系同生产实践的统一性、一体性,以此进一步理解马克思"社会关系"概念的基本内涵。

在第一章中我们指出,马克思在"巴黎手稿"的"第一手稿"中对劳动的异化进行了分析,而正是在对劳动异化进行分析的时候,马克思初步表达了社会关系同劳动一体的思想,即认为一定的社会关系是一定的劳动得以表现的形式,社会关系在劳动中生成。例如,在"第一手稿"中,马克思对社会关系在劳动活动中的生成进行了这样的论述,"通过异化劳动,人不仅生产出他对作为异己的、敌对的力量的生产对象和生产行为的关系,而且还生产出他人对他的生产和他的产品的关系,以及他对这些他人的关系。"① 可见,在马克思看来,社会关系是从劳动中产生的,劳动异化意味着社会关系也必然是异化的,而指出人与他人

---

① 《马克思恩格斯文集》第1卷,北京:人民出版社2009年版,第165页。

之间的关系是通过劳动生产出来的，显然就触及了社会关系同劳动的一体性。在这里，马克思也提到"生产"，但是这一概念此时还不处于中心的位置，正如他虽然提到"实践"，但"实践"也不处于中心位置一样。笔者认为，马克思在认识实践时经历了劳动——实践——生产这一过程，而他对社会关系的认识则经历了物质生活关系——社会关系——生产关系这一历程。也就是说，马克思对社会关系的认识和对实践的认识具有同步发展的特点。

在"第一手稿"之后的《穆勒评注》，马克思意识到，在分析商品经济社会时，社会关系必须始终被当作逻辑起点，任何人都是处于社会关系中的人，因此劳动也被理解为一开始就存在于社会关系中，社会关系的性质和劳动的性质具有统一性，甚至人的生存状态和生活品性，在马克思看来，也取决于人从事劳动的社会关系是如何的。也就是说，经过《穆勒评注》中的思考，马克思确立了社会关系的立场和视野。在那里，他指出，"人的本质是人的真正的社会联系，所以人在积极实现自己本质的过程中，创造、生产人的社会联系、社会本质。而社会本质不是一种同单个人相对立的抽象的一般的力量，而是每一个单个人的本质，是他自己的活动，他自己的生活，他自己的享受，他自己的财富"①。这段话具有十分重要的意义，它的主要内涵至少有以下三个方面：第一，人的本质是社会关系；第二，人的本质是人创造出来的；第三，社会关系同个体的劳动是统一的。在这里，马克思已经认识到社会关系与劳动是不可分割的一个整体，而且也提出了社会关系和社会联系是由人生产和创造出来的。

在《穆勒评注》确立社会关系立场以后的"第二手稿""第三手稿"中，马克思开始大量使用"社会"这个概念，而且很多时候都是用于积极的意义，亦即使之具有和谐的人与人之间关系的含义。就中性的意义而言，一个引人注目的现象是，马克思在分析人同自然关系的时候连续使用了"三个只有在社会中"，以强调人同自然关系与人同人关系的统一性，即"自然界的人的本质只有对社会的人来说才是存在的；因为只有在社会中，自然界对人来说才是人与人联系的纽带，才是他为别人的存在和别人为他的存在，只有在社会中，自然界才是人自己的合乎人性

---

① ［德］马克思：《1844 年经济学哲学手稿》，北京：人民出版社 2000 年版，第 170 页。

的存在的基础，才是人的现实的生活要素。只有在社会中，人的自然的存在对他来说才是人的合乎人性的存在，并且自然界对他来说才成为人。"① 这里所提的一个重要问题是自然界同人的关系，即自然界在社会中成为人的基础和人的现实生活的要素。那么，除了"在社会中"这个前提，人们还需要何种前提才能够使自然成为人的现实的基础和现实的要素？自然能够自动提供给人们需要的一切吗？显然不是，这需要人们进行物质变换的活动，即劳动。因此，当马克思论述自然在社会中为人类提供基础和要素的时候，就潜在地包含了社会关系同劳动一体的思想。所以，我们看到，就在这句话之前，马克思说，"社会本身生产作为人的人一样，社会也是由人生产的。活动和享受，无论就其内容或就其存在方式来说，都是社会的活动和社会的享受。"② 这就是说，在马克思看来，任何属人的活动都是社会的活动，即处于社会关系中的活动。

在"巴黎手稿"的"第三手稿"中，存在着一句令人费解的表述，这句表述实际上也体现了劳动同社会关系的一体性，这就是马克思所说的"当物按人的方式同人发生关系时，我才能在实践上按人的方式同物发生关系。"③ 物怎样按人的方式同我发生关系？只有在物中注入他人人格的时候，物才是具备人格的，才能按人的方式同我发生关系。怎样注入人格？只能通过感性活动即感性劳动。"我才能按人的方式与之发生关系"是说，只有我与之发生关系的那个物中存在他人人格性时，我才能成为一个真正的人。所以，人同自然、同物的关系与人同他人之间的关系始终是统一的。马克思这里明确说我同物不是在想象上、幻想上发生关系，而是在实践上与之发生关系，是为了强调感性活动。这段话体现了实践与社会关系一体的思想。这里面马克思对费尔巴哈的感性对象性原理在人同物上的运用进行了发挥和发展，即"主体必然与其发生本质关系的那个对象，不外是这个主体固有而又客观的本质"④。为什么"主体必然与其发生本质关系的那个对象，不外是这个主体固有而又客观的本质"？费尔巴哈基于感性直观无法做到正确的回答。而马克思则通过揭

---

① 《马克思恩格斯文集》第1卷，北京：人民出版社2009年版，第187页。
② 《马克思恩格斯文集》第1卷，北京：人民出版社2009年版，第187页。
③ 《马克思恩格斯文集》第1卷，北京：人民出版社2009年版，第190页。
④ [德]费尔巴哈：《费尔巴哈哲学著作选集》下卷，荣震华等译，北京：商务印书馆1984年版，第29页。

示劳动与社会关系的统一性科学地回答了这个问题,从而实现了对费尔巴哈感性对象性原理的超越,即将其提升为感性的活动原理。就是说,费尔巴哈意识到人是社会存在物,但却无法真正解释这一点,而马克思通过劳动使之得到科学解释,这表明社会关系与劳动本属一体,因而理解、把握社会关系的全面内涵需要做到对劳动的深入掌握。

通过上面的分析,我们看到,在"巴黎手稿"中已经出现了在更广阔范围内解释社会关系同人的感性活动的一体性的趋势。例如,在"巴黎手稿"后期,马克思指出"甚至当我从事科学之类的活动,即从事一种我只在很少情况下才能同别人进行直接联系的活动的时候,我也是社会的,因为我是作为人活动的。不仅我的活动所需的材料——甚至思想家用来进行活动的语言——是作为社会的产品给予我的,而且我本身的存在就是社会的活动"① 等。这意味着,马克思需要将劳动概念概括为一个一般的总体性的概念,以全面揭示人的感性活动同社会关系之间的一体性,而这一概念就是他自己已经涉及的"实践"。对"实践"同"社会关系"的一体性的表述,显然是《提纲》的任务。

马克思在《提纲》中将"劳动"提升为"实践"这个更一般的抽象,虽然上升到了更高的范畴,但劳动同社会关系的统一性并没有因此改变,而且正是通过这种统一性,《提纲》才成为除旧立新的纲领。即是说,"除旧"是基于感性的活动,即实践将物质性与历史性统一起来,从而突破以往唯物主义哲学和唯心主义哲学的缺陷——脱离历史性与否定物质性的缺陷。而"立新"则是明确指出改变世界的方向,即要求对现实的社会关系进行批判和革命。可见,《提纲》中的实践与社会关系是统一的。实践既规定了社会关系,它本身也受到了社会关系的规定。这首先表现在,马克思在《提纲》中特别在实践前面加上了"革命的""批判的"定语,而当从"革命的""批判的"的角度来看实践时,实践就不再仅仅是突破旧有哲学对世界的理解那么简单,也不仅仅具有将物质和历史统一起来的意义,而是具体地指向一个方向,这就是社会关系。这本身说明了社会关系与实践是内在一体的,因为如果实践——感性活动外在于社会关系,那么对社会关系进行改变就要么是不可能的——像资产阶级经济学家所理解的那样,要么就是没必要的——像费尔巴哈所

---

① 《马克思恩格斯文集》第 1 卷,北京:人民出版社 2009 年版,第 188 页。

理解的那样。

《提纲》第三、六、八条非常明显地传达出社会关系和实践的内在统一。在《提纲》第三条中，马克思表达的核心思想可以概括为一句话："环境改变人，人也改变环境"。我们在第一章曾分析过，此处的"环境"专指社会环境，而社会环境的核心是社会关系。因此当马克思说，"关于环境和教育起改变作用的唯物主义学说忘记了，环境是由人来改变的"① 的时候，他是在强调旧唯物主义没有将感性活动统一到社会关系中，因而没有从感性活动的角度去理解社会环境，结果陷入了环境决定论。马克思紧接着又指出，"环境的改变和人的活动或自我改变的一致，只能被看做是并合理地理解为革命的实践。"② 第二句话马克思没有再提教育，表明他所侧重的问题是社会环境。这句话明确地体现出马克思对社会关系同实践的统一性的理解，即在革命性的、改造性的实践活动中发生的必然是社会环境和人的活动的双重改变，因为实践活动本身就以一定的社会关系呈现出来，反过来说也成立：社会关系的改变本身就是人的实践活动的改变。在第六条中，马克思批判了费尔巴哈对社会关系发生方式的理解，他指出，在费尔巴哈那里，"本质只能被理解为'类'，理解为一种内在的、无声的、把许多个人自然地联系起来的普遍性"③。费尔巴哈的"类"指什么？我们前面分析过，他这个概念比较混乱，不同语境里面表述不同，主要有自我之外的一切人、三位一体的"理性、意志、爱"即类意识等内涵。在解释人与人之间关系的问题上，费尔巴哈使用的主要是第二个方面的内涵即类意识，也就是把类意识当成发生社会关系的方式。在马克思看来，用"类"来解释人与人的关系遮蔽了社会关系的真实内涵，从而阻碍对现实社会关系的批判。马克思看到，把许多个人联系起来的真正纽带和桥梁不是抽象的类意识，而是感性的活动即实践。正是在感性的活动中，许多不同的个人发生了社会关系。费尔巴哈没有理解人的感性是实践的感性，导致他看不到社会关系真正的产生方式，从而无法把握"社会关系"概念的真实意义。第八条相当于对第三条和第六条所做的总结，即"全部社会生活在本质上是

---

① 《马克思恩格斯文集》第1卷，北京：人民出版社2009年版，第500页。
② 《马克思恩格斯文集》第1卷，北京：人民出版社2009年版，第500页。
③ 《马克思恩格斯文集》第1卷，北京：人民出版社2009年版，第501页。

实践的"①，全部社会生活当然包含社会关系，因而社会关系同实践是统一的、一体的。

在马克思看来，实践中最基础的部分和社会关系中最基础的部分是完全一致的，即都是生产领域，从而再次表明社会关系和实践是一体两面的关系。对此，马克思在《形态》中这样说道，"社会关系的含义在这里是指许多个人的共同活动"②。笔者认为，对于实践和社会关系而言，一个指向活动本身，另一个指向活动的形式。或者说，一个是活动的内容，另一个是与这种活动内容相对应的形式，二者互为前提、内在统一。就此而言，完全脱离实践的社会关系是不存在的，同样，完全脱离社会关系的实践也是不存在的。对于社会关系和实践的这种互为前提、内在统一的关系，马克思在《形态》中这样指出，"生产本身又是以个人彼此之间的交往［Verkehr］为前提的。这种交往的形式又是由生产决定的"③，"以一定的方式进行生产活动的一定的个人，发生一定的社会关系和政治关系"④。这说明，生产实践活动同社会关系内在一体。

《形态》是一部通过全面清算青年黑格尔派哲学来表达新世界观的著作，因此在涉及社会关系问题时马克思不得不联系到费尔巴哈。也就是说，理解社会关系同生产实践的一体性，我们可以到马克思对费尔巴哈的批判中去寻找。马克思在批判费尔巴哈不理解社会关系时的集中表达是："诚然，费尔巴哈与'纯粹的'唯物主义者相比有很大的优点：他承认人也是'感性对象'。但是，他把人只看做是'感性对象'，而不是'感性活动'，因为他在这里也仍然停留在理论领域，没有从人们现有的社会联系，从那些使人们成为现在这种样子的周围生活条件来观察人们——这一点且不说，他还从来没有看到现实存在着的、活动的人，而是停留于抽象的'人'，并且仅仅限于在感情范围内承认'现实的、单个的、肉体的人'，也就是说，除了爱与友情，而且是理想化了的爱与友情以外，他不知道'人与人之间'还有什么其他的'人的关系'。他没有批判现在的爱的关系。可见，他从来没有把感性世界理解为构成这

---

① 《马克思恩格斯文集》第1卷，北京：人民出版社2009年版，第501页。
② 《马克思恩格斯文集》第1卷，北京：人民出版社2009年版，第532页。
③ 《马克思恩格斯文集》第1卷，北京：人民出版社2009年版，第520页。
④ 《马克思恩格斯文集》第1卷，北京：人民出版社2009年版，第524页。

一世界的个人的全部活生生的感性活动"①。这里已经非常明显地体现了感性活动，即实践同社会关系的一体性。正是由于费尔巴哈不能把感性理解为"感性的活动"，所以他无法找到真正把人与人联系起来的现实纽带，或者更准确地说，他找到的不是真正地把人与人联系起来的纽带，而是虚假的、抽象的纽带——自然、直观、三位一体的"类意识"。因此，尽管费尔巴哈正确地指出，人和人具有相互依赖和相互补充的本性，但是在他看来，这种相互依赖要么是纯粹自然发生的，要么通过人们直观的方式实现，要么建立在"类意识"的基础之上，由此又把对社会关系的理解推到狭隘和抽象的泥潭里。一言以蔽之，费尔巴哈没有看到真正的社会联系建立在感性活动即实践的基础上，因此他不懂得社会关系同感性活动的一体性。

需要说明的是，马克思在这里之所以使用"感性的活动"这个一般性和总体性的范畴，目的是为了与费尔巴哈直观的"感性对象性"做对比，以此清算费尔巴哈的思想。实际上，就马克思自己的思想进程而言，他在《形态》中的一个核心工作是将"实践"具体化为"生产"，这与他的另一核心任务，即列宁所说的"从一切社会关系中划分出生产关系"② 是内在一致的。因此，在马克思那里，社会关系不仅仅局限于同感性活动的一体性，而是被牢牢地置于它最深刻的基础——生产实践活动之上。为了强调这一点，马克思在《形态》之后的《雇佣劳动与资本》中甚至直接指出，"生产关系总和起来就构成所谓社会关系"③。这一切都表明，在马克思看来，社会关系在根本上厚植于人类的生产实践活动，即生产实践是社会关系最深层的源泉。

（二）物质性与历史性的内在统一："社会关系"的基本属性

社会关系在根本上生发于人们的生产实践活动，马克思的这一认识对他全面把握社会关系的属性具有极为重要的意义，这就是：通过对生产实践所具有的根本性质——物质性和历史性的把握，马克思把握到了社会关系的物质性和历史性，从而将物质性和历史性两大规定统一到"社会关系"的概念中，以此达到了对"社会关系"内涵的深入理解。就此而言，生产实践是马克思"社会关系"概念更深层次的规定，是马

---

① 《马克思恩格斯文集》第 1 卷，北京：人民出版社 2009 年版，第 530 页。
② 《列宁全集》第 1 卷，北京：人民出版社 1984 年版，第 106 页。
③ 《马克思恩格斯文集》第 1 卷，北京：人民出版社 2009 年版，第 724 页。

克思"社会关系"概念内涵最核心的部分。从"生产实践"这个概念本身我们可以得知,"生产"是"实践"的种概念,"实践"是"生产"的类概念。事实上,"生产实践"正是马克思从"实践"中具体化出来的最根本的实践,而"实践"则是从"劳动"中进一步抽象出来的一般性概念。也就是说,马克思对"生产实践"的把握经历了从具体的劳动到抽象的实践,再到具体的生产这一历程。正是在这一历程中,马克思把握到了生产实践的物质性和历史性,以此把握到社会关系的根本性质——物质性与历史性的内在统一。

在"巴黎手稿"中,马克思既揭示了劳动的物质性,同时又揭示了劳动的历史性,表明马克思初步把握到了物质性和历史性在劳动中的统一。具体而言,在"巴黎手稿"以前,马克思通过对黑格尔法哲学进行批判,已经转向了唯物主义立场,认识到不是意识决定物质,而是物质决定意识。到了"巴黎手稿"时期,马克思阅读了大量政治经济学著作,吸收了其中的劳动价值论思想,进一步认识到劳动对创造财富乃至人成为人的意义,从而开始在唯物主义的立场上对劳动的意义进行论述。也就是说,马克思一开始接受劳动就将其架设在感性的物质地基上,认为劳动的根本属性是物质性。在"第一手稿"中,马克思在论述异化劳动的第一个规定时指出,"没有自然界,没有感性的外部世界,工人什么也不能创造。自然界是工人的劳动得以实现、工人的劳动在其中活动、工人的劳动从中生产出和借以生产出自己的产品的材料。"① 很明显,没有感性的、物质的对象,劳动就不可能进行和存在,这表达的是劳动建立在感性物质的基础上,而劳动异化也直接表现在同物质的对象和感性自然界的关系上。因此,对马克思来说,劳动在根本上是物质性的。

关于劳动的历史性,马克思指出,劳动是一种改造自然世界的物质变换活动,这种活动体现了一种否定性的统一性,即"人不仅像在意识中那样在精神上使自己二重化,而且能动地、现实地使自己二重化,从而在他所创造的世界中直观自身。"② 这里的意思是说,人可以在思想中想象不同于现存事物的事物,然后又可以实际地呈现出想象的事物,前者是精神中的二重化,后者是现实的二重化。而将想象中的事物实现出来也就是人在创造的对象中直观到了他自己,这样,不一致的事物化为

---

① 《马克思恩格斯文集》第 1 卷,北京:人民出版社 2009 年版,第 158 页。
② 《马克思恩格斯文集》第 1 卷,北京:人民出版社 2009 年版,第 163 页。

一致，二重化实现了统一，这一过程循环往复、周而复始。那么，人如何使现存的事物成为曾想象的事物，或者说使想象的事物化为现实的事物？答案是通过"劳动"。这即是说，正是凭借劳动，人否定了感性对象的自在形式，使对象成为满足人的需要的自为的形式。因此，劳动是一种否定性的统一性的活动，这种否定性意味着劳动是一种过程性的活动，即历史性活动，它也表明人是一种历史性的存在。由于意识到了劳动的历史性和人的历史性的同一，马克思指出，"整个所谓世界历史不外是人通过人的劳动而诞生的过程，是自然界对人来说的生成过程，所以关于他通过自身而诞生、关于他的形成过程，他有直观的、无可辩驳的证明。"①

看到劳动的历史性规定，马克思意识到它正是辩证法的现实根据，而黑格尔不正是通过辩证法来体现否定性的统一性，即否定之否定的历史原则吗？所以马克思开始肯定黑格尔的辩证法具有积极意义，认为在黑格尔辩证法中包含了"批判的形式"。他说，"黑格尔的《现象学》及其最后成果——辩证法，作为推动原则和创造原则的否定性——的伟大之处首先在于，黑格尔把人的自我产生看做一个过程，把对象化看做非对象化，看做外化和这种外化的扬弃；可见，他抓住了劳动的本质，把对象性的人、现实的因而是真正的人理解为人自己的劳动的结果"②。这段话充分表明，马克思认为劳动的本质特性就是辩证法所体现的否定性原则，而这种否定性原则意味着将人的自我产生看作是过程性的结果，即历史性的结果。所以，当费尔巴哈"把基于自身并且积极地以自身为根据的肯定的东西同自称是绝对肯定的东西的那个否定的否定对立起来"③的时候，他错过了黑格尔辩证法所揭示的劳动的否定性和历史性。相反，马克思却由此意识到，"劳动是人在外化范围之内的或者作为外化的人的自为的生成"④，这里面的生成性与历史性是一致的。

尽管在"巴黎手稿"中马克思对劳动的物质性和历史性往往分而述之，但是他的一些论断也显示了他已经做好了将劳动同物质性、历史性统一起来的准备。这表现在，马克思在指出黑格尔辩证法所体现的历史

---

① 《马克思恩格斯文集》第1卷，北京：人民出版社2009年版，第196页。
② 《马克思恩格斯文集》第1卷，北京：人民出版社2009年版，第205页。
③ 《马克思恩格斯文集》第1卷，北京：人民出版社2009年版，第200页。
④ 《马克思恩格斯文集》第1卷，北京：人民出版社2009年版，第205页。

性意义之余，仍然不忘批判黑格尔哲学的唯心主义性质："黑格尔根据否定的否定所包含的肯定方面把否定的否定看成真正的和唯一的肯定的东西，而根据它所包含的否定方面把它看成一切存在的唯一真正的活动和自我实现的活动，所以他只是为历史的运动找到抽象的、逻辑的、思辨的表达，这种历史还不是作为既定的主体的人的现实历史，而只是人的产生的活动、人的形成的历史"①，"黑格尔唯一知道并承认的劳动是抽象的精神的劳动。"② 这就是说，通过对黑格尔辩证法的批判，马克思实际上既揭示了劳动的历史性规定，又揭示了劳动的物质性规定，从而已经捕获到内在于劳动的两大特征。值得指出的是，在"巴黎手稿"中，马克思也提到了"实践"的概念，不过他并没有从"实践"概念出发对物质性和历史性相统一的特点进行发挥，而是通过对劳动的阐述来表达相关思想。

到了《提纲》，马克思将"劳动"提升为"实践"，从"实践"的高度出发将物质性和历史性两大规定统一起来，从而也就将两大本质属性统一到"社会关系"的内涵之中。如前所述，马克思在"巴黎手稿"获得的对劳动的哲学认识是，作为感性的活动，劳动的根本性质是物质性和历史性，感性即自然性、物质性，活动即过程性、历史性。或者说，劳动具有感性、自然和否定、过程的双重性质。在《提纲》中，马克思立足于已经获得的这些认识，把"劳动"所体现的感性活动进一步概括和抽象为"实践"，将其作为一个基本的概念工具。之所以要将"劳动"提升为"实践"进行论述是因为：一方面，"劳动"本身是一个经济学概念，在清理哲学世界观时容易引起混乱和含糊；另一方面，同时也是更为重要的原因在于，"劳动"这个概念不是感性活动的类概念，不具有对感性活动的最高的概括性，不能胜任清理哲学世界观这个地基和立场的任务，必须要使用一个概括性最高的科学抽象。也就是说，只有将"劳动"概念提升到"实践"范畴，才能从哲学世界观层面来论述人的感性活动。在第一章中，我们对《提纲》的分析着眼于"社会关系"在《提纲》中的地位和作用，提出马克思在批判过去的哲学世界观时心中所指向的目标是"社会关系"，"社会关系"在引领着他。而在这里我们想表达的是，"社会关系"与实践的一体决定了实践具有的物质性和历

---

① 《马克思恩格斯文集》第 1 卷，北京：人民出版社 2009 年版，第 201 页。
② 《马克思恩格斯文集》第 1 卷，北京：人民出版社 2009 年版，第 205 页。

史性就是"社会关系"的本质属性或根本规定。

让我们重温一下马克思在《提纲》中对以往哲学世界观进行的总论式批判:"从前的一切唯物主义(包括费尔巴哈的唯物主义)的主要缺点是:对对象、现实、感性,只是从客体的或者直观的形式去理解,而不是把它们当做感性的人的活动,当做实践去理解,不是从主体方面去理解。因此,和唯物主义相反,唯心主义却把能动的方面抽象地发展了,当然,唯心主义是不知道现实的、感性的活动本身的。"① 对于唯物主义包括费尔巴哈的唯物主义,马克思批判的是它们仅仅从直观的角度去理解人的感性,而不懂得将人的感性理解为感性的活动,即"实践",不懂得这种活动所具有的"能动的方面"。所谓"能动的方面"是什么?是"作为推动原则和创造原则的否定性",这种否定性也就是运动性、过程性,缺乏否定性也就是缺乏对运动的过程的理解。同时,在另一方面,马克思批判唯心主义虽然揭示了活动的能动性、否定性,但是却不知道活动本身是感性的、物质的。由此我们看到,马克思在这里发展了《对黑格尔的辩证法和整个哲学的批判》的思想——劳动是物质的和劳动是历史的,接续了《对黑格尔的辩证法和整个哲学的批判》没有完成的任务——对整个哲学的批判。就是说,在《对黑格尔的辩证法和整个哲学的批判》中,劳动的物质性和历史性更多的是分开进行阐述,而《提纲》则将物质性和历史性明确统一在"实践"中,在这种统一的基础上批判了全部以往哲学。换句话说,《提纲》中发动的对整个哲学的批判是依靠对物质性与历史性两大规定性的统一来实现的,而这种统一凭借的是对感性活动即实践的把握。因此,当马克思指出,"全部社会生活在本质上是实践的"② 时候,也就意味着"社会关系"既是物质性的,又是历史性的。

在《提纲》中,马克思批判了以往哲学在理解和解释世界方面的缺陷,他的这一批判借助于"实践"这个具有高度概括性的抽象概念——解释世界需要这样的科学抽象。但问题是,马克思不满足于仅仅理解和解释世界,对他来说更重要的是改变这个世界,"对实践的唯物主义者即共产主义者来说,全部问题都在于使现存世界革命化,实际地反对并改

---

① 《马克思恩格斯文集》第1卷,北京:人民出版社2009年版,第499页。
② 《马克思恩格斯文集》第1卷,北京:人民出版社2009年版,第501页。

变现存的事物。"① 如何改变世界？光是指出"实践"这个一般概念是不够的，还需要进一步将"实践"具体化，也就是指出从哪一种实践入手改变世界。马克思认为，必须从生产入手，在他看来，生产是人类最根本的实践活动。我们在第一章曾指出，对社会关系进行实际地改造要求马克思将"社会关系"具体化，而"社会关系"的具体化就是"生产关系"。因此，在这里，将"一般实践"具体化为"生产实践"，就同"社会关系"具体化"生产关系"对应起来了。也就是说，社会关系和实践有着共同的核心即生产，因此社会关系和实践是统一的，实践的物质性和历史性就是社会关系的本质属性。

对生产这一具体的实践的论述是《形态》的主要任务，在那里马克思将生产看作人类最根本的实践。我们看到，同对社会关系的认识经历了物质生活关系——社会关系——生产关系的具体到抽象再到具体的过程一样，马克思对实践概念也经历了劳动——实践——生产的具体到抽象再到具体的过程。从具体到抽象再到具体，这个规律正是他后来在《大纲》中所揭示的社会科学研究的规律。生产是一种具体的实践，也就是一种具体的感性的活动，因此实践——感性活动所具有的物质性、历史性也必然为生产所具有。即是说，物质性和历史性同样统一于生产当中。

具体来说，马克思在《形态》中指出，生产是整个人类存在的基础，它在根本上是物质性的。正是由于有了物质性的生产活动，人类才能从动物中脱颖而出，成为超越其他动物的存在，也就是成为真正的人，"可以根据意识、宗教或随便别的什么来区别人和动物。一当人开始生产自己的生活资料，即迈出由他们的肉体组织所决定的这一步的时候，人本身就开始把自己和动物区别开来。人们生产自己的生活资料，同时间接地生产着自己的物质生活本身。"② 这就是说，生产之所以在根本上是物质的，在于人的身体是感性的、物质的。为了维持感性肉体的存在，人们从事的最基本的生产就是感性物质的生产。可见，马克思在存在论的层面上给出了生产的根本属性——物质性。

人的存在是人的历史的前提，人只有能够作为人存在或者说能够成为人，才会有人的历史。因此，生产作为人的存在和人成为人的前提，

---

① 《马克思恩格斯文集》第1卷，北京：人民出版社2009年版，第527页。
② 《马克思恩格斯文集》第1卷，北京：人民出版社2009年版，第531页。

同时也就是一切人类历史的前提，是人类的第一个历史活动，"人们为了能够'创造历史'，必须能够生活。但是为了生活，首先就需要吃喝住穿以及其他一些东西。因此第一个历史活动就是生产满足这些需要的资料，即生产物质生活本身，而且，这是人们从几千年前直到今天单是为了维持生活就必须每日每时从事的历史活动，是一切历史的基本条件。即使感性在圣布鲁诺那里被归结为像一根棍子那样微不足道的东西，它仍然必须以生产这根棍子的活动为前提"①。这就是说，人类和历史存在的前提是生产，正是生产实践为整个人类世界和人类历史提供了最基本的基础，也正是在这种生产中体现了物质性和历史性的统一。所以，没有意识到劳动重要性的费尔巴哈必然无法将物质性和历史性统一起来，在他那里，物质和历史是分离的。就是说，生产不过是一种具体形式的劳动，是劳动的一种具体化的形式，不懂得劳动的意义自然不会懂得生产的意义。想起这一点，马克思意味深长地说，"这种活动、这种连续不断的感性劳动和创造、这种生产，正是整个现存的感性世界的基础，它哪怕只中断一年，费尔巴哈就会看到，不仅在自然界将发生巨大的变化，而且整个人类世界以及他自己的直观能力，甚至他本身的存在也会很快就没有了。"②

在把握生产实践的重大意义之后，马克思再次批判了费尔巴哈无法统一物质性和历史性从而在历史观上陷入唯心主义的缺陷，"当费尔巴哈是一个唯物主义者的时候，历史在他的视野之外；当他去探讨历史的时候，他不是一个唯物主义者。"③ 如前所述，费尔巴哈"探讨历史"的一个基本内容就是"社会关系"，但正是在理解这个问题的时候他暴露了唯心主义的残余。就是说，费尔巴哈做不到将物质性和历史性统一到对社会关系的理解中。而造成这一点的原因就在于费尔巴哈没意识到社会关系同生产实践是一体的，人们的社会关系是在生产实践中产生的。"诚然，费尔巴哈比'纯粹的'唯物主义者有巨大的优越性：他也承认人是'感性的对象'。但是，毋庸讳言，他把人只看作是'感性的对象'，而不是'感性的活动'，……没有从人们现有的社会联系，从那些使人们成为现在这种样子的周围生活条件来观察人们……他没有批判现在的生

---

① 《马克思恩格斯文集》第1卷，北京：人民出版社2009年版，第531页。
② 《马克思恩格斯文集》第1卷，北京：人民出版社2009年版，第529页。
③ 《马克思恩格斯文集》第1卷，北京：人民出版社2009年版，第530页。

活关系，因而他从来没有把感性世界理解为构成这一世界的个人的共同的、活生生的、感性的活动。"① 可见，正是感性的活动将物质性和历史性统一起来：感性本身就意味着物质性，而"人们成为现在这种样子"表明人之所以如此是一个过程，而非天生如此。实际上，在这段话中还包含了十分重要的因果逻辑关系，这就是马克思所指出的，"除了爱与友情，而且是理想化了的爱与友情以外"，费尔巴哈"不知道'人与人之间'还有什么其他的'人的关系'""没有批判现在的生活关系"，正是因为"他把人只看作是'感性的对象'，而不是'感性的活动'"②。很明显，这是在说，费尔巴哈不能真正理解人与人之间的社会关系的原因是没有理解感性的活动，所以费尔巴哈也就不会懂得社会关系不仅仅是感性物质的，而且也是历史的，亦即不理解社会关系之物质性与历史性的统一。正如前面所指出的，马克思虽然在《形态》中也提到感性活动这个一般形式，但是《形态》中的主要目的是深入到感性活动的具体形式中，去揭示那种决定整个人类及其世界的最根本、最基础的感性活动，这就是生产实践活动。对感性活动从抽象到具体的认识，表明马克思对感性活动的理解已经臻于成熟和完善。

马克思看到，生产实践所具有的最根本、最基础的意义在于，它是人的生命得以存在、人的历史得以可能的前提。除此以外，马克思还意识到，生产实践决定着人的生存境遇和生活状态，因此"这种生产方式不应当只从它是个人肉体存在的再生产这方面加以考察。更确切地说，它是这些个人的一定的活动方式，是他们表现自己生命的一定方式、他们的一定的生活方式。个人怎样表现自己的生命，他们自己就是怎样。因此，他们是什么样的，这同他们的生产是一致的——既和他们生产什么一致，又和他们怎样生产一致。"③ 这表明，在马克思看来，人的生存境遇、生活状态如何同他如何从事生产是一致的。个人在生产中是否自由、自主，是否有尊严，是否觉得幸福，决定了这个人整体上的自由、尊严和幸福程度。当然，对马克思来说，生产是包括精神领域在内的人类一切领域的基础，对于各个领域自然不能一一论述。因此，除了人的存在、历史和自由以外，马克思只能选取一些他认为重要的问题论述生

---

① 《马克思恩格斯文集》第1卷，北京：人民出版社2009年版，第530页。
② 《马克思恩格斯文集》第1卷，北京：人民出版社2009年版，第530页。
③ 《马克思恩格斯文集》第1卷，北京：人民出版社2009年版，第520页。

产的基础作用：作为民族、地域、国家的结构和发展的基础的作用，作为所有制形式的基础的作用，作为思想观念意识形态的基础的作用等。而在这些论述中大多都可以看到生产实践所具有的物质性和历史性的属性，比如在论述生产实践是思想观念意识形式的基础的时候，马克思指出，"那些发展着自己的物质生产和物质交往的人们，在改变自己的这个现实的同时也改变着自己的思维和思维的产物"①。马克思一方面强调生产的物质属性，另一方面强调它的变易的属性，由此表明在生产中物质性和历史性是统一的。而在第一章中，我们曾指出，马克思在这里所讲的"怎样生产"包含的重要内容是以何种交往方式进行生产。这意味着，生产实践所具有的属性必然为社会关系所具有。

总的来说，马克思对"生产实践"的认识不是一蹴而就的，而是经历了一个艰辛复杂的探索历程，正是在这一过程中，马克思进一步意识到物质性与历史性是社会关系不可分割的规定性。换言之，生产实践的物质性和历史性就是社会关系的根本属性，而马克思在把握生产实践所具有的物质性和历史性的过程中，进一步确证了这两大属性是内在地统一于"社会关系"中的，从而其对"社会关系"概念内涵的理解更加成熟和深入。

(三) 马克思"社会关系"概念的基本内涵

如前所述，马克思对"实践"和"社会关系"的研究经历了大体一致的历程，即均经历了从具体到抽象再到具体的过程：前者是劳动（具体）——实践（抽象）——生产（具体），后者是物质生活关系（具体）——社会关系（抽象）——生产关系（具体）。可以说，在到达"生产"和"生产关系"这两个概念时，马克思基本上完成了对"实践"和"社会关系"概念内涵的基本把握。也就是说，在马克思那里，"社会关系"同"实践"是统一的不可分割的整体，而它们的基础就是生产，由此马克思得以将物质性和历史性统一到对社会关系的理解中。从此角度出发，笔者认为，在马克思那里，"社会关系"概念的基本内涵应当是"人们以生产实践为根基以物质为载体形成的历史性的交互作用"。

马克思在考察人类历史最基本的因素或最基本的方面时揭示了"社

---

① 《马克思恩格斯文集》第 1 卷，北京：人民出版社 2009 年版，第 525 页。

会关系"概念的规定性和内涵。在马克思看来，人类全部历史的第一个前提是维持人的感性肉体存在，而维持人感性肉体存在的活动就是第一个历史活动，这种活动是"生产物质生活本身"，"第一个历史活动就是生产满足这些需要的资料，即生产物质生活本身"①。即是说，为了维持人的感性肉体存在，人们就必须从事物质性的生产实践活动，从而满足衣、食、住、行等保持肉体存在的需要，人类的历史首先生成于人们满足需要的感性实践活动中。而根据马克思的观点，人们为满足物质需要所进行的生产活动是许多个人共同进行的活动，即处于一定社会关系中的活动，所以社会关系在历史一开始时就存在着，是同整个历史发展过程不可分离的。从马克思上述对人类全部历史最基本的因素和方面的这些思想中，我们看到，社会关系、生产实践、物质性、历史性是密切统一在一起的，是不可分割的。

首先，人类的存在在根本上是感性的肉体存在，因此人类最基本的活动就是"生产物质生活本身"，即生产物质生活资料以维持感性肉体的存在，因此生产实践同**物质性**是一体的。其次，马克思指出，满足需要的活动即生产实践活动的变化构成了历史，"第一个历史活动就是……生产物质生活本身"②，因而生产实践同**历史性**是统一的。最后，社会关系在生产实践中形成。根据马克思的观点，人类存在的前提是人同自然进行物质交换——生产实践活动，而生产实践是一种人与人之间共同的活动，这必然形成人与人之间的关系，"生命的生产，无论是通过劳动而生产自己的生命，还是通过生育而生产他人的生命，就立即表现为双重关系：一方面是自然关系，另一方面是社会关系，社会关系的含义在这里是指许多个人的共同活动"③，"一开始就进入历史发展过程的第三种关系是……繁殖。……也就是家庭。这种家庭起初是唯一的社会关系，后来，当需要的增长产生了新的社会关系……"④ 因此，社会关系同生产实践是统一的。在马克思看来，生产实践、物质需要、社会关系是人类全部历史的基本的因素，为此他指出，不应当将这三者割裂开来，而是应该将它们统一起来理解，即"不应该把社会活动的这三个方面看做

---

① 《马克思恩格斯文集》第1卷，北京：人民出版社2009年版，第531页。
② 《马克思恩格斯选集》第1卷，北京：人民出版社2012年版，第158页。
③ 《马克思恩格斯文集》第1卷，北京：人民出版社2009年版，第532页。
④ 《马克思恩格斯文集》第1卷，北京：人民出版社2009年版，第532页。

是三个不同的阶段,而只应该看做是三个方面,或者,为了使德国人能够明白,把它们看做是三个'因素'。从历史的最初时期起,从第一批人出现以来,这三个方面就同时存在着,而且现在也还在历史上起着作用"①。由此可见,社会关系是在生产实践中形成的,而生产实践则是一种物质性和历史性的活动,因此马克思"社会关系"概念的基本内涵就是"人们以生产实践为根基以物质为载体形成的历史性的交互作用"。

当然,因为社会关系同生产实践活动是一体的,所以历史是生产实践活动变迁史的同时,也是社会关系的变迁史,二者是一致的。对此马克思说道,"由此可见,人们之间一开始就有一种物质的联系。这种联系是由需要和生产方式决定的,它和人本身有同样长久的历史;这种联系不断采取新的形式,因而就表现为'历史'"②。这句话的意思是,人与人之间在一开始就相互地发生关系,而且这种关系是一种物质的关系,这种物质关系的不同性质取决于需要和生产方式,也就是取决于生产实践活动。而因为物质关系是在生产实践活动中产生的,所以生产实践活动的不断变化必然引起物质关系的不断变化,这种物质关系或物质联系的不断变化、不断的形式更替就是所谓的"历史"。由此可见,在马克思看来,社会关系是植根于物质生产实践的具体的历史的交互作用。实际上,马克思也指出过人类"原初的历史的关系的四个因素、四个方面"③,这就是物质生产实践活动、需要、人与自然之间的关系以及人与人之间的关系,这四个因素内在而不可分割地统一在一起,而这就意味着社会关系是"人们以生产实践为根基以物质为载体形成的历史性的交互作用"。

如前所述,理解马克思"社会关系"概念内涵的关键在于理解社会关系同生产实践的一体性,而对于二者的这种统一性,马克思也多次进行强调。因此,我们经常能够见到,马克思在考察生产实践的时候总是联系社会关系,同样,他在考察社会关系的时候也总是联系生产实践。这就是说,在马克思那里,社会关系和生产实践是相互融涵、内在统一、不可分割的。对此,马克思曾明确指出,"一定的生产方式或一定的工业阶段始终是与一定的共同活动方式或一定的社会阶段联系着的,而这种

---

① 《马克思恩格斯文集》第1卷,北京:人民出版社2009年版,第532页。
② 《马克思恩格斯文集》第1卷,北京:人民出版社2009年版,第533页。
③ 《马克思恩格斯文集》第1卷,北京:人民出版社2009年版,第533页。

共同活动方式本身就是'生产力'"①。这里的"生产方式"或"工业阶段"主要指向人类变换自然物质形态的能力,从而主要对应于人同自然的物质交换关系,而这里的"共同活动方式"或"一定的社会阶段"主要指向人类内部活动的结合方式,主要对应于人同他人的交往关系。"共同活动方式本身就是'生产力'"意思是人与人交往的方式在根本上影响人变换自然物质形态的能力。由此可见,社会关系在马克思那里同生产实践是统一的,因而生产实践所具有的物质性和历史性特征也必然是社会关系的根本特征。

此外,马克思在批判蒲鲁东时曾这样指出,"蒲鲁东先生非常明白,人们是在一定的生产关系中制造呢绒、麻布和丝织品的。但是他不明白,这些一定的社会关系同麻布、亚麻等一样,也是人们生产出来的。"② 这很清楚地表明社会关系和生产互为前提、互为基础的性质,亦即社会关系和生产实践活动的一体性。在1859年《〈政治经济学批判〉序言》中,马克思说,"我们见解中有决定意义的论点,在我的1847年出版的为反对蒲鲁东而写的著作《哲学的贫困》中第一次作了科学的、虽然只是论战性的概述。"③ 笔者认为,所谓"有决定意义的论点"就是上述那句话所包含的观点,简言之,"人在一定社会关系中生产,人也生产社会关系"。其意义有两方面:一方面,社会关系规定和影响着生产实践。对生产实践的规定和影响就是对个人生活状态的规定和影响,亦即"生产的社会关系"影响人的自由、尊严和幸福程度。联系《形态》来说就是,"他们是什么样的,这同他们的生产是一致的"④。即是说,一定社会关系下的生产决定了个人的一定的生存状态。另一方面,马克思又指出,社会关系是由人生产的,这说明的是,社会关系是可变的,因而也就是历史的。正是人们共同的物质生产活动形成了这些社会关系,而感性活动不是一成不变的,它是历史的、变化的,从而决定社会关系是可以改造的。对马克思来说,不符合劳动者自由、尊严、幸福的社会生产关系必须加以实际地批判,即革命性的变革和改造。

正如我们在第一章所论述的那样,在《资本论》中马克思一方面强

---

① 《马克思恩格斯文集》第1卷,北京:人民出版社2009年版,第532页。
② 《马克思恩格斯文集》第1卷,北京:人民出版社2009年版,第602页。
③ 《马克思恩格斯文集》第2卷,北京:人民出版社2009年版,第593页。
④ 《马克思恩格斯文集》第1卷,北京:人民出版社2009年版,第520页。

调个人不能脱离社会关系生产，另一方面则证明资本主义社会生产关系的矛盾性，从而揭示对其变革的必要性和必然性，这就表明，马克思正是按照"人在社会关系中生产，社会关系也由人生产"① 这一双重认识来论证的。由此可见，社会关系与生产实践的统一性在马克思那里具有非常重要的意义。就此而言，笔者认为，这就是马克思见解中"有决定意义的论点"。这一论点中所包含的社会关系和生产实践的统一，意味着马克思把握到了社会关系的更为完善深入的内涵，这就是"人们以生产实践为根基以物质为载体形成的历史性的交互作用"，这一基本内涵的把握和生成反映了马克思在社会关系思想方面实现了对以往哲学家的超越。

---

① 《马克思恩格斯文集》第 1 卷，北京：人民出版社 2009 年版，第 602 页。

第三章 马克思"社会关系"概念与传统观念的变革

人类思想的每一次进步都意味着对传统观念的变革与更新,而马克思正是对传统思想观念实行重大变革的代表人物。也就是说,马克思在一些人类思想领域重大的基本的问题上实现了范式转换。那么,马克思何以能够实现这种革命?笔者认为,"社会关系"概念是马克思实现这些变革的一个有力武器,正是借助对社会关系的深入理解和把握,马克思改变了思想史上长期占据统治地位的若干观念,以此实现了传统观念的革新。在此笔者以马克思所实现的人性观变革、哲学观变革以及历史观变革为例对此进行剖析。

一、传统人性观的抽象性与马克思对人的现实本质的揭示

马克思之前的传统人性观往往遵循着一种本质主义的思维方式,这种思维方式的根本特征是,认为在现存世界背后存在着某种单一的、先天的及永恒的本质,这种本质是决定人的终极根据和最高原因。然而,运用这种思维方式来理解人所造成的结果是,把人变成了某种普遍概念的体现者,从而遮蔽了现实个人具体而鲜活的生命,贬损和抹杀了个人生活的差异性和多样性,也就是造成了人的抽象化。马克思立足于对"社会关系"的深入理解和把握,将"社会关系的总和"看作人的现实本质,揭示了人现实生命的具体性、多样性和历史性,从而达到了对人的真实理解,亦即在对人的理解的问题上实现了变革。

(一) 传统人性观的抽象性

如前所述,传统的人性观认为现实生活中每个个体的生活只是表象和现象,在这些现象背后存有一种普遍的永恒本质,正是这种普遍性和永恒性的本质决定了这些现象,它才是个人生存活动的真正根据,个人

生存活动只不过是这一普遍本质的显现和体现。古希腊的柏拉图、近代的黑格尔、青年黑格尔派中的费尔巴哈，都是贯彻这种思维方式的代表。

柏拉图认为，感性的事物是变动不居的，容易消逝的，由这些事物直接组成的世界不是真理的世界，而只能是现象的世界。与这一感性的现象世界相反，理念的世界才是真理的世界，它是永恒的、普遍的本质构成的世界。相比于感性现象世界，由理念构成的真理世界是更为崇高也更为真实的，正因如此，柏拉图说道，"我们首先必须做出下面的分别：什么东西是永远存在和不变化的，什么东西是永远在变化而不真实的呢？"① 这一"永远存在而不变化的"东西就是理念。作为一种普遍的共相，理念是现实世界的本质和本原，例如，花之所以是花是因为存在着花的理念，鱼之所以是鱼也是因为存在着鱼的理念。同样，对于个人来说也是如此，理念是每一个人真正的本质，现实世界中的个人正是由于有了"人"这个理念才成为人的。由此可见，柏拉图的理念就是事物的类概念，即普遍的、一般的概念。柏拉图认为，理念是一切正确东西和美好东西的原因，是决定个人生活的根据，个人实现"善"就是遵从理念行事。按照柏拉图的观点，城邦是大写的理念即"大写的人"，与城邦相比，个体是"小写的人"，作为"小写的人"的个体为城邦牺牲是最高的荣誉。然而，把现实的个人看成抽象理念的体现者和城邦的附庸，是对个人具体而鲜活生命的抹杀，遮蔽了个人的自由和尊严。

同样的情形也出现在黑格尔那里。黑格尔的《逻辑学》在讨论个别、特殊与普遍时，一方面批判前人的普遍是抽象的，声称自己的普遍是包含具体的、容纳个性和差异的普遍，然而另一方面又强调普遍的真理性将个人的一切特性收归和同化于自身。因此，在拥有巨大历史感、辩证感的黑格尔那里，最后想达到的还是作为肯定的、普遍的同一性。黑格尔在论述国家的职能和活动时，一方面认为这种职能和活动必须由个人来实现，但另一方面又认为个人和国家的职能、活动间的联系是"外在的和偶然的方式"。也就是说，在他那里主体不是实现这些职能和活动的个人，而是国家。与国家这个现实的伦理理念相比，个体只不过是外在的、被理性随机分配的存在。这就必然导致这样的观点：个体之作为"绝对精神"完成自我普遍性的手段和工具，其存在和生活对于绝

---

① 北京大学哲学系外国哲学史教研室：《古希腊罗马哲学》，北京：生活·读书·新知三联书店1957年版，第207页。

对的理念来说是微不足道的①。毫无疑问，这种看法必然导致个体被普遍的先天的本质所蒸馏，从而失去差异性和多样性而成为单向度的存在。

费尔巴哈曾对黑格尔的哲学进行过激烈批判，但是在对人的理解上他却同黑格尔分享着共同的思维方式，亦即他也把人归结为普遍的同一性的本质。费尔巴哈看到，黑格尔论证的精神、理性实际上是客观自在的神，因此黑格尔的哲学是"神学的最后的理性支柱"，是思辨的神学。而在思辨神学中，理性、精神被看成人的普遍本质。出于对思辨神学的批判，费尔巴哈试图找出与精神、思维不同的东西来作为人的本质。这一不同于精神、思维的人的本质，在费尔巴哈看来就是感性。费尔巴哈认为，人的现实性就在于感性，感性是使人成为人的根据和真正的普遍本质。对此，费尔巴哈说道，"旧哲学"认为"我是一个抽象的实体，一个仅仅思维的实体"②，而"新哲学则以另一个命题为出发点：我是一个实在的感觉本质，肉体总体就是我的'自我'、我的实体本身"③。这就是说，在费尔巴哈那里，一个人之所以是人就在于他"最感性""最敏感"，即具有感性这一普遍的本质，因而感性是理解人的真正的根据和出发点。实际上，费尔巴哈的这种理解并未超出黑格尔，他与黑格尔将抽象思维看作人的先验本质的做法是相通的。因为无论是将思维作为人的前定本质，还是将感性作为人的前定本质，都是一种用先于个人的抽象的普遍性来规定现实的人的做法。很明显，贯彻这种把感性抽象化为先于个人的实体性本质的做法，必然使人的自我发展、自我选择、自我造就的后天能动性无法得到彰显，因而无法做到对人的真实把握。

不难看出，马克思之前的传统人性观存在着重大的弊端和缺陷，这一弊端和缺陷就是，"认为普遍观念或原则高于自由的生命个体对自身生活目的的追求，这是对真实的个人生命存在的贬损和抹杀"④。因此，一旦从这种思维方式出发来理解人的本性，那么现实个人的丰富的生存特

---

① [德]黑格尔：《法哲学原理》，范扬、张企泰译，北京：商务印书馆2017年版，第189页。
② [德]费尔巴哈：《费尔巴哈哲学著作选集》上卷，荣震华等译，北京：商务印书馆1984年版，第169页。
③ [德]费尔巴哈：《费尔巴哈哲学著作选集》上卷，荣震华等译，北京：商务印书馆1984年版，第169页。
④ 贺来：《"主体性"的当代哲学视域》，北京：北京师范大学出版社2013年版，第97页。

性将隐而不彰，人的真实的生命就此陷于遮蔽。换言之，作为社会历史真实主体的现实个人，其自由性和尊严性未被揭示，相反，个体实际上被摆在抽象物的"祭坛"中，处于一种"为抽象物牺牲或献祭"① 的遭遇。对此，伯林的话是较为中肯的，他指出，在运用本质主义思维方式理解人时，"社会真实单元所在的个人经常被作为牺牲而献祭于某个概括观念、某个集合名词"②。不难想象，当这样的情况发生的时候，那些"使个人有资格成为价值主体的精神特质和品格都完全被剥夺"③ 了，而"真正的价值载体和承担者也就不复存在"④。

（二）马克思对传统人性观的批判

传统人性观在理解人时诉诸一种本质主义的思维方式，而运用这种思维方式对人进行理解，遮蔽了人鲜活的生命和多样的个性，也就是说，使人成了某种片面的、非历史的、抽象的东西。因此，恢复对人现实生命的丰富多样的理解，必须破除这种将人归结为某种普遍本质的思维方式。我们看到，马克思在完成他的"巴黎手稿"之后，一经空闲马上着手的就是"消解同一性和整体主义逻辑对个人自由的压制"⑤ 的工作，即对遮蔽人的现实存在的抽象力量进行破除，以此通达活生生的现实个人的具体性和多样性，彰显和捍卫个人生机勃勃的生命自由。而马克思这一工作的立脚点就是"社会关系"概念。

从"社会关系"出发，马克思揭露了将有生命的个人归结为普遍本质的社会历史根源。在分析人类历史发展过程时，马克思曾指出，"我们越往前追溯历史，个人，从而也是进行生产的个人，就越表现为不独立，从属于一个较大的整体"⑥。这就是说，由于前现代社会生产力水平的低下和实践能力的不发达，个人只能紧密地结合成整体而生存，人的社会

---

① 贺来：《"主体性"的当代哲学视域》，北京：北京师范大学出版社2013年版，第97页。
② ［英］以赛亚·伯林：《俄国思想家》，彭淮栋译，上海：译林出版社2001年版，第108页。
③ 贺来：《"主体性"的当代哲学视域》，北京：北京师范大学出版社2013年版，第92页。
④ 贺来：《"主体性"的当代哲学视域》，北京：北京师范大学出版社2013年版，第92页。
⑤ 贺来：《"主体性"的当代哲学视域》，北京：北京师范大学出版社2013年版，第58页。
⑥ 《马克思恩格斯全集》第30卷，北京：人民出版社1995年版，第25页。

关系还很不发达，由此导致人的个性和差异性也处于欠发展的状态。这一时期，人们将代表普遍性的共同体看作至高无上的实体和权威，从而产生对普遍性、共同性的崇拜。但是，在生产力有了较大发展的社会里，人与人之间的社会关系必然达到较高的程度，从而使个体拥有了差异的、多样的生活，亦即个体在发展了的社会关系中必然具有丰富的个性。而在这样的情况下，如果仍然要求个人绝对服从那种排斥个体性的整体，显然是一种不合时宜的思维，甚或是某种意识形态的欺骗。对于这种意识形态的欺骗，马克思曾做出深刻地概括，指出这是一种将特殊利益说成是普遍利益进而将普遍利益说成是统治利益的做法①，而这样一来就难免同现实个人的真实利益发生背离。

除了揭露将个人归结为普遍本质的思维方式的社会历史根源，马克思还立足"社会关系"概念批判了本质主义思维方式的"现成性"缺陷。把人当作本质先于存在的物来看待体现了对人的理解贯彻的是一种"现成性"的思维方式，而没有理解为"生成性"的思维方式，这种"现成性"的思维方式意味着无法把握人是在一定社会关系中从事感性实践活动的个人，从而不能达到对人的真实的理解。例如在费尔巴哈的哲学里就是如此。正是因为费尔巴哈的这一缺陷，导致他不能在根本上脱离"旧哲学"。这就是说，由于费尔巴哈不理解个人通过感性实践活动发生社会关系，所以在他那里，人只能再一次被还原为普遍的共同的"人"的理念，最终落入本质主义的思维方式中。对此，马克思批判道，费尔巴哈把本质"理解为'类'，理解为一种内在的、无声的、把许多个人自然地联系起来的普遍性"②。"内在的""无声的""自然的"也就是抽象的。然而，在马克思看来，真正现实的个人不同于有着固定本质的物，而是具备独立的个性和特质，不能被还原为抽象的同一性。马克思正是通过揭露整个传统唯物主义和唯心主义哲学的片面化、单向化特点，尤其是对传统唯物主义哲学将人理解为"现成性"的存在所进行的批判，来破除其对人的抽象理解，以此捍卫人的现实具体的主体性。

在马克思看来，将人归结为某种先验普遍的"人"的理念的做法，是对现实个人的多样个性的无视和抹杀。即是说，传统本质主义的人性观使人的普遍本质变得"实体化"，以此凌驾在现实的个人之上，这样

---

① 《马克思恩格斯文集》第 1 卷，北京：人民出版社 2009 年版，第 553 页。
② 《马克思恩格斯文集》第 1 卷，北京：人民出版社 2009 年版，第 501 页。

就把人类个体变成了某种形而上的主体的体现者。在这种逻辑当中，个人是对"人"或人的本质的分有和证明，主体是作为整体的"人"，而不是现实的个人。黑格尔将个体看作客观精神自我实现的环节和体现者就是这种思维方式的明显体现。也就是说，黑格尔将"人"这个概念变成理性进而看成超越现实个人的普遍本质，由此遮蔽了真实的人。马克思的批判则表明，他意识到对抽象普遍的"人"的诉求将导致对人的理解超越现实个人之外，从而致使现实的人的个性的丧失。与传统人性观对人的理解不同，马克思认为，"人们的社会历史始终只是他们的个体发展的历史"①，而"个人怎样表现自己的生命，他们自己就是怎样。因此，他们是什么样的，这同他们的生产是一致的——既和他们生产什么一致，又和他们怎样生产一致。"② 这意味着马克思将个体看作社会生活的真实主体，而个体始终处于社会关系中表现自己的生命，社会关系的多样便使得人具有多种多样的个性。因此，抽象的普遍之"人"不具有作为社会历史承载者的地位，它不过是现实历史过程中相互发生关系的各个个人的抽象。正如马克思所言，"社会本质不是一种同单个人相对立的抽象的一般的力量，而是每一个单个人的本质，是他自己的活动"③。在马克思看来，社会不是由抽象的普遍的"人"所造就的，而是一个个现实的个人所创造的。

同样，在马克思那里，历史也是各个现实活动的、实践着的个人的合力，而不是某种抽象的"人"的力量的实现。对马克思来说，"人"什么也没有做，"它没有战斗"，而是人，是现实的个人，活生生的从事实践活动的相互联系着的个人在"战斗"。马克思基于这种理解方式指明了人与物的区别在于存在方式的不同，而不是靠先验本质的区分。这就是，人是一种矛盾性、悖论性、否定统一性的存在，这种性质在纯粹的自然物那里并不具备。也就是说，在马克思看来，动物的存在是封闭的、孤立的、无矛盾的一个整体，对它的理解适用于本质先于存在的思维方式，而人的特殊性正在于"是其所不是，不是其所是，因而才能成其所是"的这种特殊的自我否定和自我超越的辩证本性。因此，现实的个人只能在人的生存实践本性中得到彰显，这种否定的生存辩证本性时

---

① 《马克思恩格斯全集》第47卷，北京：人民出版社2004年版，第440页。
② 《马克思恩格斯文集》第1卷，北京：人民出版社2009年版，第520页。
③ [德] 马克思：《1844年经济学哲学手稿》，北京：人民出版社2000年版，第170页。

刻发展不停息造就了丰富多彩之各个个人，任何先于现实个人的凝固僵化的知性概念都无法捕捉人这一特殊的存在，偏执以此必将导致人的抽象化。而人的生存实践是在社会关系中进行的，因此人的生命的本性受到社会关系的塑造。

可见，从"社会关系"概念出发，将每一个现实的从事实践活动的个体理解为社会历史的真实主体，使马克思破除了普遍本质对现实的人的遮蔽，从而人不再是先验本质的体现及其现实运作，这为恢复人具体真实的生命和多姿多彩的个性开辟了道路。

(三) 马克思"社会关系"概念与传统人性观的变革

依托于对社会关系——人的现实本质的深刻洞察，马克思对遮蔽人的真实个性的思维方式进行了批判和消解，从而为把握现实个人丰富多样的生存特性提供了全新视域。可以说，正是将"一切社会关系的总和"理解为人的生成性的本质，使马克思在人的理解的问题上实现了对传统人性观的超越，亦即实现了对人的理解的变革。

在马克思看来，"人的本质不是单个人所固有的抽象物，在其现实性上，它是一切社会关系的总和"①。"人的本质……是一切社会关系的总和"表明，马克思对人的现实本质的理解是一种"关系性"的理解。而这种对人的本质的"关系性"理解，意味着现实生活中的人并不是如传统人性观所理解的那样是某种先验本质的显现，而是一种受后天的现实社会关系影响的存在，社会关系是对现实的人的本质规定。即是说，现实的人只能是处于社会关系之中的人，任何对人进行抽离社会关系的理解都将使人陷入抽象化的深渊。马克思曾这样指出，"我们开始要谈的前提并不是任意想出的，它们不是教条，而是一些只有在想象中才能加以抛开的现实的前提。这是一些现实的个人，是他们的活动和他们的物质生活条件，包括他们得到的现成的和由他们自己的活动所创造出来的物质生活条件"②。这就是说，现实个人的重要地位和意义就在于他是所有人类历史的前提，这种有生命的个人绝不同于规定不同生命个体的先验本质，因此任何将个人归为超越社会关系之外的大写的"人"的体现或附庸的做法都是不合理的，都是对现实个人进行的蒸馏和化约，是现实

---

① 《马克思恩格斯文集》第1卷，北京：人民出版社2009年版，第501页。
② 《马克思恩格斯文集》第1卷，北京：人民出版社2009年版，第519页。

的人及其本质的抽象和遮蔽。而否定将现实的人、人的本质理解为某种先验的普遍的东西，并不是表明现实的个人是一种孑然一身的孤立存在物，因为现实的个人是一种社会化的人，是处于社会关系中的个体。马克思说，"人是最名副其实的社会动物，不仅是一种合群的动物，而且是只有在社会中才能独立的动物。"① 这表明了现实个人在存在论意义上的与他人的"共在"关系，亦即人的生存发展离不开同他人建立联系和关系，社会关系影响和规定一个人的生存境遇和生活状态。正是在这个意义上，马克思指出，"成为奴隶或成为公民，这是社会的规定，是人和人或 A 和 B 的关系。A 作为人并不是奴隶。他在社会里并通过社会才成为奴隶。"②

从社会关系的角度去理解人的现实本质及其真实存在，人就不再是某种虚无缥缈的、漂浮在半空中的无根之物。也就是说，将"社会关系的总和"理解为人的本质关涉了人本源性的生存方式，即物质生产实践活动。马克思指出，"可以根据意识、宗教或随便别的什么来区别人和动物。一当人们自己开始生产他们所必需的生活资料的时候（这一步是由他们的肉体组织所决定的），他们就开始把自己和动物区别开来。"③ 在马克思看来，人之为人，人所区别于动物的根本原因就在于人所特有的不同于动物的生存方式，这一生存方式是塑造人的现实本质即社会关系的根本动力，它决定了对人和人的本质的理解必须诉诸社会关系，而不能诉诸某种先验的实体化的普遍本质。物质生产实践虽然以现实个人与自然界的关系作为直接表现，但是无论何种生产，离开他人的协助都是不可能的。这也就是说，现实的人的生产活动只能是处于与他人密切联系中的生产活动。正因如此，马克思指出，"事情是这样的：以一定的方式进行生产活动的一定的个人，发生一定的社会关系和政治关系。经验的观察在任何情况下都应当根据经验来揭示社会结构和政治结构同生产的联系，而不应当带有任何神秘和思辨的色彩。"④

在马克思看来，人与自然的任何关系都要通过人与人建立关系的方式而实现，离开了人与人之间的关系，人与自然发生真正的属人的关系

---

① 《马克思恩格斯全集》第 30 卷，北京：人民出版社 1995 年版，第 25 页。
② 《马克思恩格斯全集》第 30 卷，北京：人民出版社 1995 年版，第 221 页。
③ 《马克思恩格斯文集》第 1 卷，北京：人民出版社 2009 年版，第 519 页。
④ 《马克思恩格斯文集》第 1 卷，北京：人民出版社 2009 年版，第 523—524 页。

是不可能的。因此,"只有在社会中,自然界才是人自己的人的存在的基础,才是人的现实的生活要素"①。马克思的这些论述表明,从先验、抽象的普遍本质出发来理解人的思维方式是对物质生产实践这一人的本源性存在方式的背离,因而是不科学和不合理的,是违反了人的真实性的。因此可以说,正是人与人之间现实的社会关系,为消解从先验、抽象的普遍本质出发来理解人的做法提供了真正的基础。

立足于"社会关系"概念理解人的本质,为马克思消解传统人性观对人的抽象理解提供了理论根据。而马克思所实现的人的理解的变革主要体现在以下几个方面:

第一,从人的现实本质即社会关系出发,马克思揭示了人的生成本性。在马克思看来,人是一种后天性的存在,这种后天性体现了人不同于物的特征,即不同于物的现成性的生成性。正如海德格尔所言,人不是像物那样可以通过摆在那里的意义上而加以领会的。即是说,人以外的事物如动物是"现成性"的存在者,其本质是固定的,这使得对它可以用某种先验的普遍本质来予以规定和把握。但是与动物不同,人因其特有的生存方式——物质生产实践而成为一种在后天不断的活动中逐渐生成为自身的存在。也就是说,人是一种动态的、发展的存在物,而对于物来说是没有什么"发展"可言的。也正是因为如此,人的生成性就被精辟地描述为"是其所不是,不是其所是,因而成其所是"的这种特征,这是只有现实的人才会具有的。所以,人的本质并非来自某种先天的普遍的东西,相反,它生成于人后天的实践活动。而生存实践活动是"许多个人的共同活动",即社会关系中的活动。可见,马克思正是在把握社会关系的过程中把握到共同性的生存实践活动的,以此超越了对人的现成性理解,揭示了人的生成本性,亦即"只有通过对人在生存实践活动中所展开的社会关系的观察、分析与反思,才能对人的生存面貌有切实的理解"②。

第二,与人的生成本性内在相关,马克思立足于"社会关系"概念揭示了人的存在的历史性。以往的人性观在对人的理解上诉诸先验抽象的普遍本质,从而往往造成对人的历史性特征的忽视和遮蔽。也就是说,

---

① 《马克思恩格斯文集》第1卷,北京:人民出版社2009年版,第187页。
② 贺来、张欢欢:《"人的本质是一切社会关系的总和"意味着什么》,载《学习与探索》,2014年第9期,第30页。

传统人性观遵循本质主义的思维方式，所把握的人、人的本质是一种蛰居在历史之外的抽象物。与此不同，从"社会关系"来理解人的现实本质，表明了马克思自觉意识到现实的人的存在是一种历史性的存在，而这种历史性是与人的社会关系的历史性相即相证的。这就是说，人们的生产物质生活本身既是人类全部历史的第一个活动的前提，又是人们世世代代不断延续的创造活动，新一代人在继承以往时代人们创造的物质财富的基础上从事新一轮的生产活动，每一个人从事的劳动生产都只能是在前一代人创造的财富的基础上的劳动和生产。因此生产本身是历史性的生产，因而人们在生产活动中所形成的社会关系也是历史的、发展的关系，正是这种历史的发展的社会关系显示了人的存在的历史性。可以说，马克思正是因为把握到"社会关系"概念的内涵——"人们以生产为根基以物质为载体创造的历史性的交互作用"而揭示了人的本身存在的历史性。

第三，马克思从人的现实本质即社会关系出发，揭示了人的生存的丰富性和多样性。将后天的社会关系看作人的本质，意味着马克思摒弃了传统人性观那种将人同质化、单一化的做法，而在这样的视域中，人的生存的丰富特性和多样特性才能得到开显。以往人性观的特点在于，它从人的诸多特性中抽出一种，以此作为区别人与物的最根本的属性，认为这样一来就可以实现对人的一劳永逸的把握和理解。但是这样做的后果是导致对人的其他丰富特性的抹杀和遮蔽，造成了对人的单向度的理解，人的丰富的生存特性陷入被蒸馏的境地，成了被排除的"杂质"和"糟粕"。然而事实上，一旦哲学家用某一种属性来规定人，现实的人很快又显示出不同于哲学家把握的属性的那种性质，甚至是与哲学家所规定的性质完全相反的一面。例如，许多传统哲学家认为理性是人的本质，可是现实中的人往往会显示出他非理性的一面。这就是说，将人归结为某种先验本质的做法不能实现对人的真实把握，而是只会导致对人的理解陷入片面化。与传统人性观不同，马克思将"社会关系的总和"规定为人的本质，使人的各种特性得以彰显出来，从而使人切实地被理解为具有差异性和多样性的存在者。正如马克思所说，人的本质是"社会关系的总和"，这里的"总和"意味着社会关系在本质上是多种多样的、具体而丰富的，因此也就是具有差异性的，而不是某种单一的、同质的东西。换言之，"社会关系"只能是"社会关系的总和"，而不同社会关系中人的个性和生存特性并不相同。可见，从"社会关系"概念出发，马克思恢复了现实的人的差异、多样和丰富的生存特性。

二、传统哲学观的无根性与马克思对哲学真实根基的彰显

马克思之前占主导地位的哲学观是传统形而上学的哲学观，这种哲学观认为，哲学可以通过概念的方式把握世界的终极本质和最高真理，因此具有高于现实生活的地位。实际上，这种哲学观在根本上颠倒了哲学与现实生活的关系。马克思揭示出现实生活中的社会关系是哲学产生的真正根源，将哲学、宗教、道德等意识形态看作一定社会关系的观念表现，认为哲学等意识形态与现实发生的矛盾在于现实社会关系本身出现了问题，从而推动哲学成为反思意识形态、批判现实社会关系的有力武器，实现了对颠倒了的哲学观的颠倒。也就是说，立足于"社会关系"概念，马克思改变了哲学对自身的理解，使得哲学成为内在于现实生活的推动人类自由解放的积极思想力量。

（一）传统哲学观的无根性

传统形而上学的哲学观认为，在万事万物背后存有某种固定的、先验的和永恒的本质，这种本质是世界的终极根据和最高真理，它只有哲学以概念的方式才能把握，也就是说，世界的本质和根据存在于哲学理论中。而哲学把握了这个本质便具有为整个世界提供一劳永逸的基础的能力，从而也就具有高居于现实生活之上的地位。这种哲学观，在传统形而上学奠基者——柏拉图、亚里士多德和传统形而上学的顶峰——黑格尔那里有着淋漓尽致的体现。

柏拉图是传统形而上学的奠基者，他的哲学深刻地影响了整个传统形而上学的存在方式和自我理解，哲学充当现实世界终极的立法者和解释者从而高居现实生活之上的观念也正是由他发端的。

我们知道，哲学在一开始诞生于对本体——世界的本原和始基的追问，在早期希腊哲学中，它往往被认为是某种自然的存在物，例如火、土、气、水等。然而到了柏拉图那里，哲学所追求的本体开始被概念化，即"本体被某种纯粹理性的'原则'所替代，由这个'原则'衍生出万物"①。

---

① ［德］恩斯特·卡西尔：《语言与神话》，于晓等译，北京：生活·读书·新知三联书店1988年版，第203页。

这个"原则"在柏拉图看来就是理念。具体来说，柏拉图将哲学的任务定位于寻找世界的根据，即世界的本质，而在他看来，世界的本质不能是变化无常和转瞬即逝的东西，而必须是永恒的和固定不变的。对此，他明确说道，"我们首先必须做出下面的分别：什么东西是永远存在和不变化的、什么东西是永远在变化而不真实的呢？"① 他的回答是，可见的感性事物永远在变化，永远处于流动中而飘忽不定，是不真实的现象。相反，超越了感性现象事物的理念才是永远存在和不变化的，是真实可靠的本质，它是可以被哲学家所认识和把握的真理。而哲学家的任务就是超越感性世界去把握那永远存在和不变化的理念。为此，哲学家需要调用他的理智即他的"心灵的眼睛"来"看"出这个终极的本质——理念。因为，在柏拉图看来，理念是人的理智的对象，是"心灵的眼睛"才能"看"得到的东西，只有哲学家靠心灵和理智才能加以认识和把握，它是向人的理智所显示的普遍真相，"理念是一切事物中一切正确者和美者的原因，就是可见世界中创造光和光源者，在可理知世界中它本身就是真理和理性的决定性源泉。"②

根据柏拉图对理念的分析，理念的几个主要特征有：它是现实事物的完满的模型，个别事物是因为分有和摹仿了它才成为个别事物的，一旦离开了理念，那么也就没有了现实世界中的事物；它是事物追求的目的，事物存在的目标就是实现它的理念，从而成为完满的存在；它是真正知识的对象，具有不变性、永恒性等。正是基于这种理解，柏拉图区分了现象界和理念界两个世界，他的"洞穴之喻"所要表达的是：现象界是不真的，囿于这个世界的人们是缺乏智慧的囚徒，他们过着虚幻不实、庸庸碌碌的生活而不自知。这意味着，日常生活中的各种非理论的实践活动是没有重要意义的或不值得过的，只有运用理智进入理念世界才是进入了意义世界，因而只有认识真理和揭示真理的理论活动才是高尚的和值得做的。依据这种观点，柏拉图指出，只有哲学家才配当王，因为只有哲学家运用对理念的认识来治理国家才能使国家达到和谐与完美的状态。也就是说，在柏拉图那里，理念是世界真正的源泉和根据，

---

① 北京大学哲学系外国哲学史教研室：《古希腊罗马哲学》，北京：生活·读书·新知三联书店1957年版，第207页。

② ［古希腊］柏拉图：《理想国》，郭斌和、张竹明译，北京：商务印书馆2016年版，第279页。

是现实世界和现实生活的原型、真理和本质。因此找到理念也就是找到了现实世界的固定不变的永恒本质，就等于把握了真理。由此可见，柏拉图使本体完全超越了感性事物，成为凌驾于可见事物之上的存在，从而使"本原"具有了"本源"的意义。也就是说，本体已经不再被仅仅理解为事物的原始的基础，而且还被看作世间一切事物发展演化的原则，即终极的解释根据，万事万物都由这一本源演化出来，由这一本源来规定和解释。而对于这一理性化了的本原来说，只有通过概念的方式才能认知和把握。以此，哲学便因为把握概念的本质而将自身视为凌驾于现实世界的至高律法，而哲学家则被看成掌握这一至高律法的特殊人物。

将哲学看作高于现实世界的能够把握万事万物背后终极本质的纯粹的思想，这就是由柏拉图所奠定的传统形而上学的哲学观。柏拉图所确立的这一对哲学的自我理解，是整个西方哲学中占主流地位的哲学观，规定了整个传统形而上学的存在方式和存在形态。对此，海德格尔指出，"一切西方哲学都是柏拉图主义"①。柏拉图所确立的哲学观对后世的影响，首先体现在另一位对传统形而上学具有开创性意义的大哲学家身上，这就是亚里士多德。

亚里士多德同柏拉图一样，认为哲学的最根本的任务就是把握存在之为存在的最高原理和终极原因，他这样说道，"存在着一种研究作为存在的存在以及就自身而言依存于它们的东西的科学。它不同于任何一种部类的科学，因为没有任何别的科学普遍地研究作为存在的存在，而是从存在中切取某一部分，研究这一部分的偶性，例如数学科学。既然我们寻求的是本原和最高的原因，很明显它们必然就自身而言地为某种本性所有。故假若寻求存在物之元素的人寻求的就是这些本原，那么这些元素必然并不为就偶性而言的存在所有，而是作为存在的存在所有。所以我们应当把握的是作为存在的存在之最初原因。"② 亚氏把这种追求存在之为存在的终极原理和最高原因的哲学称作第一哲学，即形而上学，而他对第一哲学进行探索的一个重要成果就是他的实体说。在他看来，实体是最根本的存在，是万事万物所由以发端的本原和根据，世间的一

---

① ［德］马丁·海德格尔：《尼采》下卷，孙周兴译，北京：商务印书馆2002年版，第852页。

② 苗力田：《亚里士多德全集》第7卷，北京：中国人民大学出版社1993年版，第84页。

切事物都以实体为基础。因此,把握了实体也就意味着把握了世界的最高原理和终极原因,从而第一哲学或形而上学的研究对象就是实体。在这种理解之下,亚氏用九个范畴来概括世界上的所有事物,而用实体来概括这九个范畴,也就是说,实体能够规定其他九个范畴,而其他九个范畴则不能规定实体。对于实体的这种地位,亚氏曾这样描述:"事物之称为第一者(原始)有数义,(一)于定义为始,(二)于认识之序次为始,(三)于时间即为始。"① 可见,实体在亚氏那里是一种终极的存在,它至大无外、至小无内,其他一切皆由它规定。

通过上述分析我们发现,亚氏实体说的形而上学理论同样具有鲜明的超感性特征,即实体是一个最高的概念,它代表着世界的终极原理和最高原因,因而把握实体这一概念的方式就是第一哲学——形而上学。后人正是根据这一点,才在编撰亚氏著作时将其对第一哲学的思考放在了物理学的后面,这可谓十分恰切,把握到了亚里士多德哲学的根本特征。也就是说,所谓对物理学之后的探索也就是对超感性现象世界的本质和根据的探索。由此可见,亚氏以实体为中心的哲学探索同样表现了他的哲学高于现实的哲学观,因为实体作为最高的哲学对象实际上也是概念来把握的。而当世界的本体或最终根据被理解为概念和观念意味着,能够发现和掌握这种概念的哲学必然是优先于现实生活的,从而纯思的理论便高居于其他一切生活方式之上。正如哈贝马斯所言,"理论生活方式居于古代生活方式之首,高于政治家、教育家和医生的实践生活方式。"② 尽管亚氏也曾关注过实践,例如区分了劳动和技艺,但从总体上来看,他把理论沉思看作更高的活动。也就是说,在他看来,只有通过哲学的理论沉思活动才能超越现象把握最高的善以及永恒的真理,即把握"存在"这个最普遍的概念③。总之,在亚里士多德那里,通过思维理论的方式对实体进行把握,就是对整个世界的根据和本质进行把握,而形而上学就是这种把握方式。换言之,形而上学是以概念方式把握最高本质和终极真理的纯思活动,它超越现实世界,具有优于和高于现实

---

① [古希腊]亚里士多德:《形而上学》,吴寿彭译,北京:商务印书馆1959年版,第126页。
② [德]于尔根·哈贝马斯:《后形而上学思想》,曹卫东、付德根译,南京:译林出版社2001年版,第31页。
③ [德]马丁·海德格尔:《存在与时间》,陈嘉映、王庆节译,北京:生活·读书·新知三联书店1987年版,第4页。

生活的地位。

柏拉图和亚里士多德是传统形而上学的两位奠基性哲学家，而黑格尔则是使传统形而上学达到顶峰的人物，从而也是传统形而上学的最后一位大师。我们看到，作为传统形而上学集大成者的黑格尔哲学，更是将哲学凌驾在现实生活之上的哲学观演绎到了极点。

根据黑格尔的论述，哲学最根本的任务是认识和把握千变万化的感性世界背后的本质，即对于哲学来说，"最关紧要的是，在有时间性的瞬即消逝的假象中，去认识内在的实体和现存事物中的永久东西"①。这说明，在黑格尔看来，生活中的种种现象背后起决定和支配作用的是一种本身固定不变的东西，哲学所要做的就是掌握这一隐藏起来的本质。那么，事物的这种内在的永恒的本质是什么？黑格尔认为是理性和精神，哲学家的任务就是通过概念的形式将事物中的理性和精神表述出来。也就是说，在黑格尔那里，哲学所揭示的对象的本质不是别的，就是思维、概念本身，也就是理性对自己的认识。对此，黑格尔指出，思想不仅是我们的思想，而且是对象的思想，"哲学的任务在于理解存在的东西，因为存在的东西就是理性"②。即是说，在黑格尔那里，人类的思想、概念决不仅仅是主观的思维，而且就是客观事物中所固有的本质，正是由于对象、事物中的本质是精神，所以理性与现实才是统一的。换言之，黑格尔哲学所谓理性与现实的和解，其实就是通过揭示事物中的理性来实现的。

实际上，将客观的精神当作世界的本质，是黑格尔哲学的根本特征。按照黑格尔的观点，客观的理性既是实体，同时也是主体，它是自在自为的。它的这种自在自为的性质借助自然界、人类社会、人的思维体现出来。具体地说，客观的理性将自身外化为自在的自然，进而从自然进展到自为的社会，最后在人类思维中达到对自身的自在自为的认识，以此实现自身。可见，理性是自然界、人类社会、人的思维一切领域的本质，而现实世界的发展变化是在不断地趋向理性和精神，是客观精神的自我外化、自我认识、自我实现的过程，因而这就是历史的本质。而理

---

① ［德］黑格尔：《法哲学原理》，范扬、张企泰译，北京：商务印书馆2017年版，第13页。
② ［德］黑格尔：《法哲学原理》，范扬、张企泰译，北京：商务印书馆2017年版，第14页。

性实现自身的这一过程是一个螺旋式的前进和上升的过程，这一演化的历程最终通过人类意识将自身揭示出来并予以实现。不过，与客观精神相比，具体的主观自我意识只是理性、精神的外化和表现，是理性或精神实现自身的手段和方式，历史是客观精神利用个体外化自身、返回自身的过程和表现。正如黑格尔自己所说的那样，与"绝对理性"的自我实现过程相比，"个人的忙忙碌碌不过是玩跷跷板的游戏罢了"①。

在黑格尔那里，哲学的目标是把握现实事物背后的本质，而哲学所把握到的本质则是理性。那么，哲学把握理性的具体方式是什么？按照黑格尔的看法，哲学把握理性的方式就是认识理性、反思理性，即理性的自我认识，亦即对思维的思维。作为对思维的思维和认识理性的理性，其具体表现出来就是逻辑，在黑格尔哲学中是辩证逻辑。辩证逻辑是揭示理性、概念发展演化的方式和原则，理性就是按照辩证逻辑发展演化的，其核心是否定之否定。也就是说，理性自我实现的过程是一个不断经历正题、反题、合题的否定之否定的过程，而把握和表述这一过程的就是辩证逻辑，即辩证法。在黑格尔看来，作为理性把握到自己即认识到自己的辩证逻辑，它本身就是真理，"逻辑是真理的绝对形式，尤其是纯粹真理的本身"②。而客观精神依照辩证逻辑来发展演化，意味着把握了辩证逻辑的哲学也就把握到了真理，因此这种哲学本身也就是真理。

在前面我们曾指出过，黑格尔把整个世界都看作由理性按照辩证逻辑演化而来，因此掌握了理性的逻辑演进也就掌握了宇宙发展变化的蓝图。而对于理性的这一运动的整体过程，黑格尔则将之称为"绝对"，历史上通过概念把握事物本质的各种哲学，实际上是"绝对"实现过程中的各个环节，认识到和揭示出"绝对"发展演化历史的精神就是绝对的知识，即黑格尔自己的哲学。在这种理解的基础上，黑格尔将以往各种具体的哲学形态都吸收进去，建立了包罗万象的庞大哲学体系，这一哲学体系由各个环节的过渡转化所构成。他认为，只有自己的哲学体系才最终达到了真正的哲学形态，即科学的哲学或绝对的哲学，亦即他的哲学"把握了这同一个实在世界的实体之后，才把它建成为一个理智王

---

① [德]黑格尔：《法哲学原理》，范扬、张企泰译，北京：商务印书馆2017年版，第189页。

② [德]黑格尔：《小逻辑》，贺麟译，北京：商务印书馆1980年版，第64页。

国的形态"①。

我们看到,在黑格尔这里同样体现了传统形而上学的深厚信念,他认为哲学能够超越现实世界把握到事物背后所隐藏的那个永恒的本质,以此使哲学凌驾于现实生活之上。也就是说,同柏拉图和亚里士多德一样,黑格尔也认为认识思维的思维即哲学具有一劳永逸地捕获终极真理的能力,他甚至比他的先辈们还要坚持这个信念,黑格尔将他对历史发展过程的概念式理解看成"绝对知识",将之作为世界的终极解释就明显地体现了这一点。

综上所述,传统形而上学的哲学观认为,哲学以探求世界最高原理和终极原因为己任,依靠所发现的原理对世界作出终极回答,提供关于世界最根本的依据。如此一来,它就必然认为所达到的对事物本质的认识就是获得的关于世界的最高真理。即是说,存在本身被当作最普遍的概念来把握,正如哈贝马斯所指出的那样,整个传统形而上学的基本工作就是追求某种"强大的理论概念"②。这意味着,传统形而上学是一种理论范式的哲学,对于这种理论范式的哲学形态,有学者曾这样概括它的特征:"(1)绝对性,哲学理论代表着任何时间、任何地方都适用的'普遍真理',具有超越时空、'永恒在场'的性质。(2)神圣性,哲学是少数具备超人慧眼的人从事的事业,这些人超越世俗芸芸众生而与真理同在,因而具有超凡脱俗甚至神秘的性质。(3)至上性,哲学既是世界和人的生活实践的规定者,又是理论自我存在的规定者,它自足完备、无需外求。"③ 可以说,传统形而上学的这些特征鲜明地体现了它对自身的理解,亦即体现了它的哲学观。

那么,传统形而上学的这种哲学观带来了怎样的后果?笔者认为,这种哲学观割裂了哲学同现实生活的联系,使得它最终落入被遗弃的境地。如前所述,在传统形而上学的自我理解中,哲学被当作一张由概念按照逻辑编织起来的大网,用以永久性地捕获这个世界的最后谜底和答

---

① [德]黑格尔:《法哲学原理》,范扬、张企泰译,北京:商务印书馆2017年版,第16页。

② [德]于尔根·哈贝马斯:《后形而上学思想》,曹卫东、付德根译,南京:译林出版社2001年版,第31页。

③ 贺来:《马克思理论的哲学维度与理论存在样式的转换》,载《学术研究》,2007年第1期,第13页。

案,在它那里,现实世界的事物不过是"逻辑范畴这块底布上绣成的花卉"①。而这意味着,哲学与现实生活之间必然是一种分裂的关系。一方面,哲学把自身凌驾于现实生活之上,使自身隐遁于纯粹概念和逻辑的世界,外在于人们的现实生活。另一方面,现实生活则失去了哲学的反思和批判,缺失了这一推动人自由发展的思想力量。也就是说,在传统形而上学的哲学观中,哲学变成了"超凡脱俗"、高高在上的终极真理的掌握者,割裂了自身同现实生活的真实联系。这种割裂使哲学成为远离现实世界的抽象玄思,而这导致的最终结果就是遭到人们的遗弃。正如康德所形象描述的那样,传统形而上学"成了一个孤苦零丁、流离失所的妇人,……被人遗弃、一无所有了"②。概言之,哲学将自身看作终极真理的掌握者,超越现实生活之上,这种"成神式的幻觉"被识破后必遭世人遗弃。

(二) 马克思对传统哲学观的批判

传统形而上学把某种概念当作世界的终极根据和基础,并进一步将其解释成规范现实生活的终极标准和尺度,认为把握概念的哲学是高于现实生活的立法者和解释者,造成了对现实的抽象理解,遮蔽了人真实活泼的生活。马克思认为,传统形而上学的这种哲学观颠倒了哲学同现实生活之间的真实关系,他从"社会关系"概念出发对这种颠倒的哲学观进行了批判。

早在"博士论文"时期,马克思就表现出了对传统形而上学的某种反叛精神,但总的来说,他当时还局囿于黑格尔哲学的立场,因而没有真正突破形而上学。同形而上学集大成者黑格尔哲学的这种特殊关系,决定了马克思对形而上学哲学观的拒斥首先就体现在对黑格尔哲学的反思和批判上。如前所述,物质利益关系的冲击动摇了马克思对黑格尔哲学的信任,而对市民社会——物质生活关系总和的自觉则使马克思真正冲破了黑格尔哲学的立场,由此推动马克思发起对黑格尔形而上学哲学观的批判。

马克思首先从国家哲学和法哲学的角度批判了黑格尔形而上学的哲学观。在黑格尔那里,哲学用逻辑把握概念,即是对事物本质的真实把

---

① 《马克思恩格斯文集》第1卷,北京:人民出版社2009年版,第600页。
② [德]康德:《纯粹理性批判》,韦卓民译,武汉:华中师范大学出版社2000年版,第3—4页。

握,哲学以此具有高于现实生活的地位,黑格尔的这种哲学观在他对市民社会同国家关系的论述上有着鲜明体现。具体来说,黑格尔认为,国家是客观的伦理精神,是伦理理念的现实体现,作为理性、精神的体现者,它决定着家庭和市民社会,而哲学的任务就是把握国家的这种本质,即隐藏在国家中的理性和精神。换言之,在黑格尔那里,作为物质生活关系总和的市民社会充满了人与人的冲突和矛盾,是没有达到"客观理性"的结果,而当"客观理性"在地上实现即出现普鲁士王国的时候,理性就将使市民社会中的冲突归于和解,而哲学的任务就是通过概念揭示这一真理,以使"客观理性"达到自觉、实现自身。马克思认为,黑格尔对哲学同现实关系的这种理解是颠倒的,而这种颠倒的哲学观根源于黑格尔没有意识到现实社会关系的基础性和根本性。也即是说,在马克思看来,国家既不是理性的体现,也不是现实物质生活关系的决定者,相反,国家和理性、概念都是由现实社会关系决定的。根据这一点,马克思指出,在黑格尔那里,"观念变成了主体,而家庭和市民社会对国家的现实的关系被理解为观念的内在想像活动"①,然而事实上,"家庭和市民社会都是国家的前提,它们才是真正活动着的,而在思辨的思维中这一切却是颠倒的。"② 这就是说,在黑格尔的理解中,决定国家等政治形式的现实社会关系没有被理解为真正的基础,反倒被看成受国家决定的因素,而国家则被看成受理性精神决定的形式。正是对现实社会关系根基性的无视,导致黑格尔颠倒哲学理论同现实社会关系之间的关系。这就是马克思批判黑格尔的原因。

按照马克思的看法,黑格尔颠倒的哲学观在本质上是一种"逻辑神秘主义"或"逻辑泛神论"。对此,他批判道,在黑格尔那里,"整个现实世界都淹没在抽象世界之中,即淹没在逻辑范畴的世界之中"③。即是说,在黑格尔的"逻辑神秘主义"或"逻辑泛神论"中,现实生活被看成由理性遵循逻辑演化而来的事物,这种理解必然使哲学凌驾于现实生活之上。而正是将概念、逻辑看成事物的根本,才使黑格尔将代表理性的国家看成市民社会的决定者。马克思依据现实社会关系决定思想概念的原理批判了黑格尔的哲学思想,在这种批判中显示了马克思对传统形

---

① 《马克思恩格斯全集》第3卷,北京:人民出版社2002年版,第10页。
② 《马克思恩格斯全集》第3卷,北京:人民出版社2002年版,第10页。
③ 《马克思恩格斯文集》第1卷,北京:人民出版社2009年版,第600页。

而上学哲学观的消解。马克思指出，"黑格尔论法哲学，是从主体的最简单的法的关系即占有开始的，这是对的。但是，在家庭或主奴关系这些具体得多的关系之前，占有并不存在"①。这就是说，理论叙述在初起时从简单抽象的规定出发以在最后到达思维综合体这种叙述方法是科学的，容易使读者理解。但是，叙述方法本身并不是实在的产生过程，它不是历史上在先的过程，黑格尔的错误是把叙述方法当成了实在的产生方式，从而颠倒了现实社会关系同逻辑范畴之间的真实顺序。这意味着，在马克思那里，不是"占有"等逻辑范畴先于家庭、主奴关系这些现实的社会关系，而是现实的社会关系先于"占有"等逻辑范畴，是由于对现实生活中的社会关系进行认识而产生了"占有"范畴。可见，正是黑格尔颠倒了思想概念、逻辑范畴同现实社会关系之间的关系，才导致他陷入不可一世的自恋，即一种"成神式的自恋"。这种自恋就是，黑格尔认为他的哲学把握到了宇宙的最高真理，揭示了整个宇宙发展演化的蓝图，从而成为至上的"绝对知识"。实际上，在马克思看来，哲学的"成神式的自恋"在根本上是"成神式的幻觉"，即类似于宗教的幻觉。在这一点上，马克思认同费尔巴哈对黑格尔的批判，即黑格尔的"哲学不过是变成思想的并且通过思维加以阐明的宗教"②。

青年黑格尔派哲学是黑格尔哲学的余波，这些哲学没有脱离黑格尔哲学的思想地基，因而同样滞留于传统形而上学的哲学观中。即是说，在青年黑格尔派哲学中，同样体现着传统形而上学对哲学的基本看法和理解。正如马克思所言，"在以批判的形式消逝着的唯心主义（青年黑格尔主义）做出这一切滑稽可笑的动作之后，这种唯心主义甚至一点也没想到现在已经到了同自己的母亲即黑格尔辩证法批判地划清界限的时候"③，"青年黑格尔派同意老年黑格尔派的这样一个信念，即认为宗教、概念、普遍的东西统治着现存世界。"④ 对于青年黑格尔派没有彻底脱离黑格尔哲学因而没有超出传统形而上学哲学观的缺陷，马克思进行了批判。在这一批判中显示出马克思对传统形而上学哲学观的态度，即反对将概念等同于本质、将哲学凌驾于现实的哲学观。对此，马克思讽刺道，

---

① 《马克思恩格斯全集》第30卷，北京：人民出版社1995年版，第43页。
② 《马克思恩格斯文集》第1卷，北京：人民出版社2009年版，第200页。
③ 《马克思恩格斯文集》第1卷，北京：人民出版社2009年版，第199页。
④ 《马克思恩格斯文集》第1卷，北京：人民出版社2009年版，第515页。

"既然青年黑格尔派认为,观念、思想、概念,总之,被他们变为某种独立东西的意识的一切产物,是人们的真正枷锁,就像老年黑格尔派把它们看做是人类社会的真正镣铐一样,那么不言而喻,青年黑格尔派只要同意识的这些幻想进行斗争就行了。"① 这就是说,在马克思看来,尽管青年黑格尔派中不同人物的具体观点不同,但是所有青年黑格尔派成员的共同点是始终处于理论哲学的范式之中,也就是始终致力于思想观念领域中的斗争,将观念领域看作现实事物所由以生发的泉源与渊薮,即现实世界之本质。因此,马克思对青年黑格尔派哲学观的揭露也就意味着对传统形而上学自我理解的批判。换句话说,青年黑格尔派之所以仅仅同思想观念作斗争,在于他们局限于传统形而上学哲学观,即将思想观念看作事物本质以及认为哲学决定现实。

把抽象的观念看成人们社会生活的本质,这是传统形而上学的根本特征。在传统形而上学中,人及其现实生活被看作是一种先在本质的外化——柏拉图的理念、黑格尔的精神甚至费尔巴哈的感性都是这种先验本质。在这种理解中,人成了一种预成的东西,这必然导致人的抽象化。更严重的后果是,当现实被理解成规制好的本质之展开时,革命性的批判、改造、变革也就失去了意义。这表明,将观念当作现实本质的传统形而上学最终必然落入僵化、保守,落入使现存社会关系永恒化、非历史化的窠臼,马克思称黑格尔辩证法是"虚有其表的批判主义"② 就是因为这一点。即是说,如果不能理解现实社会关系对意识形态的决定作用,那么只能局限于纯粹的理论批判中。而正是任由不合理的现存社会关系继续存在,使黑格尔最终陷入了对现实的因循和保守,相同的景象在青年黑格尔派那里再次呈现出来。马克思曾指出,这些青年黑格尔派哲学家,没有做到同自己的思想母体——黑格尔哲学作出脱离和诀别,没有在根本上实现对黑格尔哲学批判。所以,当马克思说"青年黑格尔派满口震撼世界的词句,但实际上却是最大的保守主义者"③ 的时候,他的意思是,青年黑格尔派不懂得,思想观念只不过是现实社会关系的意识形式,受人们的社会关系决定。这些青年黑格尔主义者不理解,"如果这种理论、神学、哲学、道德等同现存的关系发生矛盾,那么,这仅

---

① 《马克思恩格斯文集》第 1 卷,北京:人民出版社 2009 年版,第 515 页。
② 《马克思恩格斯文集》第 1 卷,北京:人民出版社 2009 年版,第 213 页。
③ 《马克思恩格斯选集》第 1 卷,北京:人民出版社 2012 年版,第 145 页。

仅是因为现存的社会关系同现存的生产力发生了矛盾"①。

以这种认识为基础，马克思深刻地揭露了形而上学哲学观的阶级根源，或者说揭示了其"意识形态"的本质，即它是一种统治阶级为维护现存社会关系而编织出来的意识形态幻象。对此，马克思指出，"统治阶级的思想在每一时代都是占统治地位的思想。这就是说，一个阶级是社会上占统治地位的物质力量，同时也是社会上占统治地位的精神力量。"② 具体来说，在统治阶级内部存在着劳动分工，一部分人专门从事物质劳动，另一部分人专门从事精神劳动，而从事精神劳动的统治阶级成员从他们的阶级利益关系出发编造了关于自己所从属的阶级的幻象，把观念说成起决定作用的支配现实的因素，以达到维持现存社会关系的目的。也就是说，统治阶级的哲学家"作为思维着的人，作为思想的生产者进行统治，他们调节着自己时代的思想的生产和分配，而这就意味着他们的思想是一个时代的占统治地位的思想"③。不懂得思想观念是现实社会关系理论表现的那些哲学家，仅仅局限于同思想观念做斗争，实际上中了统治阶级的"圈套"，无意中成了任由现存状态继续存在的保守分子。因此，观念支配现实的理论能够成为一个时代占主导地位的理论，原因就在于这些思想理论在根本上取决于当时统治阶级社会关系的需要，是为了维护占统治地位的社会关系而出现的。正如马克思所言，"关系当然只能表现在观念中，因此哲学家们认为新时代的特征就是新时代受观念统治，……上述关系的统治……在个人本身的意识中表现为观念的统治，而关于这种观念的永恒性即上述物的依赖关系的永恒性的信念，统治阶级自然会千方百计地来加强、扶植和灌输。"④ 这就是说，将观念看作现实的决定者这种观点有利于维持现存社会关系，具有非批判性和保守性。此外，马克思还认为，统治阶级的观念实际上是代表特殊利益和暂时的社会关系的观念，但是他们却把这种观念说成是代表普遍利益和永恒的社会关系的观念，进而把普遍的和永恒的说成是统治的。这些见解表明，马克思的意识形态理论是在对意识形态合法性进行追问的过程中创立的，它植根于对现存社会关系的反思和批判。

---

① 《马克思恩格斯文集》第1卷，北京：人民出版社2009年版，第534—535页。
② 《马克思恩格斯文集》第1卷，北京：人民出版社2009年版，第550页。
③ 《马克思恩格斯文集》第1卷，北京：人民出版社2009年版，第551页。
④ 《马克思恩格斯文集》第8卷，北京：人民出版社2009年版，第59页。

总之，在马克思看来，青年黑格尔派同黑格尔一样持有传统形而上学的哲学观，而这种哲学观的根本缺陷是没有理解现实社会关系是思想观念的基础。对此，马克思指出，"这些哲学家没有一个想到要提出关于德国哲学和德国现实之间的联系问题，关于他们所作的批判和他们自身的物质环境之间的联系问题。"① 所谓"物质环境"意指物质性的社会环境，即物质性的社会关系。与"这些哲学家没有一个想到要提出关于德国哲学和德国现实之间的联系问题"② 不同，马克思对哲学与现实的关系进行了反思和追问，指出哲学观念不是现实的决定者，而恰恰是从人们现实的社会关系中产生的。对此，马克思指出，"迄今为止人们总是为自己造出关于自己本身、关于自己是何物或应当成为何物的种种虚假观念"③，而事实上，那些"发展着自己物质生产和物质交往的人们，在改变自己这个现实的同时也改变着自己的思维和思维的产物"④。即是说，哲学、道德、宗教等思维上的产物源于人们的物质生活关系，即现实的社会关系，它们是现实社会关系在理论方面的反响和回声，而不具有独立的和自因自足的性质。因此，不应该将这些社会关系的反响和回声独立化、实体化，甚至使它们凌驾于现实生活之上。由此可见，正是立足于现实的社会关系使得马克思阐明了思想观念的本质，确立了哲学理论的边界和限度。换言之，通过揭示思想观念的真实源泉——现实社会关系，马克思瓦解了思想观念的独立性假象，在根本上破除了将概念当成本质、使哲学凌驾于现实的传统形而上学哲学观。

（三）马克思"社会关系"概念与传统哲学观的变革

对传统形而上学哲学观的消解意味着马克思具有与之不同的哲学观，这一全新的哲学观就是，将哲学当作内在于人们现实生活的推动社会关系变革的积极的思想力量。可以说，正是通过对现实社会关系的反思和追问，马克思实现了哲学自我理解的变革，改变了哲学的存在方式和存在形态。

如前所述，马克思揭示了思想观念和哲学理论来自现实的社会关系，凭借这一点，他破除了传统形而上学视理论高于实践、视概念高于现实

---

① 《马克思恩格斯文集》第1卷，北京：人民出版社2009年版，第516页。
② 《马克思恩格斯文集》第1卷，北京：人民出版社2009年版，第516页。
③ 《马克思恩格斯文集》第1卷，北京：人民出版社2009年版，第509页。
④ 《马克思恩格斯选集》第1卷，北京：人民出版社2012年版，第152页。

的哲学观。而既然现实的社会关系是哲学理论的基础和决定因素，那么对现实社会关系进行反思和批判就成为哲学的根本任务。这样，马克思就使得哲学真正成为内在于人们现实生活的思想力量。要言之，马克思批判传统形而上学哲学观，认为它颠倒了思想意识和现实社会关系之间的关系。以此为基础，马克思进一步指出，真正理解人的前提是真正理解社会关系，而社会关系的合理程度决定人的自由解放程度，因此真正推动人自由发展不是靠批判、改变不合理的思想意识观念，而是靠批判、改变不合理的现实社会关系。这就是说，在马克思看来，个人不是远离尘世的孑然一身的存在，而是处在同他人发生关系中的存在，其生活状态和生存命运深深受到所处的社会关系的影响。可以说，一个人所处的社会关系对其生存品性、生活前景在根本上起到规定的作用，因而社会关系合理与否在极大程度上决定了人的自由和解放的程度。意识到这一点，使马克思将追问现存社会关系的状态和性质以及反思其中不合理的、阻碍人的自由发展的方面看作哲学的根本任务。在进行这一任务的过程中，马克思使哲学从思辨回到了现实，从而实现了哲学观的变革。

早在《〈黑格尔法哲学批判〉导言》中，马克思就提出要对尘世、政治和法进行批判①，尽管马克思那时的思想还没有完全成熟，但使哲学内在于现实生活的哲学观已昭然若揭。正如我们前面所分析的，成熟时期的马克思没有放弃对尘世、政治、法的批判，而是深入它们的核心——社会关系中。如果联系《提纲》可以看得更加明显，即"人的本质不是单个人所固有的抽象物，在其现实性上，它是一切社会关系的总和"②。人的现实本质就是人的现实生活的本质，而这在马克思看来就是社会关系。所以，马克思在《提纲》中专门讨论的环境绝不是完全脱离人之外的纯粹自然环境，而是由许多个人共同活动于其中的社会环境，其核心就是社会关系，是"许多个人共同活动"的必然的结构和形式。就是说，人的现实本质、社会环境的本质、现实生活的本质是一致的，都是社会关系。就此而言，反思人们现实的生活和现实的社会环境就是要求对人们现存的社会关系进行追问。

在马克思那里，现实的社会关系就是资本主义的社会关系，因此对

---

① 《马克思恩格斯选集》第1卷，北京：人民出版社2012年版，第2页。
② 《马克思恩格斯选集》第1卷，北京：人民出版社2012年版，第135页。

现实社会关系的反思和追问，就集中体现在对资本主义社会关系进行的批判上。众所周知，马克思在《资本论》中的分析始于商品，而马克思揭示"商品的拜物教性质及其秘密"的目的就是为了揭露掩盖在物与物关系下面的人与人之间关系的不合理性质，即对资本主义社会关系的反思和批判。对于这一目的，马克思自己有一段集中的说明，他说，"商品形式的秘密不过在于：商品形式在人们面前把人们本身劳动的社会性质反映成劳动产品本身的物的性质，反映成这些物的天然的社会属性，从而把生产者同总劳动的社会关系反映成存在于生产者之外的物与物之间的社会关系。由于这种转换，劳动产品成了商品，成了可感觉而又超感觉的物或社会的物。商品形式和它借以得到表现的劳动产品的价值关系，是同劳动产品的物理性质以及由此产生的物的关系完全无关的。这只是人们的一定的社会关系，但它在人们面前采取了物与物的关系的虚幻形式。"① 这就是说，在马克思看来，资本主义社会中人与人之间的社会关系外在于人，具有了独立的形式，仿佛是物与物本身之间的关系，人们往往也只从这一点来理解。正如广松涉所概括的，这是一种对物化的社会关系的"错认"②。这种"错认"意味着，人们之间的社会关系已经具有了抽象的形式，它不受人们的控制，反过来奴役和统治了人。面对这种状态，要求哲学必须对之进行实际地揭露和批判，这一任务正是由马克思哲学自觉开启的。通过对资本主义社会中承载人与人关系的物的分析，例如对商品、货币、资本、工资、利润、地租的分析，马克思揭示了资本主义社会关系的内在矛盾和悖谬，从而暴露了其合法化危机。这种"病理式"分析掌握的资本主义内在的界限和有限性表明，资本主义的社会关系不是天然的、永恒的和超历史的，而是暂时的、历史的和必然被取代的，这就使得资本主义终结历史的假象得以被破除，从而人们追求更加合理、更加幸福的生活之路也得以被敞开。

至此我们可以说，在对现实的资本主义社会关系进行批判的过程中，马克思彻底变革了传统形而上学哲学观。以往哲学观自视能够超越现实世界之上提供一劳永逸的解释现实世界的终极真理，并且仅仅满足于用

---

① 《马克思恩格斯全集》第44卷，北京：人民出版社2001年版，第89页。
② ［日］广松涉：《物象化论的构图》代译序，彭曦、庄倩译，南京：南京大学出版社2002年版。

概念解释世界——"哲学家们把一切谜底都放在自己的书桌里"①。与这样的哲学观不同，在马克思看来，哲学的任务绝不仅仅是解释世界，它还有更重要的任务和使命，这就是推动现实世界的进步，即改变世界。而为了改变世界就必须杜绝哲学将自身凌驾于现实生活幽闭在孤独的堡垒中这种做法，而是要使自身"陷入"世界，因为哲学不"陷入"世界就不能推动世界的改变。正如马克思在《莱茵报》时期对自由报刊的评价那样②，哲学必须通过报刊等各种媒介表达自身对现实社会关系的追问、反思和批判，从而成为出于现实生活又重新流回现实生活的内在的精神力量，以此积极地推动社会的发展和进步，推动人的自由和解放。当然，哲学并不是跟在现实身后亦步亦趋，而是具有一定的独立性，但这种独立性是相对的而不是绝对的，它不应当完全脱离人的现实生活，而是应当担负起推动人们"实际地反对并改变现存的事物"③的使命，即深入人们现实生活对其不合理之处进行反思和批判。对此，柯尔施曾这样说道，"理论上的批判和实践上的推翻在这里是不可分离的活动，这不是在任何抽象的意义上说的，而是具体地和现实地改变资产阶级社会的具体和现实的世界"④。这就是说，哲学本身虽然是一种理论思维，但是它却可以以实践的方式发挥对现实生活的影响，做到这一点的前提就是反思和追问现实生活的本质——社会关系。只有如此，它才能真正转化为推动现实变革的实际力量，才能"在实践中证明自己思维的真理性，即自己思维的现实性和力量，自己思维的此岸性。"⑤

由此可见，马克思沿着社会关系的方向兑现了自己早期许下的诺言："现在哲学已经世俗化了，……不但从外部，而且从内部来说都卷入了斗争的漩涡。"⑥ 可以说，在成熟时期的马克思那里，处于其斗争中心的就是旧世界的社会关系，亦即资本主义的社会关系。在马克思看来，只有在对现存社会关系合法性的反思和追问中，哲学才能真正地推动"实际的改变与变革现存事物"的实践活动，从而成为内在于人们现实生活的

---

① 《马克思恩格斯全集》第47卷，北京：人民出版社2004年版，第64页。
② 《马克思恩格斯全集》第1卷，北京：人民出版社1995年版，第179页。
③ 《马克思恩格斯选集》第1卷，北京：人民出版社2012年版，第155页。
④ [德]卡尔·柯尔施：《马克思主义和哲学》，王南湜、荣新海译，重庆：重庆出版社1989年版，第52页。
⑤ 《马克思恩格斯选集》第1卷，北京：人民出版社2012年版，第134页。
⑥ 《马克思恩格斯全集》第47卷，北京：人民出版社2004年版，第64页。

变革性的思想力量，即成为内在于人们社会生活的一部分。换言之，通过对现实社会关系的追问、反思和批判，马克思使哲学成为内在于人们现实生活的推动人们自由解放的积极的思想力量，以此完成了哲学自我理解的变革。正如有学者所中肯地指出那样，"马克思哲学在根本上改变了哲学的出场和存在方式，……使哲学与人们的现实社会生活建立了一种密不可分的内在关系，哲学成为一种内在于社会生活并推动社会生活运动的一种有机力量"①。

三、传统历史观的歪曲性与马克思对历史规律的科学把握

如前所述，凭借对"社会关系"的深入把握，马克思改变了传统思想对人和哲学的理解。除此以外，从对"社会关系"的认识和理解出发，马克思还改变了传统时代长期占据统治地位的历史观，这就是对唯心主义历史观的矫正，以此澄清了历史的解释原则。就此而言，马克思在实现传统人性观的变革、传统哲学观的变革以及传统历史观的变革上有着内在一致的立足点，即都是"社会关系"。

（一）传统历史观的歪曲性

在马克思之前，长期占据统治地位的历史观是唯心主义的历史观，这种观点在理解历史时主要有两个方面的表现：一种是把历史看成超个人的客观精神的自我实现过程，它朝向一个既定的目标发展，即目的论的历史观；另一种是把历史看成由个别人物推动的发展过程，决定它发展变化的是个别英雄人物的思想观念，即英雄史观。目的论历史观和英雄史观二者在表面上不同，实则在根本上有着一致立场，这就是二者都将历史看成由观念、精神决定的变化过程，即观念、精神的发展史。

目的论历史观是传统唯心史观的重要组成部分，许多思想家在理解历史时都体现出浓厚的目的论色彩。对此，一个最鲜明的例证就是作为传统形而上学集大成者的黑格尔哲学。在黑格尔哲学那里，所谓历史在根本上是"绝对精神"按照辩证法的原则自己外化自己、自己否定自己最终达到认识自己和实现自己的过程。即是说，"绝对精神"认识自己是整个历史的最后目标和终极目的，它在整个历史的一开始就已经被预

---

① 贺来：《现代性学科建制的突破与马克思哲学的存在方式》，载《天津社会科学》，2017年第6期，第5页。

先设定好了。在黑格尔那里，整个宇宙发展演化是在一个设置好了的轨道和路线上前进的过程，犹如一辆预先被规划好目的地的向前行驶的列车。与这种观点相对应，黑格尔认为，个体忙忙碌碌的活动实际上只是为了实现历史的目的，即充当"绝对精神"自我实现过程的手段和工具，是不可避免献祭在"千秋万岁祭坛"面前的牺牲品。也就是说，同"绝对精神"自我实现的过程——历史相比，个人生活是微不足道和不值一提的，"个人存在与否，对客观伦理来说是无所谓的"①。一些青年黑格尔主义者虽然将黑格尔哲学作为批判的对象，但是由于他们没有真正超出黑格尔哲学的思辨地基，没有彻底突破形而上学的立场，导致他们在理解历史时也陷入了目的论，例如布鲁诺·鲍威尔就是如此。鲍威尔在理解历史时把黑格尔的"绝对精神"概念换成"自我意识"，他认为历史是"自我意识"实现自己的过程。对此，马克思这样说道，"人为了历史能存在而存在，而历史则为了真理的论据能存在而存在。……人所以存在，历史所以存在，是为了使真理达到自我意识。"②

　　传统唯心史观的另一个重要组成部分是把单个人物例如国家元首或政府首脑看成历史进程的决定者，从这种视野和立场出发，一些重大历史事件往往被归结为个人的想法或意志的体现。例如，在1851年，路易·波拿巴发动了政变，在对此次政变的理解上，维克多·雨果和蒲鲁东就站到了这种历史观的立场上。具体说来，维克多·雨果将1851年的法国政变这次重大历史事件指责为路易·波拿巴个人的暴力行动，在他的著作中，这次政变被描述成一个突如其来的晴空霹雳。实际上，雨果的目的是批判路易·波拿巴的政变行为，是为了反对和贬斥波拿巴。但是，当他把这一历史事件渲染成波拿巴的个人行为时却恰恰达不到这一目的。这就是说，在目的上雨果虽然是为了批评和贬斥波拿巴，但是由于他把这次重大历史事件完全归结为波拿巴个人的思想意志和行为，恰恰在客观上造成了把波拿巴塑造成巨人的结果——波拿巴的思想意志和行为决定了历史进程。这实际上落入了唯心主义历史观的理解中。如果说，雨果是不自觉地站到了唯心主义历史观的立场，那么，蒲鲁东则可以看作是自觉地站到了这一立场。在蒲鲁东那里，这次政变不是由当时

---

　　① ［德］黑格尔：《法哲学原理》，范扬、张企泰译，北京：商务印书馆2017年版，第189页。

　　② 《马克思恩格斯文集》第1卷，北京：人民出版社2009年版，第284页。

错综复杂的社会环境和各种要素综合触发的结果,而是径直被理解成强者思想意志的结果。当然,如前所言,在蒲鲁东那里除了具有英雄史观,还混合了目的论的历史观,他除了将历史进程解释为"社会天才"推动,还把历史看成是"天命"决定的进程。因此,蒲鲁东不仅把路易·波拿巴发动的政变解释成个人行为,还把它塞进一个抽象的一般性的逻辑图式中,认为这次事件是合乎"天命"逻辑的结果。实际上,蒲鲁东的逻辑是他自己虚构出来的脱离现实的万能公式,正如马克思所批评的,"蒲鲁东先生的'历史的叙述的方法'事事适用,它能答复一切和说明一切"①。

在马克思看来,无论是目的论历史观还是英雄史观,二者都有着共同的本质和立场,这就是,二者都把思想、观念、精神看成事物的根本。具体而言,人们在自己的思想观念引导下从事感性的生产实践等各种活动,而正是这样一种极其常见的现象使传统唯心主义哲学家认为,思想观念就是现实世界的本质和决定因素。整个唯心主义的核心观念就是把人的本质当成理性,认为人之所以区别于其他动物就在于会思想、有思维能力,是思想、理性使人成为人。而当思想观念成为人的本质的时候,意味着它也是人生活于其中的世界的基础和根本,即思想观念支配着现实的感性世界。在这样的看法中,历史自然就被理解为思想发展的历史或者说观念变迁的历史。对此,马克思在《形态》中这样叙述道,"德国唯心主义和其他一切民族的意识形态没有任何特殊的区别。后者也同样认为世界是受观念支配的,思想和概念是决定性的本原"②。这就是说,不同时期、不同民族的唯心主义,在其具体表现形式上,在一些具体的观点方面,可能会存在分歧或不同之处,但是它们的基本立场是完全一致的,即认为"观念、思想、概念产生、规定和支配人们的现实生活、他们的物质世界、他们的现实关系"③。也就是说,所有唯心主义都把思想观念作为世界的本质和历史的解释原则,而这就是唯心主义历史观的实质。

(二) 马克思对传统历史观的批判

如前所述,传统唯心主义历史观认为观念决定着历史,历史在根本

---

① 《马克思恩格斯全集》第4卷,北京:人民出版社1958年版,第80页。
② 《马克思恩格斯文集》第1卷,北京:人民出版社2009年版,第510页,注①。
③ 《马克思恩格斯文集》第1卷,北京:人民出版社2009年版,第511页,注①。

上就是观念的变迁史。马克思认为,这种历史观是对真实历史的曲解,遮蔽了人们现实生活的发展变化过程,为此,他从把握到的"社会关系"概念出发,对这种历史观进行了批判。具体地说,马克思主要通过以下三个方面实施了对传统唯心主义历史观的批判:

第一,立足"社会关系"概念,马克思批判了传统唯心主义把历史看成朝向既定目标发展的观点,亦即批判了唯心主义历史观中的目的论形式。目的论的历史观把思想观念看作某种外在于人们生活的神秘实体,认为历史就是这种神秘实体自我实现的过程,从而预设了整个历史的最后目标和终极目的地。马克思对这种目的论的历史观进行了深刻的批判。在他看来,历史是人们社会关系的发展变化过程,从而也就是共同的生产实践活动的发展变化过程。而人们以一定社会关系联系在一起的共同活动所造成的实际上是"力的平行四边形",因此历史并不是预先设定好目的的实现过程,不是某种在人之外的神秘之物的自我发展。也就是说,在真实的历史中存在的是多种多样的可能性,而不是被设定好终极目标的单一性。因此,事实是,处于一定社会关系中的人是历史的主体,而不是历史是人的主体。由此可见,目的论的历史观歪曲了真实的人类发展过程。对于这种目的论历史观的实质,马克思进行了揭露,他指出,"前期历史的'使命'、'目的'、'萌芽'、'观念'等词所表示的东西,终究不过是从后期历史中得出的抽象,不过是从前期历史对后期历史发生的积极影响中得出的抽象"①。由此可见,目的论历史观倒果为因,把真正的主体变成客体,而把客体变成了主体,即将后续的结果当成了先在的原因去解释历史进程,而这样做是不可能对历史作出真正的理解和解释的。可以说,凭借对"许多个人的共同活动"即社会关系的深入认识和把握,马克思消解了目的论的历史观。

第二,立足"社会关系"概念,马克思批判了传统唯心主义把个人思想观念看成历史发展决定因素的观点,亦即批判了唯心主义历史观中的英雄史观形式。传统唯心主义历史观往往把单个人物例如国家元首或政府首脑看成历史进程的决定者。从这种视野和立场出发,一些重大的历史事件常常被归结为某个个体的想法或意志的体现。与这种唯心主义历史观不同,马克思不是把个人的思想意志和行为看成历史的决定因素,

---

① 《马克思恩格斯文集》第1卷,北京:人民出版社2009年版,第540页。

而是把历史和个人的思想、意志、行为理解为当时各种社会关系综合制约的结果。所以,马克思看待历史事件的角度是完全不同的,他说,"相反,我则是证明,法国阶级斗争怎样造成了一种局势和条件,使得一个平庸而可笑的人物有可能扮演了英雄的角色。"① 这就是说,造成政变的深层根据是错综复杂的阶级利益关系即社会关系,是当时一定的社会关系使得"一个平庸而可笑的人物"能够扮演英雄角色。当然,正如前文所言,这并不意味着个人完全失去主动性和能动性,而是表明个人主动性和能动性是在社会关系中发挥的。或者说,个人力量其实是一种共同力量,是得自和发展于许多个人的共同活动的,至此,我们也可以理解为什么马克思说"共同活动方式本身就是'生产力'"②,也即社会关系本身就是生产力的思想。

第三,立足"社会关系"概念,马克思批判了唯心主义把生产力、资金、社会交往形式总和等看成历史附带因素的观点。在唯心主义看来,思想观念是历史发展的主导因素,而在这种把观念变迁看成历史发展本质的认识中,物质生产力和社会关系所具有的基础地位遭到了忽视。用马克思的话说就是,"迄今为止的一切历史观不是完全忽视了历史的这一现实基础,就是把它仅仅看成与历史进程没有任何联系的附带因素。"③即是说,在唯心主义历史观中,现实的物质生活关系被看成像腰带一样微不足道的装饰品悬挂在观念变迁史的躯体之上,成了观念史需要时呼之即来不需要时挥之即去的附属品。在马克思看来,这样的一种历史观,完全歪曲了思想观念和现实社会关系之间的关系。对于这种歪曲社会关系和观念之间关系的做法,马克思在《资本论》中讽刺道,"很明白,中世纪不能靠天主教生活,古代世界不能靠政治生活。相反,这两个时代谋生的方式和方法表明,为什么在古代世界政治起着主要作用,而在中世纪天主教起着主要作用。此外,例如只要对罗马共和国的历史稍微有点了解,就会知道,地产的历史构成罗马共和国的秘史。而从另一方面说,堂吉诃德误认为游侠生活可以同任何社会经济形式并存,结果遭到了惩罚。"④ 不同的"谋生的方式和方法""地产""社会经济形式"

---

① 《马克思恩格斯文集》第 2 卷,北京:人民出版社 2009 年版,第 465 页。
② 《马克思恩格斯文集》第 1 卷,北京:人民出版社 2009 年版,第 532—533 页。
③ 《马克思恩格斯文集》第 1 卷,北京:人民出版社 2009 年版,第 545 页。
④ [德] 马克思:《资本论》第 1 卷,北京:人民出版社 2004 年版,第 100 页。

等意味着不同的物质生活关系,而不同的物质生活关系决定了宗教、政治在人们全部活动领域乃至历史中的地位、作用和所扮演的角色。也就是说,在马克思看来,人们在以生产为基础的感性活动中所结成的社会关系并不是由观念决定的历史次要因素,而恰恰是历史的真正基础,即"生产力、资金和社会交往形式的总和,是哲学家们想象为'实体'和'人的本质'的东西的现实基础"①。意识不到历史的这个真正的基础,使得唯心主义历史观无法做到合理解释历史的现象。正是因为马克思将历史的决定因素理解为现实利益关系,所以他才对黑格尔的历史哲学和"德国历史编纂学"不满,因为这两者都把思想观念而不是物质利益关系当作衡量历史的标准,"黑格尔的历史哲学是整个这种德国历史编纂学的最终的、达到自己'最纯粹的表现'的成果。对于德国历史编纂学来说,问题完全不在于现实的利益,甚至不在于政治的利益,而在于纯粹的思想。"② 可以说,马克思揭露出把现实社会关系归结为观念史附带要素的唯心主义历史观是根本站不住脚的,从而破除了传统唯心主义历史观的幻觉。

(三) 马克思"社会关系"概念与传统历史观的变革

通过阐述马克思对传统唯心主义历史观的批判,我们已经初步认识到"社会关系"概念在马克思瓦解传统唯心主义历史观中的作用和地位。现在我们来进一步分析"社会关系"概念对马克思创立自己独有历史观的意义,以此更加全面深入地理解马克思在历史观方面所实现的变革。

以往唯心主义的历史观认为,观念支配和统治着现实世界,历史的发展在根本上是观念的发展,而只要改变了观念,现实就会随之发生变革。与之不同,在马克思看来,历史在根本上并不是观念的发展史,而是社会关系的变迁史。正因如此,对全部人类历史的研究就应该以现实社会关系为基础而不应该以思想观念为基础来探讨。对此,马克思指出,"人们之间一开始就有一种物质的联系。这种联系是由需要和生产方式决定的,它和人本身有同样长久的历史;这种联系不断采取新的形式,因而就表现为'历史'"③。马克思在《形态》中的这段话表明,他在这里

---

① 《马克思恩格斯文集》第 1 卷,北京:人民出版社 2009 年版,第 545 页。
② 《马克思恩格斯文集》第 1 卷,北京:人民出版社 2009 年版,第 546 页。
③ 《马克思恩格斯文集》第 1 卷,北京:人民出版社 2009 年版,第 533 页。

已经具备了将社会关系变迁史看作人类历史的思想萌芽，也即划分人类历史阶段的根据的思想萌芽。所以到了《大纲》中，我们见到那著名的历史三阶段理论时就不应觉得惊讶。在那里，马克思这样来划分人类历史阶段：人与人的依赖关系是第一个阶段，以物的依赖关系为基础的人的独立性是第二个阶段，"建立在他们共同的生产能力成为他们共同财富基础上的自由个性，是第三个阶段"①。对于依靠社会关系来划分这三大阶段，似乎不需要过多解释了。第二阶段对应的是人与人分裂、斗争关系中对物——外化的社会关系的崇拜，第三阶段是指人们重新控制自身社会关系之后对物的驾驭和自身的自由发展。

既然历史在根本上是感性实践活动的历史，是社会关系的变迁史，那么意识在其中居于何种位置，亦即它扮演什么角色、处于什么地位、同感性活动和社会关系是什么关系？让我们依据马克思的文本详细的分析。马克思指出，"只有现在，在我们已经考察了原初的历史的关系的四个因素、四个方面之后，我们才发现：人还具有'意识'。"② 所谓"四个因素、四个方面"是马克思的细化或具体化的论述，即满足需要的活动、产生需要的活动、人同自然的关系、人同人的关系。实际上，每个因素、每个方面同其他因素和其他方面都是不可分割的，活动是关系中的活动，关系是活动中的关系。就同意识的关系而言，这段话的意思不是表明前面论述的四个因素、四个方面可以与意识分割开来。也就是说，马克思并不否认意识同感性活动、社会关系是交织在一起的，他的目的是为了说明人们的观念意识并不具有独立的地位和决定性的作用，而是受感性活动和社会关系所决定。因此可以说，感性活动和社会关系是基础的层次，而观念意识是以感性活动和社会关系为基础的上层建筑的层次，三者虽交织在一起，但层次是不同的，对这种层次的理解，"必须用抽象力来代替"③。以此为根据，马克思指出，"意识并非一开始就是'纯粹的'"，即它没有独立性，而是"受到物质的'纠缠'"，"物质在这里表现为振动着的空气层、声音，简言之，即语言。语言和意识具有同样长久的历史，语言是一种实践的、既为别人存在因而也为我自身而存在的、现实的意识。语言也和意识一样，只是由于需要，由于和他人

---

① 《马克思恩格斯全集》第30卷，北京：人民出版社1995年版，第107—108页。
② 《马克思恩格斯文集》第1卷，北京：人民出版社2009年版，第533页。
③ [德]马克思：《资本论》第1卷，北京：人民出版社2004年版，第8页。

交往的迫切需要才产生的"①。

在对历史进行的原初性和本源性分析的基础上，马克思揭露了传统唯心主义历史观产生的实质，这就是它源于社会分工，是社会分工造成的结果。也就是说，传统唯心主义历史观来自社会关系的分化，是社会关系使然。具体而言，最初感知自然对象的知觉性的意识还不是超越动物的人作为人的意识，真正使人成为人的意识来源于人同他人交往的需要的意识，即"意识到必须和周围的个人来往，也就是开始意识到人总是生活在社会中的"②。这种意识初步超越了人的纯粹动物式的本能的意识——感知自然对象的意识，是人开始成为不同于动物的人的标志。由于社会分工的发展，形成了专门从事物质劳动的人群和专门从事精神劳动的人群，后者就包含了哲学家。只是从这种分工发生的时候起，意识才能够把自己想象为不同于现实的某种东西，即它不用想象现实的某种东西就能够现实地想象某种东西。但是，想象终归是想象，它的基础是感性物质活动及其社会关系，正如意识最初是对自然感性对象的意识。因此，以为意识仅凭自身就能够构造出"'纯粹的'理论、神学、哲学、道德"③ 等实际上是一种幻觉，而正是这种幻觉使得唯心主义历史观得以产生，即认为意识和观念自因自足，能够决定社会的发展变化。这就是传统唯心主义历史观的实质，它歪曲了真正的现实生活过程。与传统唯心主义历史观相反，在马克思那里，意识并不具有独立性，更不是决定者，它受感性活动及其物质性的社会关系所决定。

对现实社会关系的深入理解和把握是马克思消解传统唯心主义历史观进而实现历史观变革的深层根据，正是从"社会关系"概念出发使马克思得出了这样的观点：那些持有传统唯心主义历史观的哲学家所批判的有缺陷的概念，只是"关于真正经验的束缚和界限的观念"，而"生活的生产方式以及与此相联系的交往形式就在这些束缚和界限的范围内运动着"④。由此可见，在马克思看来，人的社会关系通过人的观念意识体现出来，即不同于动物意识的人的意识，这种人作为人的意识，以人同他人的关系即社会关系为前提。因此，意识在根本上是社会关系的产

---

① 《马克思恩格斯文集》第1卷，北京：人民出版社2009年版，第533页。
② 《马克思恩格斯选集》第1卷，北京：人民出版社2012年版，第161页。
③ 《马克思恩格斯文集》第1卷，北京：人民出版社2009年版，第534页。
④ 《马克思恩格斯文集》第1卷，北京：人民出版社2009年版，第535页。

物,"意识一开始就是社会的产物"①。除了前面所提到的分工的社会关系,马克思还认为,同分工一起出现的还有分配和所有制,而正是分工、分配、所有制这些现实的社会关系的不同决定了思想观念以各种不同的形式表现出来。也就是说,是现实的社会关系决定了思想观念,而不是思想观念决定现实的社会关系。正如马克思所言,"发展着自己的物质生产和物质交往的人们,在改变自己的这个现实的同时也改变着自己的思维和思维的产物"②。需要说明的是,马克思在这段话中提到"观念和意识没有自己的历史,没有发展",这里的意思是指观念意识不是独立发展的,没有自己独立的历史,它们在根本上是现实社会关系的理论表现,是现实社会关系的反响和回音。

依靠社会关系决定思想观念这一原理,马克思对自己的历史观进行了概述,指出,"这种历史观就在于:从直接生活的物质生产出发阐述现实的生产过程,把同这种生产方式相联系的、它所产生的交往形式即各个不同阶段上的市民社会理解为整个历史的基础,……从市民社会出发阐明意识的所有各种不同的理论产物和形式,如宗教、哲学、道德等,而且追溯它们产生的过程。……这种历史观和唯心主义历史观不同,它不是在每个时代中寻找某种范畴,而是始终站在现实历史的基础上,不是从观念出发来解释实践,而是从物质实践出发来解释各种观念形态"③。从这种历史观出发,马克思指出,消灭思想观念意识上的产物不能依靠纯粹的理论批判,而是必须诉诸改变那些产生不合理的思想观念的不合理的社会关系,即"意识的一切形式和产物不是可以通过精神的批判来消灭的,……而只有通过实际地推翻这一切唯心主义谬论所由产生的现实的社会关系,才能把它们消灭"④。可以说,正是由于达到了对历史的本质——社会关系变化的真正理解,马克思寻找到了塑造人们理想生活的真实途径,即历史的动力是感性实践活动,而不是纯粹的理论批判。

由此可见,马克思的历史观不同于传统唯心主义历史观的根本之处在于他把历史理解为现实社会关系的变迁史,在根本上是社会生产关系

---

① 《马克思恩格斯文集》第1卷,北京:人民出版社2009年版,第533页。
② 《马克思恩格斯文集》第1卷,北京:人民出版社2009年版,第525页。
③ 《马克思恩格斯文集》第1卷,北京:人民出版社2009年版,第544页。
④ 《马克思恩格斯文集》第1卷,北京:人民出版社2009年版,第544页。

的变迁史。正如我们在前面曾指出的那样,生产实践活动、生产物质生活本身是一种共同性的活动,即"许多个人的共同活动",而这就是社会关系的深层规定,即"社会关系的含义在这里是指许多个人的共同活动"①。也就是说,生产物质生活在一定社会关系中,它就是一定的社会关系的活动和生活,二者是一致的,生产实践活动同社会关系是不可分割的一体之两面。因此,对马克思来说,真正的历史是社会生产关系的变迁史,也是物质生产活动的变迁史,两者是内在统一的。总之,马克思立足于对现实社会关系的深入理解和把握达到了对人类历史的真实理解,从而实现了对传统唯心主义历史观的变革。

---

① 《马克思恩格斯文集》第 1 卷,北京:人民出版社 2009 年版,第 532 页。

第四章　马克思"社会关系"概念与现代性反思理论的对话

在第一章中我们曾指出,"社会关系"概念是马克思的哲学理论、政治经济学理论以及科学社会主义理论的关键范畴和核心枢纽,其贯穿整合了马克思的全部学说,使马克思的思想成为一个有机的整体,而这种对马克思思想整体的"渗透"意味着,从马克思的思想理论出发反思当代社会思潮不能缺失"社会关系"的分析向度和视野,即"社会关系"概念的思想内涵触及马克思思想理论的本质性环节,因而构成了马克思主义理论与当代学界进行对话的重要视点。而由于在马克思之后,对现代性的反思已然成为哲学社会科学研究的核心,故而选取具有代表性的现代性反思理论同马克思"社会关系"概念加以对照,便成为把握马克思"社会关系"概念当代理论价值的重要方式。基于此,本书从反思现代经济、政治和文明的相关理论中选取三大成果,立足马克思"社会关系"概念加以透视和分析,期冀以此彰显马克思"社会关系"概念的当代理论价值。

一、马克思"社会关系"概念视域下的西美尔货币哲学思想

西美尔(又译齐美尔)是较早对现代性进行反思的德国社会理论家,其影响力曾一度高于滕尼斯、韦伯、涂尔干,对卢卡奇、布洛赫、舍勒等人也产生过重要影响。西美尔在对现代性进行反思的过程中发起了对历史唯物主义的挑战,这一挑战的切入点被他设定为货币的哲学分析,正如他在《货币哲学》一书的前言中指出的,其对货币进行哲学分析的"方法论意图"是为历史唯物主义重建"底楼"。之所以选择货币,与西美尔对现代性特征的判定有关。他认为现代性的特点是碎片化,而每一种现代生活的碎片都具有反映现代性本质的潜能,货币即是这样的

一种碎片。在他看来，打开货币这扇展示现代人生存处境的窗户的钥匙是哲学，因为只有哲学具有使个别与整体、特殊与一般相互融通的能力，只有哲学的考察才能使碎片的对象被整合和扩展到一般性之中，才能反映生活意义的整体。西美尔去世以后，其影响力逐渐衰落，不过，在 20 世纪 80 年代，西方又显现出重启西美尔思想研究的趋势。从国内研究现状来看，关于西美尔货币哲学思想的反思性成果相对较少。有鉴于当代西方理论界研究西美尔的发展态势以及西美尔货币哲学同历史唯物主义的关联，本书尝试系统梳理西美尔货币哲学的基本框架，以此为基础从马克思"社会关系"概念的视角出发对西美尔的货币哲学思想进行评价和回应，展现马克思社会哲学思想的当代价值。

（一）在货币碎片中透视社会整体：西美尔的货币哲学思想

在构建货币哲学体系的过程中，西美尔首先进行的工作是对其称之为"经济学未开始的地方"即货币经济事实的更一般的前提的分析。在西美尔看来，这些更一般的前提"承载着货币存在的实质和意义"，这些前提就是价值的发生、来源和成分，交换对价值的实现和货币的诞生，以及货币从手段向目的的转变。

第一，价值的发生、来源和成分。

首先，西美尔认为，价值不是客观实在本身所固有的，它产生于人们对实在的评价，而评价则植根于人的心理。作为保持在主体之内的判断，评价反映的是主体与客体间的交互作用，因此对经济价值的理解只有置于"特殊的历史——心理群体的背景中才可能被了解"①。西美尔认为，评价能够对独立于自然之外的含义和意义进行指涉，在这一方面它超越了自然，而这些评价所指涉的含义和意义就是人的整个世界。西美尔最为注重的就是意义的世界，他所谓的意义就是价值。在他看来，评价在产生意义世界的同时产生了人的价值判断，而"人们很少意识到，我们的整个生活（从其意识方面来看）是由价值感觉和价值判断组成的"②，而无限多种类的价值使我们的生活具备了重要性。在西美尔那里，价值与评价是内容与形式的关系。即是说，价值必须在评价中存在，

---

① ［德］格奥尔格·西美尔：《货币哲学》，陈戎女等译，北京：华夏出版社 2002 年版，第 50 页。
② ［德］格奥尔格·西美尔：《货币哲学》，陈戎女等译，北京：华夏出版社 2002 年版，第 4 页。

而即使作出"没有价值"的评价也是从价值出发,也是以一定的价值为标准。

其次,决定价值评价的更深层因素是主体与所欲求的客体之间的"距离"。西美尔认为,客观实在的概念来自客体对我们的阻抗,尤其是通过触觉感受的阻抗。同样,价值也是遵循这种机制产生的,只不过它不是通过触觉而是通过人的心理评价和心理期待而发生。西美尔说,"当我们需要的内容一开始反对我们,它就变成了客体,……与我们保持着距离"①,这一"距离"就是评价和价值产生的前提。价值的产生遵循如下过程:主体与欲求的客体在某一刻无法遭遇,出现了距离,自我与对象的统一被这距离所割裂,当这一距离被人的内心所意识、人的内心急切盼望克服距离以与客体遭遇时,价值和评价就产生了。正如西美尔所言,"对象因而就形成了,它的特性是通过与主体的分离而被赋予的,主体同时建立它并且试图以他的欲求征服它,对我们而言这就是价值。……当主客体之间的对立被抹去时,也就消耗了它的价值"。②

最后,克服"距离"所付出的辛劳和牺牲是价值的一个组成部分。在西美尔看来,价值的产生在于使主体得到满足和愉悦的那个客体与主体之间的分离,而被客体满足的愉悦是作为与我们现在处境相分离开的将来的一个想象,它为克服主体与客体之间的距离提供必要的动力。在这个动力驱使下,主体通过克服距离得到价值、满足需要。而距离大小由横亘在主体面前的达到客体的障碍大小和困难的难易程度所决定,即"价值的形成过程是随着在消费者与他的愉悦的原因之间的距离的增加而发展的"③。因此,主体取得所欲求的客体的障碍和困难越大,主体需要放弃的就越多,相应的客体的价值就越大。总之,"对客体的需求和对拥有客体将带来的愉悦期待使主客体之间产生了距离,这一距离促成了客体价值的生成。为了克服主客体之间的距离,主体必须付出辛劳和牺牲,

---

① [德]格奥尔格·西美尔:《货币哲学》,陈戎女等译,北京:华夏出版社2002年版,第9—10页。
② [德]格奥尔格·西美尔:《货币哲学》,陈戎女等译,北京:华夏出版社2002年版,第10页。
③ [德]格奥尔格·西美尔:《货币哲学》,陈戎女等译,北京:华夏出版社2002年版,第12页。

辛劳和牺牲构成了价值的组成部分。"①

第二，交换对价值的实现以及货币的诞生。

首先，西美尔认为，对客体的欲求是价值产生的主观前提，而欲求的满足或价值的实现则是通过交换，即"仅仅对一个对象的需要仍不能创造一个经济价值，因为它不包括所需要的测量，只有需要的比较，也就是它的对象的可交换性，才为它们的每一个指定了明确的经济价值"②。在西美尔看来，交换代表着距离的存在，同时它又是对距离的克服，通过这种克服，主体的需要得到满足。不过，交换虽然克服了欲求对象的纯主观性价值的意义，但这不意味着价值就变成完全客观的，西美尔认为，其在根本上仍然受制于主观性因素。换言之，交换的对象在客观价值上并不是完全对等的，因为心理状况是动态的、复杂的，不能像转动音量旋钮一样随意调节。可见，西美尔不相信非心理性的东西，他认为非心理的就是不确实的，正如他所指出的，"牺牲与获得之间的平衡领先于交换并且必然导致它们之间平衡的观念是那些理性的陈腐观念之一"③。之所以这种观念是陈腐的和不现实的，正是在于他们没有立足于心理的角度，是"彻头彻尾地非心理的"。

其次，交换是货币诞生的前提，货币正是在交换中出现的。西美尔认为，买和卖是货币经济的专门用语，而"在交换之外，货币没有什么意义可言"④。作为交换的中介和载体，货币在本质上就是"物化的被交换功能"。即是说，经济价值由可交换的相互关系构成，而货币则是这种对象的交换关系的自立表达。在交换关系中，货币使主体需要的对象变为经济对象，并使这些对象成为可替代的。货币能够实现这一点是因为，它表达和体现了经济对象的相对性。不过，对西美尔来说，能够表达相对性的只能是观念。因此，货币的功能在于其纯粹的概念。就此而言，只要交换依靠实物互相计量，"它们主观的与它们经济的、客观的性质，

---

① 潘利侠：《货币经济与个体自由——〈货币哲学〉中的个体自由问题》，载《重庆邮电大学学报》（社会科学版），2013年第1期，第108页。
② [德]格奥尔格·西美尔：《货币哲学》，陈戎女等译，北京：华夏出版社2002年版，第31页。
③ [德]格奥尔格·西美尔：《货币哲学》，陈戎女等译，北京：华夏出版社2002年版，第33页。
④ [德]格奥尔格·西美尔：《货币哲学》，陈戎女等译，北京：华夏出版社2002年版，第109页。

第四章　马克思"社会关系"概念与现代性反思理论的对话 | 171

它们的绝对的与相对的意义都仍然没有被分离，它们就停止作为货币或者在货币停止成为使用对象的程度上停止了能够成为货币"①。这就是说，可交换的对象的相对性是经济价值，货币作为对可交换对象的相对性的表达是从相对中提升出来的绝对。

最后，货币使对象的可交换性"获得了技术上完美的手段"。西美尔认为，货币作为克服距离的不可或缺的手段，其功能并不是直接享用，而是在于使"一般以经济贸易予以表现的主体的外在活动客观化"②。但西美尔也认为，货币不仅具有弥合的作用，它的存在本身也意味着主观与客观间"裂缝"的存在，否则便没有所谓对距离的克服。换言之，货币将客体置于主体的一定距离之外，同时它有能力再次取消这距离，实现其他方式无法实现的拉近，它的这种能力的发挥是通过它使客体为主体所用，从而使距离被转移出"客观的经济宇宙"之外。因此，造成距离与消除距离都被统一在货币的行为之中，这是在经济价值的领域中发生的，无疑是以可交换性为前提。进而言之，货币提供的拉开和消灭距离的手段使交换在技术的客观层面成为可能，从而可交换性得以大行其道实现现实化、客观化和外在化，因而可交换性通过货币"获得了技术上完美的手段"。

第三，货币从手段向目的的转变。

首先，西美尔认为，现代社会的生活和事物不断细化，种类日趋繁多复杂，人们所追求的目的的序列在不断延长。与之相应，达到目的的手段也在逐渐增多，因而人们为了达到目的就需要不停的在手段上建筑手段。而手段的不断叠加带来的后果是，真正的目的最终被淹没在一连串的手段下面，即"消失在手段的地平线下"。对此，西美尔说道，现代社会的人们"面临的更大的危险是深陷在手段的迷宫之中而不得出，并因此忘记了终极目标为何物"③。与此同时，人们发现在层出不穷的手段中，货币是最具效力和效率的手段，它能变身为任何经济产品。也就是说，一方面真正目的消退了，而另一方面货币手段的地位在上升，这

---

① ［德］格奥尔格·西美尔：《货币哲学》，陈戎女等译，北京：华夏出版社2002年版，第63页。
② ［德］格奥尔格·西美尔：《货币哲学》，陈戎女等译，北京：华夏出版社2002年版，第64页。
③ ［德］格奥尔格·齐美尔：《时尚的哲学》，费勇等译，北京：文化艺术出版社2001年版，第104页。

两方面共同促使货币由手段转变为目的。正如有学者指出的,"人们渴求的人生目标——如美好的爱情、神圣的事业——并不是任何时候都能期望或者实现的,而金钱这样的人生目标却是随时可以预期或者追求的"①。

其次,货币从手段上升为目的的原因是,它是绝对可互换的对象,象征和代表着一切商品。如前所述,货币本是完成产品交换的手段和工具,它的出现不过是为了使交换连续性持之以恒而不被中断,亦即货币只是用于交换的价值符号,"是没有事物自身的事物的价值"。但是,正是因为这种无特性为货币带来形变为一切商品的能力,使它成为一切手段中对时间、地点、人物等各种条件最无要求的一种手段,亦即成为绝对可互换的对象。即是说,货币在行使其价值度量功能和充当交换手段的过程中,把一切商品都变成相对性,而在成就所有商品相对性的时候,货币本身就获得了绝对性,成为一切商品的代表和象征,因而货币就成为了万物的尺度。由于这一点,人们在追求物时往往不得不首先获取货币,而久而久之,世间的事物"都以金钱来加以衡量"。

最后,作为人们生活中不可或缺的环节,货币最终取代了人成为社会交往的核心,而这就是现代社会的世界图景。西美尔认为,在现代社会,货币已经变成了人们一切活动所趋之若鹜的目的,凌驾于人们交往之上和之外,正如一句古语所言,"天下熙熙皆为利来,天下攘攘皆为利往"。也就是说,货币占据了目的的位置,而人们则跪倒在它的面前,人们首先孜孜不倦追求的是经济价值而不是人文价值。在西美尔看来,现代货币经济的现象、观念和结构就是货币从手段到目的的转变,而这是它影响人类社会"一般生活的本质与构造"的基础和前提。这就是说,货币在发挥巩固价值尺度的稳定性、对价值进行现金化和浓缩化、推动商业功能的同时,塑造和改变着人们对待事物的价值观念,引起了现代人世界观的深刻变化。

构成西美尔货币哲学解释框架另一部分内容的是他对所谓"经济学结束的地方"即货币经济事实的更一般的后果的分析。这些更一般的后果是现代货币经济对人类"一般生活的本质与构造"的影响,在西美尔看来,这些影响主要有以下几个方面:

第一,货币对事物的个性和独特品格的影响。

---

① 杨向荣:《现代性·货币·都市风格——文化社会学视域下的齐美尔货币哲学思想解读》,载《云南社会科学》,2008年第5期,第54页。

在西美尔看来，在物物交换和货币只是交换手段时，人们心中所欲求和期望的是得到实在物的使用价值，这种使用价值是包含在劳动产品中的质的方面。然而，当货币从取得物的使用价值和质的方面的纯粹手段上升为人们交换甚至所有活动的目的时，人们的视线也随之从使用价值移向了交换价值，从质的角度移向了量的维度。这就是说，货币只具有量的规定性而没有质的规定性，即它是"没有事物自身的事物的价值"，它的特点就是"在自己的排除了有形对象的领域之内建立了对所有具体价值的关系，而且指出了在价值数量之间的关系"①。因此，对货币本身的追求就是对货币的量的追求。正如西美尔所言，"我们的时代正在接近这种状态……一种纯粹数量的价值，对纯粹计算多少的兴趣正在压倒品质的价值，尽管最终只有后者才能满足我们的需要。"②

"值多少"凌驾在了"是什么"的上面，成为现代社会衡量事物和对象的普遍标准。而这带来的后果是，现代社会的人们不再像过去那样关心事物自身的特性和独有的意义，而只是在意事物所体现的抽象的价值量。也就是说，事物自身的核心被挖空了，真正的价值被遮蔽了。由此可见，货币代表着一种同质化的力量，它对社会生活的主宰，使事物间的差异和个性被抹平。在其中，人们看不到事物原本所具有的丰富和多样，而是"全都处于一个水平，仅仅是一个个的大小不同"③。也就是说，发达的货币经济遮蔽了事物自身的特质，对货币数量的追求使事物中的差异、多样性和鲜活的色彩逐渐褪去，亦即"货币以中性、无差别的性格剥夺了所有事物的独特价值、个性与品格后，在永不停息的货币之流中，现代个体就再也感觉不到对象的意义和价值的差别，一切都变得陈旧、平庸、千篇一律、没有任何鲜活感"④。

第二，货币对人的理性和情感的影响。

西美尔认为，对货币的追求极大地推动了理智主义，"货币经济把衡

---

① [德]格奥尔格·西美尔：《货币哲学》，陈戎女等译，北京：华夏出版社2002年版，第58页。
② [德]格奥尔格·齐美尔：《金钱、性别、现代生活风格》，顾仁明译，上海：学林出版社2000年版，第8页。
③ [德]格奥尔格·齐美尔：《桥与门》，涯鸿等译，上海：上海三联书店1991年版，第265页。
④ 杨向荣：《现代性·货币·都市风格——文化社会学视域下的齐美尔货币哲学思想解读》，载《云南社会科学》，2008年第5期，第55页。

量轻重、计算和数字上的决定,把质的价值转变为量的价值充斥在许许多多的人的每一天中"①。货币纯粹量化、质方面的无特性特点使其可以随意分割和聚集,因此决定其具有精确的度量性和衡量性。这两个方面极大地增加了它的适用性,这种适用性表现计算的普遍适用,最终把任何事物的价值都变成可以度量和可以计算的价格,同时人也越来越变得精于计算或算计。现代人精于计算,时刻都要考虑成本,尤其是在节奏极快的大都市中生活的人更是如此。这导致在现代社会生活中,人们的理智完全压抑了情感的一面,甚至在货币面前人格和尊严也受到了挑战,而人格、尊严的侵蚀和腐化以及人性的堕落鲜明地体现出人的生命情感的沦落和丧失。

在西美尔看来,生活于现代社会的人愈来愈缺乏热忱和坦诚,充斥着冷漠和狡计。人们在所谓的"时间就是金钱"的算计下,在与他人打交道的过程中不再含蓄委婉,而是开门见山直奔主题。越是都市化和现代化的人,在交往中就越表现为萍水相逢式的临时会面和愈来愈稀少的短暂寒暄,实际需要和功利的目的淹没了人性内在的需要,流于表面不能深入的交往使人的真性情不再敞开和流露。人们的交往和生活充溢着单一的色调,甚至出现敌对和畏惧他人的心理。就此而言,冷漠无情已然成为人与人之间关系的主要方面,即"货币经济与理性操纵一切被内在地联结在一起……这种务实态度把一种形式上的公正与冷酷无情相结合"②。总之,处于货币经济主导的社会中,人们愈来愈倾向用"脑"计算或算计而不是用"心"体悟和感受,人们逐渐变得麻木不仁和冷漠无情。

第三,货币对客观文化和主观文化的影响。

西美尔对文化做出了独特的理解和界定,在他看来,客观文化是"经过精心制作、提高和完善的事物,可以引导人类灵魂走向自身的完善,或指明个体或集体通往更高存在的途径"③,而个体依靠这种事物获得提升则是客观文化的主观化过程,也就是说,主观文化是个体融汇客

---

① [德]格奥尔格·齐美尔:《时尚的哲学》,费勇等译,北京:文化艺术出版社2001年版,第188页。
② [德]格奥尔格·齐美尔:《时尚的哲学》,费勇等译,北京:文化艺术出版社2001年版,第187页。
③ G. Simmel, *On Individuality and Social Forms*, Chicago: University of Chicago Press, 1971, pp. 233.

观文化促进人格提升发展的过程和体现。西美尔认为,客观文化包含了物质和精神两个维度,人们在劳动生产实践过程中创造的物质产品(如生活资料和生产资料)和精神产品(如艺术和宗教)等都属于客观文化,而主观文化是一种能力,它表明个体在何种程度上运用、内化和制造客观文化。按照这种理解和界定,客观文化的价值和意义显然是推动个体人格的提升和自我的完善,在个体人格的提升和自我的完善过程中,两种文化实现协调与统一。但是,随着现代社会货币经济的兴起,现实的情况却是两种文化之间出现了巨大的裂痕与鸿沟,客观文化推动个体人格提升和自我完善的作用受到扭曲,其与主观文化之间的和谐一致关系被消解和打破。也就是说,现代货币经济的兴起使得客观文化凌驾在主观文化之上。

西美尔认为,由于发达货币经济的推动,现代社会中的很多事物已经达到了难以用语言描述的程度,然而个体文化却没有相同程度的进步。人们在追求货币中所形成的功利主义以及对真正有价值的本质方面是忽视的,"生活没有意义,我们在一种形成于初级阶段和手段的机制驱迫下四处奔忙,永远也不可能把握构成生活报偿的终极与绝对"[1]。对此,西美尔从个体对语言和机器等客观文化的运用上进行了说明。在他看来,语言在现代社会得到了很大的发展,形式上更加多样,使用上更加精致和文雅,然而,深入分析语言承载的内容却可以看到,人们今天对语言的使用往往陷入琐碎、流于外表,写作和交谈的过程中由于缺少内涵变得肤浅无趣,即便是那些博学多识的人也未必真正掌握其使用的概念和命题,不能准确全面地把握其使用的概念命题的内容与含义,这种现象凸显了人们的心态是普遍急功近利的。从对机器的使用上来看,今天的人们相比于过去更频繁、更熟练地接触和使用各种机器,通过借助机器的力量更顺利地从事生产和实践活动,然而,对于内化在机器中的人的本质力量如体力和智慧等,现代的工人则根本不关心也不在意,丝毫提不起兴趣。

第四,货币对个体自由的影响。

在对货币经济具有的负面作用进行批判的同时,西美尔对货币促进个体自由的意义也进行了阐述,这种阐述关联着人们承担役务的不同方

---

[1] [英]戴维·弗里斯比:《现代性的碎片》,卢晖临等译,北京:商务印书馆2003年版,第59页。

式而进行。具体来说，西美尔认为人们对役务的承担大体有三种情形：第一种是承担劳动，劳动将服役者的活动完全束缚，它占有服役主体的所有时间、精力和体力，因而这是最不自由的一种状态；第二种是缴纳实物，劳动者在这种情形中比第一种情形获得的自由要多，因为通过缴纳一定数量的劳动产品使关注点被放在了物上，这使得劳动者在劳动时间、劳动场所和劳动方式等方面具有了一定的可选性；第三种是给付货币，在这一阶段，劳动者只需给付一定数量的货币就可以完全决定生产什么和怎样生产，他不再受制于实物的限制，从而使得自身的自由进一步扩大。通过这种分析，西美尔揭示了货币对个体自由具有积极的影响，即货币通过改变承担役务的方式使个体自由得到了扩大。在揭示货币促进个体自由的同时，西美尔进一步指出了货币对人的存在具有的更为复杂的影响，认为"越是根深蒂固地、强烈地把财产据为己有，也就是越变得有收益并为人所用，那么它对主体的内在和外在的本质的影响就越清晰明了、越具有决定性"[1]。这就是说，货币和人之间的关系不是单向的，而是一种相互作用和相互影响的双向关系，例如人们可以通过投资建立和货币财产之间的关系，而这份财产或这种关系也在一定程度上规定了这个人的本质。而货币作为摆脱质料特性的纯符号的形式具有高度的灵活性，使得它可以超越实物的具体形态和属性的限制而给予人们更大自由，由此反映了客体的特性在很大程度上影响主体在占有客体时所具有的自由的程度。

尽管西美尔对货币促进人的自由的作用给予了肯定，但是他也看到，货币推动人获得的自由更多的是一种消极的自由而不是积极的自由。因为在他看来，自由不仅意味着不做某事的权利，同时也意味着做某事的权利，而货币使人摆脱具体劳动和实物的束缚只是使人获得选择不做某事的权利，而没有推动人们去做某事，甚至还使得主体原先具体确定的日常生活内容由此失掉，使人在一定程度上具有一种丧失家园感的状态。例如农民尽管可以通过缴纳货币取代上缴实物或从事具体的劳动因而不必紧紧地固定在某片土地上，但是他也可能在告别先前的劳作方式之后不确定从事什么，因为缺少对未来生活的明确方向而不知所措和茫然，亦即在此过程中缺乏积极自由的体验。就此而言，西美尔认为货币带来

---

[1] [德]格奥尔格·西美尔:《货币哲学》，陈戎女等译，北京：华夏出版社2002年版，第232—233页。

的自由是一种消极自由。

通过以上分析可以发现，西美尔十分强调个体的心理、意志、情感和生命感觉，认为这些内在属性是人的本质的方面。因此，与韦伯等西方经典社会理论家对理性的积极性和消极性看法不同，西美尔"更多是从现代个体的生命感觉和意义角度来认识理性在现代社会中产生的负面影响"①。那么，如何克服货币带来的消极影响完成现代个体对生命感觉和人生意义的自我救赎呢？正如前文所指出的，"距离"是西美尔分析货币的一个重要概念，而克服货币消极影响与完成人的自我救赎的关键也在于个体与现代生活尤其是货币经济之间的"距离"上。而在西美尔那里，个体对距离的把握体现出一种艺术化和审美化的特点。

具体而言，西美尔认为，处于现代货币经济大潮侵蚀中的个体，其人生意义、个性呈现碎片化和残缺不全，个体的生命情感、主观文化和命运受到的消极影响只有诉诸艺术才能从中得到救赎。而艺术对个体生命情感和意义的整合的关键在于对距离的把握上，即"在工业文明导致现代个性沦丧愈演愈烈的趋势下，个体只有远离被物化文明所控制的现代生活，通过与物化现实保持距离，才能抵御物化文明对人性内在本真的不断侵蚀"②。如前所述，在西美尔那里，距离是影响人生的意义、价值和心理评价的决定因素，如果进一步扩展来认识，距离实际上是人与对象展开各种关系的基本方式。对此，西美尔说道，"一个经常用以描述生活内容之构成的形象，是把它们围成一个圆圈，圆圈的中心是真正的自我。有一种关联的模式存在于这个自我同事物、他人、观念、兴趣之间，我们只能称之为这两方面的距离（Distanz）。无论我们的客体是什么，它能够在内容保持不变的情况下，更靠近我们视野圈和兴趣圈的中心或者外围。"③ 西美尔认为，艺术是最能切中人的内心世界和灵魂体验的方式，它与人的关系是内在的。相反，科学由于对功利性、实用性和精确性的追求决定了它与人的关系是外在的，无法把握到人的内心的灵魂和生命情感的体验。通过艺术与距离结合，即对距离的艺术性运用，

---

① 杨向荣：《现代性·货币·都市风格——文化社会学视域下的齐美尔货币哲学思想解读》，载《云南社会科学》，2008 年第 5 期，第 54 页。
② 杨向荣：《现代性·货币·都市风格——文化社会学视域下的齐美尔货币哲学思想解读》，载《云南社会科学》，2008 年第 5 期，第 52 页。
③ ［德］格奥尔格·西美尔：《货币哲学》，陈戎女等译，北京：华夏出版社 2002 年版，第 384 页。

西美尔找到了他拯救处于货币异化中人的方式。对西美尔而言，对艺术的距离式运用是一种审美式的批判和对日常生活的超越。

在西美尔看来，个体与对象、客体乃至周围环境的关系就是一种距离，而艺术则既具有拉近主体与客体距离的作用，又具有疏远二者的作用。对此，西美尔指出，"一方面艺术使我们离现实更近，艺术使现实独特的最深层的含义与我们发生了一种更为直接的关系；艺术向我们揭示了隐藏在外部世界冰冷的陌生性背后的存在之灵魂性（beseltheit），通过这种灵魂性使存在与人相关，为人所理解。然而在此之外，一切艺术还产生了疏远（Entfernung）事物的直接性；艺术使刺激的具体性消退，在我们与艺术刺激之间拉起了一层纱，仿佛笼罩在远山上淡蓝色的细细薄雾。艺术拉近和疏离人与现实的距离的两种效果有同样强烈的吸引力；它们二者之间的张力，这种张力在多种多样的对艺术品的要求中的分配，赋予每一种艺术风格具体的特色。"① 这就是说，艺术在表面上抹杀了事物的直接性具体性，造成一种间接感，仿佛使对象和客体距离人更远，但是实际上，艺术所构造和揭示的则是表面冰冷事物背后的内在属性和价值，这才是真正与人的内在性和灵魂相通的东西。所以，在这个意义上讲，艺术是通过一种特殊方式来拉近人与对象和事物之间的距离，即通过疏远的方式来拉近。把玩艺术作品的人在欣赏艺术品融入内在意识、心理体验的时候达到了与创造艺术品的人心灵上的相通，使二者在灵魂上血脉相连，共同领悟世界整体的精神和意义，达到人、物和世界三者的融合统一。

西美尔认为，只有通过艺术的方式才能回归人的内心世界和灵魂深处，才能抵抗货币夷平一切特性的单一化和同质化力量，解除货币对人的生命感觉的扭曲，消除生活风格的变异，以此凸显人的本真生存个性和张扬自我的独特性。可见，西美尔寄希望于通过人的内心真实生命感觉的回归来弥补理性主义带来的缺憾甚至超越理性主义。在西美尔看来，生命感觉体验在前现代社会可以通过诉诸宗教获得，但是在现代则只能诉诸艺术。也就是说，面对货币异化，西美尔的救赎策略是希望吸取艺术的优势，通过艺术创造若即若离的距离，来保持人的心理、意志、情感、生命感觉不被异化和毁坏。但需要明确的是，西美尔诉诸的是艺术

---

① [德]格奥尔格·西美尔：《货币哲学》，陈戎女等译，北京：华夏出版社2002年版，第384页。

的方式而不是必须创造艺术品，亦即艺术化的生存方式。换言之，在西美尔那里，艺术只有作为一种生活方式才能向人生活所有领域进行全面扩展。由此可见，西美尔的真正目标是要求人们从功利性、实用性和表面化的常人关注性中获得脱身的本领，而不是完全陷入种种直接的具体的刺激之中难以自拔，而这也就是通过表面上距离的疏远来拉近人们内在的与人、物乃至世界的距离。创造和欣赏所达至的就是保持与日常生活一定距离的审美式生存方式，所以说，西美尔的救赎策略实际上是一种诉诸精神层面的救赎。

西美尔克服货币异化的救赎策略显示的超功利和超实用性还在于他的"审美冷漠"概念，而对"距离"的艺术运用符合的就是"审美冷漠"的规则。针对现代人追功逐利导致的麻木不仁和情感不再丰富的弊病，西美尔提出专注于"美感的冷漠"的概念，以此恢复人们丰富的感受、感觉和敏锐性，即"我们可以通过与客体保持距离来欣赏它们。在其中，客体变成了一种沉思的客体，通过保留的或远离的——而不是接触姿态面对客体，我们从中获得了'愉悦'。……它创造了对真实存在的客体及其实用性的'审美冷漠'，我们对客体的欣赏仅仅作为一种距离、抽象和纯化的不断增加的结果，才得以实现"①。西美尔认为，这种"审美冷漠"可以去除对实用性的热情，也就是通过客体的纯粹形式和单纯外表的美学满足来克服和超越崇拜货币的实用维度。为此，他告诫人们，不要从实用中得出美，因为这种粗俗实际上使美被降低。"审美冷漠"发挥作用的机制就在于它只诉诸"回声的喜悦"。西美尔认为，客体曾经给予我们以极大的愉悦或益处，即使日后只是看到这个客体我们就会产生这样的喜悦，因此个体可以通过"经验一种喜悦的感情"来超越功利性和实用性。他建议人们，只要求这个回声的喜悦的心理特征，而不要去求索任何客体中的东西，他说，"现在惟有注视是喜悦的感觉的来源了，我们不去理会客体的存在，我们的情感只依赖于它的外表，而在任何意义上都不依赖于可能被消耗的东西"②。这就是说，客体曾经是有价值的，现在我们只需把它们当作静观的对象，在静观中我们远远地

---

① D. Frisby, *Sociological Impressionism: A Reassessment of Georg Simmel's Social Theory*, London: Heinemann, 1981, pp. 88.

② [德]格奥尔格·西美尔：《货币哲学》，陈戎女等译，北京：华夏出版社2002年版，第16页。

打量它，带着不触动它的矜持，以此达到喜悦和满足的目的，用美学式愉悦的心理特征来克服货币异化。

（二）西美尔货币哲学思想的限度——基于马克思"社会关系"概念的考察

西美尔对货币的形而上学分析在一定程度上揭示了现代人的生存处境，对于反思现代性造成的负面影响具有一定意义，但是其所谓为历史唯物主义重建"底楼"的目的并没有达成，因为其在总体上并未超出历史唯物主义的视界，相反，在关乎货币的一些本质性的哲学问题上西美尔并没有做出充分的分析和论证，因而与其说为历史唯物主义重建"底楼"，不如说是一些有益的补充，而揭示西美尔货币哲学中没有达到历史唯物主义的方面，对维护历史唯物主义的科学性和先进性、坚持历史唯物主义在意识形态领域的指导地位是必要的。

首先，西美尔对货币所承载的社会交往属性的分析没有达到历史唯物主义的高度。

货币虽直接地表现为物，但它的意义却不仅仅限于物的方面，它还是超个人的劳动结晶，即社会的产品。作为社会的产品和人们交换的纽带，货币注入了人的属性，在它的本质中凝结着人们之间的社会关联，即社会产物对人的关系实际上反映了人与人的关系。因此，货币与人之间的异化关系在深层上表征了人们之间社会关系的扭曲。相比《货币哲学》对此语焉不详的论述而言，马克思的历史唯物主义对这一问题有着充分的自觉和清晰的论证。马克思指出，自然只有在社会中才是现实的人的生活要素和基础，人的现实的本质是社会关系的总和①，作为最"耀眼的"社会产品的货币深刻而集中地反映了人与人之间的关系，即支配他人劳动及其成果的权力。可见，马克思创立的历史唯物主义在揭示物与物、人与物之间关系的同时也对这种关系掩盖下的人与人的关系进行了揭露，从而使得对货币问题的哲学分析更为全面和透彻，对此，马克思的多部著作和手稿都有所涉及，而其中最为系统的无疑就是《资本论》。

在《资本论》中，马克思将对货币的剖析放置在多层次和多维度的体系中，包括对货币的直接前提——商品交换的分析，对货币本身的分

---

① 《马克思恩格斯文集》第 1 卷，北京：人民出版社 2009 年版，第 501 页。

析，对货币的进一步发展的形式——资本的分析，以此揭示了商品到货币到资本的发展逻辑以及三者所凸显的物与物、人与物的关系中包含的人与人的关系，从而挖掘了货币衍生的更多、更高的内涵和意义，为人类认识社会历史、把握自身提供了总体性的图景。这其中体现了历史唯物主义在把握事物时的全面的关系性思维，采取这种关系性思维对人类的自由解放有着重要意义。因此，只有在马克思的全面分析中我们才能看到，人的劳动产品的异化关系在货币那里并没有历尽，只是到了资本，它的异化形式才达到极端的体现，才完成了自身的圆圈。也就是说，货币的更高形态和完成形式就是资本，它把货币所蕴含的支配能力和支配性的社会关系发展到最高形态和终极阶段。

其次，西美尔的货币哲学思想对共同体关注不足。

在西美尔的分析中，个体被放到了中心的位置，他整个分析关注的焦点是现代货币经济对个体内在世界的消极影响，而他将克服货币异化的主体局限在个体方面。他没有看到，人的本质是社会性，个人的发展程度、生活前景取决于与他相联系的其他一切人的发展程度和生活前景，从而个体的解放只有通过社会、共同体和类才能够完成。对社会、共同体和类的意义的忽视，使西美尔提出的救赎方案和策略只能沦为非现实的空想。与西美尔不同，历史唯物主义认为，货币之所以成为世俗的神和上帝，在于它聚集了作为类的人的本质力量。这种力量的强度远远超越了个体的力量。而且货币还是一种撒向世界每个角落的普照光，尤其是发展到资本形式后，发展到极端的货币经济更是将文明、野蛮、先进、落后的事物都卷入其中。由于自然的、社会的等各方面原因，许多原本非商品的事物日益加入商品行列，扩大了商品范围，使货币的能力和范围得到提升和扩大。

由此可见，在商品经济中，拥有货币越多意味着拥有的整个人类的力量越大，在这种强大的力量面前个人的能力微乎其微，不可能不受到货币的统治和束缚，尤其是货币转化为资本使这种统治和束缚更加牢固、更加深化。正是基于这种洞悉，马克思指出，货币和资本集中体现的是现代社会的生产力和生产关系，而掌控这种生产力和生产关系必须通过社会和类，即对它们的掌控"除了归属于全体个人，不可能归属于各个个人"[①]。换言

[①] 《马克思恩格斯文集》第1卷，北京：人民出版社2009年版，第581页。

之,扬弃个体异化的道路只有通过类和社会才能打通,这就是消除货币异化的主体指向——"只有在共同体中才可能有个人自由"①。

再次,西美尔对货币异化的更为深刻的根源——生产领域的异化缺少分析。

西美尔对货币的哲学分析局限于流通领域,他仅仅分析作为流通的交换,而没有看到作为生产的交换,没有揭示造成货币异化的更为深刻的根源——生产领域的异化。同时,局限于流通领域忽视生产领域的后果是,把货币当成了永恒性存在而不是把握为历史性的存在。这种对货币永恒化的做法默认了现实的生产关系,是对现实生产关系的非批判性和保守性,这决定他的解释框架是不能说服人的。而他在此基础上提出的克服货币异化的改造策略也显然是软弱无力的,是不现实和不彻底的,不可能使货币异化得到真正的消除,最后只能是消融在抽象的理论解释中。与西美尔不同,马克思不仅从流通领域分析货币现象,而且还揭示了流通领域的"前地"——生产领域,认为社会交换关系的异化在于生产关系的不合理性,这就深入地触及现存的资本主义生产关系,因而是批判的和先进的。在此基础上,马克思谋求的是现实地改变不合理的关系,使现存世界和不合理的社会关系革命化,因而是解释世界消融于改变世界,其策略强而有力,是现实性的和彻底的。

可以说,现代货币经济是在相对发达的交换基础上产生的,但发达的交换是生产力发展和剩余产品逐渐丰富的结果。因此,企图在流通领域克服货币异化是本末倒置。对于这种不触动生产领域根基的解决方案,马克思在《1857—1858年经济学手稿》中进行了批评,即这种方案是把货币当成社会的永恒的血液,而没有看到货币是历史性的存在物。也就是说,流通领域只不过是异化完成的领域,是异化的表现,其根源是流通的"前领域"——生产领域的异化。因此,对货币异化的克服只有诉诸生产环节才能实现。这就是说,货币异化的克服必须设定在劳动本身,而不是劳动的结果。只有解放活劳动才能结束劳动成果对人的束缚和压迫。而这就要求消灭私有制,正是私有制导致生产后劳动交换的局面出现,催生了交换的中介——货币的产生。由此可见,只有诉诸消灭私有制的共产主义才能真正使生产关系得到变革,它用生产的交换取代流通

---

① 《马克思恩格斯文集》第1卷,北京:人民出版社2009年版,第571页。

的交换从而规避了货币的产生,在消灭货币的同时消灭货币的异化,以此扬弃人的力量对人的统治,使其重新归属人本身,实现"对人的本质的真正占有"①。

最后,西美尔货币哲学思想缺少消灭货币异化的实践自觉。

西美尔认为,将经济关系作为精神文化的原因用以解释社会历史具有一定的价值,但是在他看来,精神层面的因素也同样是经济生活的隐蔽的基础,即"这些经济形式本身却被视为心理学的、甚至形而上学的前提的更深层的评价和潮流之结果"②。也就是说,他把个体的心理感受当作决定经济和文化的根据,而揭示这个前提和根据就是对历史唯物主义"底楼"的重建,这就是他所谓的"经济下层建筑"。正如有学者指出的,西美尔的重点是货币及其制度化对人们心理内在生活、精神品格和整个文化尤其是主观文化的影响。正是基于此,西美尔将对货币异化的克服寄托在退回内在世界以与对象保持"距离"上,而这不可能真正实现对货币异化的消除。与西美尔不同,马克思在《德意志意识形态》中指出的,人类历史的前提是满足吃穿住行的现实生产活动,人类只有具备了想象的现实的基础才能现实地想象,对于心理感觉来说也是如此。内在的心理感受只是在客观的对象化活动发展之后才会有所发展,因此不是社会意识决定社会存在,而是社会存在决定社会意识。换言之,个体的内在心理感受如何取决于现实的客观实践活动,正如马克思所说,个人是怎样的,这是同他的生产是一致的,既和他生产什么一致,又和他怎样生产相一致③,任何意识形态的描述都不应该脱离这种规律。

由此可见,光是思想力求趋向现实是不够的,现实也必须力求趋向思想④。也就是说,只有使批判的武器与武器的批判相结合,使思想转化为现实,才能实现对货币异化的真正克服,以此实现人的自我解放和救赎。然而,西美尔克服货币异化的方案却是诉诸心理距离的调整。他似乎意识到自己提出的救赎方案的无力,西美尔最后倒向了悲观主义。他悲观地认为,现代货币经济无情地击碎了人的整个生命和个性,而这

---

① 《马克思恩格斯文集》第1卷,北京:人民出版社2009年版,第185页。
② [德]格奥尔格·西美尔:《货币哲学》,陈戎女等译,北京:华夏出版社2002年版,前言第3页。
③ 《马克思恩格斯文集》第1卷,北京:人民出版社2009年版,第520页。
④ 《马克思恩格斯文集》第1卷,北京:人民出版社2009年版,第13页。

种碎片化只不过是整体性悲剧历史的一个片段。正如有学者所指出的，西美尔的货币哲学"潜隐着一种与当时如日中天的历史主义思想不相干的关于人的形而上学——而且是悲观主义的。这一悲观主义的形而上学使得西美尔与马克思及其追随者对资本主义的社会——文化批判毫无共通之处"①。这种悲观主义反映的是西美尔的理论止步于理解和解释世界，而不能积极地改变世界，因而最终只能是非批判的和保守的。

二、马克思"社会关系"概念视域下的罗尔斯正义理论

20世纪70年代以后，政治哲学迅速升温，逐渐迎来研究热潮，这一热潮延展的重要后果是改变了原先哲学内部的格局，使澄清哲学命题合法性及其意义的分析哲学和语言哲学从主导地位退隐，代之以关注人们现实生活和社会事务的哲学探究成为前沿。政治哲学研究的这一热潮不仅对哲学学科本身具有重要影响，而且也深刻地影响了政治学、法学、社会学、经济学、教育学等其他诸多学科领域，受到理论界的广泛关注和持久探讨。政治哲学在当代的崛起与约翰·罗尔斯的理论工作密不可分，其在1971年发表的《正义论》是这场研究热潮的扛鼎之作，在哲学等相关学科领域产生了极大反响，对于推动政治哲学的复兴具有不可估量的意义。正是因为这一点，罗尔斯的《正义论》被誉为第二次世界大战后政治哲学和伦理学领域最为重要的著作之一。罗尔斯的正义学说在本质上是调节社会利益关系的理论构想，因而同马克思的"社会关系"概念具有广阔的对话空间，立足马克思"社会关系"概念考察罗尔斯正义理论同马克思正义思想的相通与区别之处有利于进一步深化政治哲学基础理论的研究，对推动国家治理体系和治理能力现代化、构建和谐社会、实现共同富裕等目标具有重要的理论参考价值。

（一）对平等的自由之追寻：罗尔斯正义理论的基本逻辑

罗尔斯认为，"一个社会体系的正义，本质上依赖于如何分配基本的权利义务，依赖于在社会的不同阶层中存在着的经济机会和社会条件。"② 在罗尔斯看来，"社会体系的正义"之实现建立在两项基本原则

---

① 刘小枫：《金钱·性别·生活感觉——纪念西美尔〈货币哲学〉问世一百周年》，载《开放时代》，2000年第5期，第20页。

② [美]约翰·罗尔斯：《正义论》，何怀宏等译，北京：中国社会科学出版社1988年版，第5页。

的基础上，第一项原则可称为平等的自由原则，第二项原则可称为机会公平与差别原则，这两项原则是罗尔斯建构正义理论的基石，其中第一项原则优先于第二项原则，是其正义理论的首要前提。对于这两项正义原则，罗尔斯作出了这样的规定和解释："第一个原则：每个人对与其他人所拥有的最广泛的基本自由体系相容的类似自由体系都应有一种平等的权利。第二个原则：社会的和经济的不平等应这样安排，使它们①被合理地期望适合于每一个人的利益；并且②依系于地位和职务向所有人开放"①，"第一个原则要求平等地分配基本的权利和义务；第二个原则认为社会和经济的不平等（例如财富和权力的不平等）只要其结果能给每一个人，尤其是那些最少受惠的社会成员带来补偿利益，它们就是正义的"②。可见，这两项原则分别适用于社会基本结构的两大组成部分，第一个部分有关于公民的政治权利，因而可以称之为政治正义原则，第二个部分涉及社会利益和经济利益，因而可以称之为经济正义原则，这样，通过建立相应的政治程序和背景制度，两项基本原则得以保障每个公民享有平等的自由这一基本权利，由此构建出整体上自由平等的社会。

与两项基本原则相对应，罗尔斯提出了两项优先规定，第一优先的规定可称之为自由优先，这一规定要求平等的自由之基本权利的分配高于或先于社会经济利益的分配，即只有在满足公民平等享有自由的基本权利之后才能按照第二项基本原则处理经济利益分配的问题。这意味着，平等的自由之基本权利可以制约社会经济利益的分配，但社会经济利益的分配不能制约平等的自由之基本权利，平等的自由之基本权利只能受制于自身，为了自由的缘故而被制约，但是绝不能被第二项原则所制约。正如罗尔斯在《正义论》中指出的那样，"尊重人就是承认人们有一种基于正义基础之上的不可侵犯性，甚至作为一个整体的社会的福利也不可以去践踏这种性质。正义的词典式顺序上的优先性表现着康德所说的人的价值是超过一切其他价值的"③。这就是说，一个人的基本自由不应

---

① ［美］约翰·罗尔斯：《正义论》，何怀宏等译，北京：中国社会科学出版社1988年版，第56页。
② ［美］约翰·罗尔斯：《正义论》，何怀宏等译，北京：中国社会科学出版社1988年版，第12页。
③ ［美］约翰·罗尔斯：《正义论》，何怀宏等译，北京：中国社会科学出版社1988年版，第573页。

受到侵犯，无论是政府、团体甚至以整个社会的名义都无权对个人的基本自由进行任意的剥夺，哪怕是以最大多数人的利益或最不利者的最大利益为理由也不可以如此。

在罗尔斯看来，第二优先规定要求第二个正义原则优先于效率和福利。无论是效率还是福利，就其自身而言，都是不充分的，或者说是不自足的，相反，正义的价值才是任何一种制度乃至任何一个社会维持效率和提高福利的地平和基本点，确立制度和建构社会的标准是效率和福利同正义的统一。而这也就意味着，任何配置权利的方案不仅应当符合效率和福利的要求，而且更需要符合正义的要求。罗尔斯认为，两项正义原则满足了这个要求，它们在与效率和福利相容的同时超越了单纯对效率和福利的追求。与此同时，罗尔斯也指出，相比于差别原则，公平机会原则具有更高程度的优先性。无论不同个人的社会出身具有多大的差异，只要他们既有类似的志向，又满足了类似的能力要求，他们就应当被允许获得类似的方式和资源去追求他们所欲的地位和职位，实现类似的成就、前景和期望，享有类似的生活机会，这就是机会公平平等原则的作用和意义。而就差别原则而言，其作用和使命旨在弱化或缓解自然因素和偶然因素的影响，因而只有在有利于扩展机会较少者的机会时才能应用机会不平等的机制。

通过上述分析可以发现，罗尔斯所追求的正义表露了高度的平等主义的倾向，但在这种平等主义的倾向背后，居于其理论中枢的仍然是人的自由，正义原则依然紧密地围绕着人的自由来阐发，没有脱离自由的地基，正是因为这一点，在罗尔斯的理论中，正义第一项原则即平等的自由原则实际上正是他的理论核心。对罗尔斯而言，人不仅是一种理性的存在者，而且是自由和平等的存在者，正如康德曾经论证的那样。而人之所以是自由的，在于人能够通过自我立法实现自律，遵循自己确立的原则而行动。由此可见，在深层支撑着罗尔斯建构正义体系的是一种有关人的自由本性的信念，这种对人的本性的理解构成其全部理论大厦的哲学前提。不过，这一有关人的概念还需要某种其他的理论条件才能实现正义论的建构，制定这一理论条件是罗尔斯在康德基础上的重要推进，这就是罗尔斯对原初状态的阐释。按照罗尔斯的设想，自我应当透过或超越社会生活以原初状态理解世界并表达对世界的看法和观点，以此为基础做出的选择便具有道德的意义，遵循着道德的原则，而正是通过这种方式,自我表现出自己是理智王国的有理性的平等的一员。这种基于原初状态的选择或行动为所有人普遍认可,以此实现的自由不受自然或社会的影响或限制,从而独立于偶然的因素之外,即具有自足的性质和特征。也就是说,原初状态保证了对基本善的选择是出于对人类生活最一般的假设或人类理性本身,唯有如此才能不借助任何偶然因素的前提推出正义原则。由此可见,这种原初状态正是罗尔斯对康德自律和绝对命令附加的程序性阐释。不过在《正义论》发表以后,罗尔斯也做出了一些调整,即逐渐将先前作为其正义论哲学前提的康德道德形而上学之狭义的人的概念转换为康德法哲学之一般的人的概念,因为在他看来,这样做更符合现代社会的多元主义的事实。正是在这里,有学者发现了其中蕴含的主体间性意蕴,并对之进行了深入阐释[①]。

该学者认为,处于原初状态中的人们由于无知之幕的作用并不清楚自己的一切秉性和条件,例如社会出身、阶级地位、先天资质、天赋能力乃至性格和心理等,而这就意味着可以完全封闭利己主义选择的通道。而由于不知晓个体自我的利益,所以每个个体在原初状态下选择的指导共同合作的原则都必然照顾整体的利益,由此得以符合共同体和他人的需求。在这里可以发现,罗尔斯通过原初状态和无知之幕的设计,以另一种方式再现了康德的普遍化法则。在康德那里,普遍化占据绝对命令和第一公式的位置,也就是说,一种法则只有在被每一个人都认可并遵循使用的前提下,才能被我们选择作为行动的准则,且按其行事,这样一来,我们便不会欲求那种仅仅为了自己的利益而希求的法则或规律,从而我们在做出选择和行动时,遵循的原则满足的就不是自私自利的欲望,由此超越孤立的自我利益。而这也就意味着,自我是具有道德能力的道德主体,是一个遵循着自己理性颁布的法则行事的自律的因而同时也是自由的存在。以此观之,依自我理性颁布的道德律令选择和行事的道德主体相互之间都成为了平等的自在自为的目的,即每个主体都意识到"不论是谁在任何时候都不应把自己和他人仅仅当作工具,而应该永远看作自身就是目的"[②]。

[①] 参见孙小玲:《罗尔斯〈正义论〉中的主体际性维度》,载《哲学研究》,2008年第5期。

[②] [德]康德:《道德形而上学原理》,苗力田译,上海:上海人民出版社2005年版,第53页。

就此而言，关于自身作为自由存在的意识同时也关联着自我与他人间平等的意识。正是在此意义上，罗尔斯强调平等的正义的权利仅仅属于有道德的人，而在康德那里，这种意识导出了"目的王国"的概念。这个"目的王国"显然是由道德人组成的共同体，在其中，每一个个体都是作为自身独立的立法者而出现的，个体遵从自己订立的法则实现的是自己作为道德主体的自律的自由，表现了自己作为自在的目的，与此同时，这种对自身订立的法则的遵从也表现出将每一共同体中的成员视为与自己平等的存在，即同样是另一个自在的目的，从而共同体中的每一成员的自律也同时就是自己应当履行的道德义务，以此在尊重他人的过程中将他人的福祉看作共同体共同追求的目的和共同享有的价值。由此可见，道德人的共同体或者说"目的王国"依赖于道德法则体系。事实上，正如康德指出的那样，个体道德能力的完善正是以伦理联合体为前提的，因为如果没有这样的一个联合体，那么道德法则将因为个体相互侵蚀而陷入瓦解。所有有理性的存在者将自己的法则转化为普遍的道德法则的能力，使得"目的王国"在概念上成为可能，从而由"目的王国"所表征的主体间性就在道德主体的自由存在的意识中出现了，并且作为必要的维系者而持存下去。

由上可见，罗尔斯通过趋近道德主体，表达道德自由内蕴的交互性或主体间性维度。处于原初状态下的人在无知之幕的作用下摒除了对自我和他人有差别的利益的识见，立足于此做出的选择不仅达到为我，同时也是为他的，即照顾每一个人或所有人利益的选择。选择的结果本身代表着正义原则的实现，它显示了主体之间平等的自由，因而在这种以自由存在者为主体所组成的共同体的内部成员之间就表达了一种深刻的交互性，而这种交互性正是支撑差异原则的基石。在这里，每一个道德主体不仅是自由的，而且在这种自由中同时产生其他主体平等的意识，而正是这种自由的平等意识使得具有共享属性的共同体能够被设想，从而为罗尔斯差异原则的运行提供了实际的平台和地基。也正是因为如此，当我们现实地塑造或构建这种具有共享属性的共同体的时候就必须充分地肯定个人的自由和道德上的尊严，而不应附加任何条件或者说有所保留。

此外，该学者还指出，在《正义论》第三编中，罗尔斯为人们呈现了不同于个体主义社会观和有机论社会观的另外一种选择，这种选择得以可能的平台或空间就是上述那种由道德自律的主体所组成的共同体的建构。在这种共同体中，个人并不把他人仅仅看作实现自身私人目的的工具和手段，人与人之间的交往超越了以个体自我私利为基础的合作，由此罗尔斯就排除了那种个体独立在社会之外的可能性。对罗尔斯来说，个体的超越性体现在对自身作为道德主体的自觉意识以及将自身塑造为这种主体的努力，在这种意识和努力背后体现出的正是对理想的道德共同体的趋向，而对现实生活中实际存在的事实共同体的道德评价就以这种理想的共同体为基础。就此而言，对道德自由的认可本身提供了共同的目的和共同善，同时昭示了实现正义原则的理想共同体的观念。通过附加的程序性的阐释，罗尔斯进一步呈现了康德式的道德主体的生成，以此为基础，康德的"目的王国"的可能性则被转化成对具有共享特征的社会联合体的论证，所以生成道德主体的过程也是实现目的王国及其蕴含的主体间性的过程。可见，罗尔斯以之为基础的自我并不是孤立独白的实体化的自我，而是具有主体间性或交互主体性的自我，这种自我概念不仅构成差别原则的核心要素，而且是自由原则的核心要素，这意味着，罗尔斯的个体观念既不同于单纯经验个体，也有别于先验的逻辑主体，而是一种道德主体。道德主体的自由平等意识提供了证成差异原则的主体间性，因此正义的第二原则的确立并不需要外在于平等自由的其他因素，所以其也是完全从属于正义的第一原则的。

通过一种康德式的阐释，罗尔斯完成了对正义两项内在相关的原则的证明。普遍性原则的论说摆脱独白思想实验的批评的条件就在于他人的先行置入，即主体间性或社会关系立场的先行置入，由于这种视角或立场的先行置入，选择的原则就不再被认为是自我与自我观念的符合，而是自我与他人即不同主体之间的适合。而如果将人仅仅理解为"经验意义上的个体"，那么就不存在某些人为他人做出牺牲的正当合理性的证明。借助对原初状态的康德式阐发，罗尔斯展示出在平等的自由本身中蕴含着"目的王国"的理念，而人们真正实现平等正是建立在成为"目的王国"的一员时所具有的主体间性的基础上。因此，一旦拒绝"目的王国"也就意味着否认使正义原则成立的主体间性，从而实现真正的平等的自由也就成为不可能。

（二）相通与差异：罗尔斯的正义理论与马克思的正义思想之比较

在对正义进行的理论探讨方面，罗尔斯毋庸置疑是20世纪最有影响力的哲学家。与罗尔斯不同，马克思在自己的著述中却很少直接提及正义这一概念，甚至对这一概念本身进行了批判。那么这是否如某些学者所理解的那样，马克思是一个非正义论者？事实上，尽管马克思在其著述中直接提及正义的论述不多，但绝不能因此而断定马克思的理论与追求正义无关，恰恰相反，马克思将自己的一生贡献给人类自由解放的事业，而人类的自由解放在本质上正是正义的实现，因此正义构成马克思理论的内在维度。马克思所质疑和批判的是那种具有意识形态属性的片面的形式的正义，他追求的是超越意识形态属性的彻底的实质的正义，所以他自觉避免关于正义的抽象的观念论争，没有拘泥于语词上正义表述的多寡。也就是说，马克思看重的是正义如何在人们的生活中、事实上得到真正的贯彻，从而体现了对更为根本和更为彻底的正义的追求。由此观之，尽管马克思较少直接论述正义概念，但这丝毫不影响其正义思想同当代有价值的正义理论的对话。恰恰相反，正是需要通过这种对话，我们才能进一步凸显马克思正义思想的内涵，对实现何种正义以及如何实现正义做出更为全面深入的理解，因此对马克思的正义思想与罗尔斯正义理论进行比较是十分必要的。在第一章中我们曾指出，"社会关系"概念是马克思哲学、政治经济学、科学社会主义三大理论的关键范畴和核心枢纽，其贯穿整合了马克思的全部学说，使马克思理论成为一个有机的思想体系，而这也就意味着马克思对正义的思考必然也以社会关系为基本视域，同"社会关系"概念存在密不可分的关联。正是从社会关系的立足点出发使我们发现，马克思的正义思想与罗尔斯的正义理论存在重要的相通点，但也具有深刻的差别。

一方面，就最重要的相通性而言，马克思和罗尔斯都表现出对实质正义的关注。首先，就马克思来说，其对资本主义的态度是辩证的，而在这种辩证的把握背后凸显出的正是资本主义内含的形式正义与实质正义的张力。人们往往从批判者的角度来把握马克思对资本主义的态度，但是马克思的批判不是对资本主义的全盘否定，他认为资本主义取代过去的封建社会是人类社会的巨大进步，包括创造了比过去社会更加公平合理的社会关系以及相应的社会制度和规则体系，只不过这种进步随着历史的发展日益表露出它的不完善性和局限性，即资本主义的社会结构和秩序并没有实现真正的实质性的正义，它的表面的形式正义掩盖了深层的实质不正义。也就是说，马克思一分为二地看待资本主义社会的正义问题，他不仅指出资本主义社会制度和规则体系在历史上具有合理性和进步性,但同时也强调这种合理性所包含的片面之处以及由此造成的正义的不彻底性,资本主义等价交换原则的悖谬正是这种片面性和不彻底性最突出的体现,从而表露了资本主义同实质正义还有着鸿沟和距离。

具体来说,作为资本主义社会最基本和最普遍的规则,等价交换原则在很大程度上给资本主义的经济和贸易提供了合法性基础,也是资本主义标榜自身正义性的重要论据。表面上,人们在资本主义社会中按照等价交换原则进行交易活动符合公正平等的规则,但是马克思却发现,通过购买劳动力这一特殊商品并使之投入生产进而卖出所生产的商品,资本家以一种隐蔽的方式无偿地占有了劳动者在剩余劳动时间里创造的价值,从而剥夺本该属于劳动者的财富,造成资产阶级与无产阶级之间财富差距的日益扩大乃至整个社会的不公。因此,资本主义的社会制度和规则体系表面上是自由平等的,但在深层却掩盖了实质上的剥削与压迫,遮蔽了资本主义社会劳资关系的非对称性以及由这种非对称性导致的不合理性。对此,马克思指出,"实现劳动力的买卖的商品流通领域,确实是天赋人权的真正伊甸园。那里占统治地位的只是自由、平等、所有权和边沁……一离开这个简单流通领域……就会看到,我们的剧中人的面貌已经起了某些变化。原来的货币占有者作为资本家,昂首前行;劳动力占有者作为他的劳动者,尾随于后。一个高视阔步,踌躇满志;一个战战兢兢,畏缩不前,像在市场上出卖了自己的皮一样,只有一个前途——让人家来鞣。"① 在这里,马克思揭露了资本主义对实质正义的背离,这种揭示依靠的是对资本主义基础性的社会交往方式的分析,即通过剖析私有制基础上劳动和所有权分离的深层后果,揭露资本的社会关系属性及其剥削本质,由此揭露资本主义正义的形式性和虚伪性。要言之,资本主义依靠生产劳动过程中一定的交往方式完成了隐蔽的剥削,使得社会财富的分配出现分化,贫富差距日益扩大,最终造成整个社会生活的非正义性。

就罗尔斯而言,实质正义同样是一个重要的议题和关注的对象。如前所述,罗尔斯的思想体系中隐含着一种积极的主体间性前提,在其正义理论的系统性论证过程中能够体现这种前提的是其关于第二条正义原则的第二方面,即差别原则的阐述,这一原则关注的不是形式方面的正

---

① 《马克思恩格斯全集》第 43 卷,北京:人民出版社 2016 年版,第 176—177 页。

义而是实质方面的正义。也就是说,在罗尔斯那里,第一条正义原则即平等自由原则和第二条正义原则的第一方面即机会平等原则属于形式正义的范畴,而第二条正义原则的第二方面即差别原则则维护着实质正义,对于后者,我们在前述曾援引罗尔斯本人的表达予以说明,这就是:"社会和经济的不平等(例如财富和权力的不平等),只要其结果能给每一个人,尤其是那些最少受惠的社会成员带来补偿利益,它们就是正义的。"[①] 对罗尔斯来说,如果不能通过相应的措施补偿社会中最少受惠的成员或处于最不利地位的人,那么实质正义将不可能得到保障和支撑,从而正义本身也就陷入了失败,所以罗尔斯十分重视差别原则。而差别原则的成立显然在理论上离不开康德式的道德主体,即"目的王国"中的个人,这些个人由于具备相应的主体间性而使罗尔斯的差别原则成为可能,对此前述已经进行了充分的论析,在此不再赘述。一言以蔽之,罗尔斯第二条正义原则的第二方面并非是可有可无的,它虽然在形式上不具有优先性,但却保障了正义的实质性,由此体现了罗尔斯对实质正义的关注和追求。

从根本上来说,罗尔斯之所以提出差别原则去保障正义的实质性,源于其意识到在资本主义社会中社会财富或价值的分配存在差距拉大和两极分化的趋势,而这从一个侧面表明罗尔斯的正义论是反思资本主义社会制度和规则体系的产物。就此而言,正是对资本主义社会制度和规则体系本身的自觉反思使罗尔斯的正义论同马克思的正义思想得以进行富有时代意义的对话。作为马克思和罗尔斯共同批判对象的资本主义制度和规则体系,在本质上是社会关系的"调节剂"和"平衡器",这种"调节剂"和"平衡器"存在的缺欠和漏洞导致了社会关系的总体失衡,造成社会秩序的不合理,最终使社会的实质正义陷入不可能。因此,马克思与罗尔斯对资本主义社会制度和规则体系的批判实质上是对资本主义社会关系调节失效的反思。这反映出一个基本的道理,即正义的根据不应当到个体的行为中去寻找,而只能到社会关系中去发掘。作为社会性的存在物,人的现实本质是社会关系的总和,真正的人一经产生便与生俱来地具有社会的属性,而正义在本质上正是反映了社会关系的某种状态和性质,涉及的是对社会关系的调适和平衡。

---

① [美]约翰·罗尔斯:《正义论》,何怀宏等译,北京:中国社会科学出版社1988年版,第57页。

另一方面，罗尔斯和马克思的思想也存在着重大的差异，尤其是在正义的属性及其实现方式的理解上。首先，就正义的属性而言，罗尔斯认为正义是永恒的和绝对的，不论在哪一个社会阶段，正义都是制定社会规则和制度的基础，优先于种种具体的社会规划和安排。正是因为这一点，不管在何种社会，只要制度的安排和规则的设计不合乎正义的原则和观念，那么它就应当被改变，按照正义的原则和观念去组织和管理社会事务是一个国家的首要职责。换句话说，正义是高于全部社会规则体系或制度体系的存在，是调节和规范社会关系的前提，具体的社会制度和规则必须按照正义的观念来设计。由此出发，罗尔斯认为，生产力与生产关系、生产关系与社会意识之间并不像马克思所说的那样具有一种决定论的关系。也就是说，罗尔斯并不认为随着生产力的改变，生产关系必然地发生变革，也不认为生产关系的变革必然地带来社会意识的改变。正是从这种观点出发，罗尔斯认为，即便要求实质正义也并非必须限制在某种特定的生产关系中去实现，从而通过革命的方式改变生产关系以达至正义就被他看作是不必要的。在罗尔斯看来，正义的观念及其原则既能同资本主义相容，也可以同社会主义相容，亦即正义既可以实现在以资本主义生产关系为基础的社会中，也可以实现在以社会主义生产关系为基础的社会中。

由此可见，对罗尔斯来说，生产关系并不是正义的前提，相反，正义是生产关系的前提，不是正义反映生产关系，而是生产关系需要符合正义，这与马克思对正义与社会关系二者之间关系的理解完全不同，从而与马克思对正义的性质及其实现的方式的理解完全不同。如前所述，罗尔斯并不诉诸改造生产关系的方式去实现社会的正义，在他看来，问题的根本不在于私有制或公有制等生产关系，而在于正义的观念和原则，因此实现正义的方式是发掘既有正义观念和原则的缺陷，对这些缺陷进行弥补和完善，以此为基础提出相应的理念去评价和规范现实，使社会制度和社会结构按照更合理的正义观念和原则来安排和设计，以此实现社会体系的正义。

与罗尔斯不同，马克思认为，包括正义观念在内的所有社会意识形式都是物质关系的理论表现，随着社会关系尤其是生产关系的变化而变化，不存在适用于任何社会和任何时期的普遍的永恒的正义。因此，根据历史唯物主义的基本原理，不彻底变革资本主义生产关系，真正的正义亦即全面的实质正义根本不可能成为现实，因为生产关系是决定全部社会关系的社会关系，而正义观念和正义原则只不过是社会关系的理论表现，"抽象或观念，无非是那些统治个人的物质关系的理论表现"①。也就是说，如果追求实现彻底的真正的正义，那么就必须改变人们的物质生活关系，通过改变人们的物质生活关系改变人们的观念，而不是相反，用马克思本人的话来表达就是"发展着自己的物质生产和物质交往的人们，在改变自己的这个现实的同时也改变着自己的思维和思维的产物。不是意识决定生活，而是生活决定意识"②。就此而言，根据马克思的观点来看待罗尔斯的正义理论，那么罗尔斯虽然也关注和追求实质正义，但是他的这种追求或者说实现实质正义的方式是非常有限的，是一种事后弥补或者说"亡羊补牢"的方式。由此可见，尽管马克思与罗尔斯在追求实质正义方面存在相通之处，但二者关于正义本身的性质和实现正义的路径却存在着重要的差别。

在第一章中我们曾指出，马克思从哲学入手追寻人的自由解放的可能性及其条件和路径，通过"社会关系"概念的引导走向政治经济学批判，认为对市民社会的解剖应该到政治经济学中去寻求，由此展开了对资本主义的深入批判，进而创立科学社会主义这一重大成果。而在"社会关系"的概念中，马克思认为最为核心的是生产关系，所以他把批判的矛头最终指向了资本主义的生产关系，而不是抽象的一般的人与人之间的关系。也就是说，马克思实现正义的方式是彻底地变革和改造资本主义的生产关系，通过变革和改造这种生产关系改变人的全部的社会关系，进而实现社会的正义。而与马克思不同，罗尔斯并不想对资本主义私有制及其基础上的竞争机制发难，他虽然意识到这种生产关系将带来不平等，但是他却认为在完善的正义观念和正义原则之下这种不平等将被弥合。因此，对罗尔斯而言，正义只是在不平等中去构造平等，而不是像马克思那样对不平等本身予以超越。对于同马克思在这一点上的不同，罗尔斯本人也意识到了，他说："作为公平的正义之秩序良好社会的理念完全不同于马克思的完全的共产主义社会的理念"，"完全的共产主义社会看起来在这种意义上是一种超越了正义的社会，即能够提出分配正义问题的形势已经被超过了，公民在其日常生活中不需要、也不会关

---

① 《马克思恩格斯文集》第 8 卷，北京：人民出版社 2009 年版，第 59 页。
② 《马克思恩格斯文集》第 1 卷，北京：人民出版社 2009 年版，第 525 页。

心分配正义问题。与其相比,作为公平的正义假定,在民主政体的政治社会学之一般事实是既定的情况下(诸如理性多元论这样的事实),属于正义范畴之内的原则和政治美德永远都会在公共政治生活中扮演一种重要角色"①。由此,与马克思致力于改造资本主义私有制及其基础上的生产关系不同,罗尔斯是在不打破资本主义生产关系的框架下思考正义问题。马克思致力于改变资本主义私有制及其基础上的生产关系,这种改造意味着对资本主义制度本身进行彻底的革命,对此,马克思说道:"你们认为公道和公平的东西,与问题毫无关系。问题就在于:在一定的生产制度下所必需的和不可避免的东西是什么"②,并且指出"对现存经济制度完全无知的人,当然更不能理解工人为什么要否定这种制度。他们当然不能理解,工人阶级企图实现的社会变革正是目前制度本身的必然的、历史的、不可避免的产物。"③

对马克思而言,理解正义的本质离不开"人的现实本质"的视野,而人的现实本质是实践基础上的"社会关系的总和",因此必须立足生产实践基础上物质的历史的社会关系去考察正义,正因如此,马克思强调,"法的关系正像国家的形式一样,既不能从它们本身来理解,也不能从所谓人类精神的一般发展来理解,相反,它们根源于物质的生活关系"④,这就是说,正义与法一样,以物质生活关系为深层基础。从这种观点出发,马克思认为如果不改变资本主义私有制及其基础上的整个生产关系,那么正义只能是片面的和不完全的,这种片面的不完全的正义在现实中就表现为分配正义。而分配正义之所以不彻底,原因就在于分配关系受生产关系决定,从而抛开生产关系追求纯粹的分配关系的正义必然会由于生产关系的不正义而最终遭到失败。因此,资本主义社会中的财富不均、贫富差距以及各种不平等的现象虽然都直接导源于分配不公,但分配不公在根本上又源于不合理的生产关系,因此只有消灭私有制及其基础上的生产关系才能解决财富不均、贫富差距以及各种社会不公的现象,实现真正全面彻底的社会正义。正因如此,马克思才强调,

---

① [美]约翰·罗尔斯:《作为公平的正义——正义新论》,姚大志译,上海:上海三联书店出版社2002年版,第290页。
② 《马克思恩格斯文集》第3卷,北京:人民出版社2009年版,第56页。
③ 《马克思恩格斯文集》第3卷,北京:人民出版社2009年版,第214页。
④ 《马克思恩格斯文集》第2卷,北京:人民出版社2009年版,第591页。

"应当屏弃'做一天公平的工作,得一天公平的工资!'这种保守的格言,要在自己的旗帜上写上革命的口号:'消灭雇佣劳动制度!'"① 显然,在这里马克思对不改变生产关系前提下追求分配正义的做法进行了批判,认为不改变生产关系就不可能达到真正的正义。与马克思不同的是,罗尔斯更为关注正义观念或正义原则本身,认为正义的观念或原则并非是受生产关系严格决定,随着后者变化而改变的意识形态,而是一种具有普遍性和永恒性的价值,它对社会基本结构的评价和规范具有独立的自足的意义,为此他强调"适用于社会基本结构的正义原则正是原初契约的目标。这些原则是那些想促进他们自己的利益的自由和有理性的人们将在一种平等的最初状态中接受的,以此来确定他们联合的基本条件。这些原则将调节所有进一步的契约,指定各种可行的社会合作和政府形式。这种看待正义原则的方式我将称之为作为公平的正义"②。

我们看到,在实现正义的路径和方式上,马克思和罗尔斯做出了截然不同的选择,而二者之所以会做出这种截然不同的选择,在根本上是因为他们对社会基本矛盾及其运动规律的理解存在差异,即对生产力和生产关系、经济基础和上层建筑之间的关系具有不同的看法。从对生产力和生产关系、经济基础和上层建筑之间关系的不同看法出发,马克思选择了"自下而上"实现正义的路径和方式,而罗尔斯则选择了"自上而下"的路径和方式。对马克思而言,资本主义生产关系既具有合乎社会历史发展的一面,也具有自身无法克服的矛盾和缺陷,其合理性随着历史的发展逐渐丧失,因而只有以一种新的更合理的生产关系取代和超越资本主义,真正的正义才能实现。而对罗尔斯而言,资本主义的生产关系也能够成为实现正义的土壤,因为一定的生产关系并不是正义的前提,相反,通过完善了的正义原则可以对生产关系进行规范,进而实现社会正义,而这样的正义原则就是平等的自由原则、机会公平原则与差别原则。在罗尔斯看来,平等的自由原则对于实现正义来说是必须的,并且具有第一位的优先性,而这一原则在具备相应良好的经济、政治和文化条件后就能够运作起来;与此同时,机会公平原则也是实现正义不可或缺的,尽管其运作以平等的自由原则被最高程度的满足为条件;最

---

① 《马克思恩格斯全集》第 21 卷,北京:人民出版社 2003 年版,第 211 页。
② [美]约翰·罗尔斯:《正义论》,何怀宏等译,北京:中国社会科学出版社 1988 年版,第 9 页。

后，差别原则面对和处理的是不可避免的不平等分配如何最公正地运用，这有利于促进社会合作体系的生成与整体的正义。可见，罗尔斯并不认为从根本上改造和变革资本主义生产关系是实现正义的唯一出路。就此而言，罗尔斯的正义理论并没有在根本上超出资本主义的意识形态范围，尽管在西方右翼思想家看来已经是过于激进了。

如前所述，罗尔斯的正义理论并没有在根本上超出资本主义的意识形态范围，但是作为当代世界最具影响力的正义理论，罗尔斯的相关思想对于我们构建现代化的国家治理体系、提升国家治理能力不乏启示和借鉴意义。当前我国正在经历深刻的改革和变革，这种改革和变革涉及经济、政治、文化、社会、生态等各个领域，尤其是经济生活的市场化和政治生活的民主化所带来的进展，使社会生活的方方面面发生了巨大的变化。而伴随人们物质生活水平和精神生活水平的提高，各种社会矛盾也在增多，这些矛盾在影响范围和影响程度上日益扩大和加深，形式和样态也越来越具有复杂性。就此而言，构建适合新时代国情的政治制度和治理体系以此合理协调个人与社会之间的关系极为重要，这不仅关系到我国的法治化程度和民主化程度，也关系到国家的长治久安和长远发展，因而具有十分重要的意义。在此问题上，罗尔斯的正义理论是一个不应忽视的重要思想资源，我们可以从中汲取有益的成分和养料，进一步从理论上对推动国家治理体系和治理能力现代化做出思考，推进构建社会主义和谐社会，实现共同富裕。要言之，我们应当既吸收罗尔斯正义理论中富有创见和启示的思想，使之为我所用，同时也应当对其保持一种批判的态度，在吸收外来思想的同时不忘本来，坚持马克思主义的基本立场、观点和方法，以一种辩证的态度和全面的眼光看待资本主义的生产关系和社会关系以及罗尔斯的正义理论。

三、马克思"社会关系"概念视域下的亨廷顿文明冲突论

现代性的到来使人们的生活发生了巨大的改变，这种改变不仅体现在经济生活和政治生活上，也表现在文化生活领域。从横向上看，现代性所带来的文化生活的一个重大变化是，不同文明之间的交往空前密切和频繁，而这种密切和频繁的文明交流对个体的思想精神状态和文化心理结构产生了深远的影响，与此同时，在这一过程中，不同文明之间的矛盾也日趋凸显。对于不同文明之间的矛盾与张力，亨廷顿的理论颇具

代表性,其所著《文明的冲突与世界秩序的重建》一书连续多年在全球范围内畅销,对现实的国际交往实践也产生了重要影响。来自理论和实践的反响表明,亨廷顿对文明交往现状的分析表现了人们的关切,凸显了一个重大的时代议题。

不同文明之间的接触与交流实际上是共同体之间的交往,即作为整个的个体彼此之间进行的交往,在根本上从属于社会关系的范畴,因此对于文明交往的问题,马克思的"社会关系"概念及其理论内涵具有强大的解释力量。立足马克思的"社会关系"概念及其理论内涵对亨廷顿的文明冲突理论进行思考和透视,可以进一步反思当代文明发展的桎梏与障碍,推动人类文化生活走向更加合理的方向,促进现代性文化困境的消解,有利于彰显马克思经典思想理论的当代价值。

(一)文化的异质性及其矛盾——亨廷顿对后冷战时代文明间关系的分析

在一定意义上可以说,一部人类史实际上也是一部充满博弈与冲突的历史,那么究竟是什么原因导致了不同社会群体之间发生矛盾、隔阂甚至或大或小的战争?站在不同的视角去思考这一问题,答案可以是多种多样的,比较常见和传统的回答有经济利益的打算、政治形势的考量、历史记忆的影响等。而对于这一问题,亨廷顿则把关注点放在了文化或文明之上,认为从一种深层、持久和广泛的眼光来看,文化或文明是导致不同社会群体之间发生矛盾、隔阂甚至或大或小的战争的重要因素。

在亨廷顿看来,文化的差异或文明的异质性在人类冲突中的作用越来越重要,日益显现其作为人类冲突症结的一面,而这种现状的出现除了与发达的交通和通信带来的频繁的国际交往有关,还与世界格局的变动密不可分,其中最为重要的变化就是冷战结束后世界的多极化。具体而言,冷战时期形成了以苏联为首的社会主义阵营和以美国为首的资本主义阵营,两大阵营之间的关系构成了整个世界交往的轴心,主导了国际关系的基本秩序,而由于两大阵营在政治意识形态上的激烈敌对使得整个世界长期被紧张的局势和氛围所笼罩,致使影响国际关系的其他因素一直处于隐而不显的地位,也就是说,政治意识形态的对峙暂时性的压倒了其他国际关系的影响因素。随着冷战的终结,上述两大阵营之间对峙的局面不复存在,世界日益朝向多极化的形势发展,由此原先泾渭分明的界限渐渐模糊起来,在这样的背景下,一度被遮蔽的国际关系的其他影响因素开始纷纷显现自身的作用,文化或文明就是其中影响颇为重大的一种。对此,亨廷顿在《文明的冲突与世界秩序的重建》一书中文版序言中指出:"随着冷战的结束,意识形态不再重要,各国开始发展新的对抗和协调模式。为此,人们需要一个新的框架来理解世界政治,而'文明的冲突'模式似乎满足了这一需要。这一模式强调文化在塑造全球政治中的主要作用,它唤起了人们对文化因素的注意,而文化因素长期以来一直被西方的国际关系学者所忽视。"① 这就是说,在亨廷顿看来,仅仅诉诸政治本身或经济因素去理解国际关系是不妥当的,合适的做法是将文明或文化理解为国际关系中结合、分裂和冲突的深层根源,基于文明差异与文明认同建构理解国际关系的分析框架,把握文化或文明对于塑造全球政治格局的影响。与此相关,亨廷顿认为,在后冷战时代里,区分人们之间差别的最重要因素也不是经济或政治,而是文化或文明,从而"在这个新的世界里,最普遍的、重要的和危险的冲突不是社会阶级之间、富人和穷人之间,或其他以经济来划分的集团之间的冲突,而是属于不同文化实体的人民之间的冲突。"② 一言以蔽之,亨廷顿认为文化在实现经济合作和政治认同的过程中发挥着非常重要的作用,因此应当将文化放在影响国际关系的重要位置。

亨廷顿对现代性与全球化带来文明融合的观点表示质疑。在他看来,文化的力量十分强大,不同文明在文化上的差异难免使从属于不同文化实体的人群在交往过程中出现隔阂与鸿沟。也就是说,现代性和全球化与文明融合之间存在着张力,而由于这种张力,拥有不同文化认同的群体在交往时必然发生矛盾,世界上的几大文明相互之间的交往都表现了这种矛盾,例如中华文明同西方文明、中华文明同伊斯兰文明、西方文明同伊斯兰文明之间的交往就是如此。此外,斯拉夫文明、印度文明、拉丁美洲文明等相互之间的交往以及它们各自同中华文明、西方文明、伊斯兰文明之间的交往也是这样。亨廷顿认为,在当前以及接下来较长的历史时期里,国家和民族都是国际交往的主体,在国际关系中扮演着主要角色,因此国家和民族也将作为承载文明认同的主体而长期存在,

---

① [美]塞缪尔·亨廷顿:《文明的冲突与世界秩序的重建》,周琪等译,北京:新华出版社2002年版,第2页。
② [美]塞缪尔·亨廷顿:《文明的冲突与世界秩序的重建》,周琪等译,北京:新华出版社2002年版,第7页。

正是因为这一点，文明的冲突往往表现为不同国家和民族相互之间的矛盾和冲突。这就是说，不同的国家和民族在相互交流交往的过程中往往基于自身的信仰和传统，更自然地倾向于对本国或本民族文明意识的强调，而这种强调无疑会使不同国家与民族之间的差异深化甚至产生巨大的鸿沟。因此，亨廷顿强调，伴随现代性和全球化而来的是拥有不同历史传统背景的文明之间矛盾的增多，在这些矛盾的基础上必然进一步导致各种文明之间的冲突，而不会在短时间内达到融合。

通过阅读《文明的冲突与世界秩序的重建》一书不难发现，亨廷顿在阐释其文明冲突模式时始终一贯地带着自己的立场，这就是美国及其所属的西方文明，因此透过其繁复的阐释与论证，我们会看到他对文明冲突的分析实际上是为美国和西方寻找出路，而亨廷顿的叙述也时不时地呈现出美国及其所属的西方文明正面临着与日俱增的窘境。易言之，影响国际主体之间联结或对抗的文明的作用日趋凸显，而非西方文明在复兴和崛起，美国及其所属的西方文明的力量在减退，后者越来越多地面临前者的挑战。所以，亨廷顿系统阐述文明冲突理论的目的是要警告以美国为首的西方世界，当下非西方文明的影响力正在上升，而西方文明的影响力正在衰弱。通过这样一种文化上的气氛的渲染，他试图提醒西方文明积极应对来自文化层面的东方对西方的挑战。在亨廷顿看来，尽管西方文明的影响力正在减弱，但是在目前它仍旧占据着主导的位置，所以面对非西方文明可能带来的冲击和威胁，西方文明应当加强警惕和团结，将危机感放在心头，同时排除恐惧心态，保持对世界文明高地的占领。

从消极的意义上来说，亨廷顿所建构的文明冲突模式实际上为美国和西方拨弄国际关系乃至干涉他国内政提供了理由和借口。因为基于这种解释框架，所有非西方国家试图摆脱西方经济、政治、军事、文化控制而谋求独立解放的运动都可以被当做威胁美国和西方的安全问题，甚至非西方国家自身经济、政治、军事、文化的进步也都可以被置于这一框架中去理解。例如，对于中国的崛起，美国就视为威胁美国安全的重大问题，由此加以千方百计的遏止。实际上不仅是针对中国，任何一个大国的崛起都是美国所不期望看到的，这种心态是美国长期以来一直奉行的霸权主义使然。在这种霸权主义的观念支配下，美国十分贪恋"第一把交椅"，不会轻易从"唯我独尊"的位置上走下来。亨廷顿作为一个美国人，其对文明冲突理论的阐释就是基于这样的立场，其目的是维护本国的国家利益。毋庸置疑，将人类文明的过去、现在和未来放置于冲突理论框架中加以解释，从而割裂西方文明和非西方文明乃至将二者对立起来，显然是一种片面的成见，这反映了冷战思维并没有彻底地消失，而是依然在一些西方人的头脑中顽固地发挥着作用，对文化战争和文明冲突的渲染取代了曾经活跃于历史舞台的意识形态的冲突和社会制度的对立。总之，在亨廷顿那里，冷战在历史上的退场并不意味着差异和冲突的终结，相反，尽管差异和冲突已不明显地表现于社会制度和意识形态，但实质上它更为扩大和广泛了，因为它已经侵入了人们的文化生活领域。

需要指出的是，尽管亨廷顿对文化差异及其导致的冲突进行了浓墨重彩的渲染和强调，但是他也认为，文化的异质性以及由于这种异质性带来的矛盾和冲突并非不可缓和，而是存在着和解的可能，即"在冷战后世界，文化既是分裂的力量，又是统一的力量"①，这段话表明，在差异面前也有可能存在认同这一选项。不过，亨廷顿所说的这种统一仍然是十分有限的，即拥有共同认同的文明内部的统一，而不是不同文明之间的融合。在亨廷顿看来，判断文化发挥分裂的力量还是统一的力量的重要分水岭是一种内外的界限，即在同种文化之内，不同群体可以彼此合作乃至生成同一种类的文明，而异种文化之间的群体则处于分裂和对抗之中从而难有相互转化的可能。亨廷顿认为，不同国家需要以这种划分作为基础，围绕自身所属文明之领导核心明确自己的位置，以便强化同种文化，建构共同的文明。由此可见，合作和向心力是由文化的共性带来的，而分裂和冲突则源自于文化之间的差异。因此，对于同属一种文明来说，认同显然是大于差异的，而不同文明之间，由于差异大于认同，冲突就是难以避免的。一言以蔽之，这里面存在的相互作用或相互强化的关系是：同种文明将强化不同文明间的差异，而不同文明间的差异也反过来增强同种文明内部的认同。就美国的文明归属而言，亨廷顿可谓做足了文章，他反复指认，美国的文明归属就是西方，没有西方就没有美国，因此绝不能使自身的文明走向非西方化，而且由于美国已经处于西方文明的核心和领导地位，所以在他看来一定意义上没有美国也就没有西方，所以美国又需要避免单打独斗的思维，而是应当在与西欧

---

① [美]塞缪尔·亨廷顿：《文明的冲突与世界秩序的重建》，周琪等译，北京：新华出版社2002年版，第7页。

协调合作的过程中巩固自己的西方文明归属。

最后,在展望文明未来的时候,亨廷顿也做出了一些妥协和让步,这种妥协和让步与他对美国所属的西方文明的缺陷的认识有关。亨廷顿指出,美国所属的西方文明只是众多文明中的一种,它以往自诩的普世性是一种幻觉,西方文明具有的真正的价值在于独特性,而不是幻想出来的普遍性。立足于此,亨廷顿开出了调适文明间关系的药方,这就是在坚持"避免原则"和"共同调解原则"的过程中坚持"共同性原则"。可见,尽管以构筑冲突理论和模式为主体,但是这种消极模式的理论当中也不乏期待美好与和平的心态。

总的来说,非西方文明在复兴和崛起,而西方文明则在衰落,在这一过程中前者日益构成对后者的挑战,而除了非西方文明对西方文明的挑战外,非西方文明相互之间的差异以及历史上曾经发生的、目前存在的乃至未来可能出现的矛盾都意味着,文明的冲突是当前和未来影响国际关系乃至整个人类生存发展的一项极为重大的时代议题,这一议题在亨廷顿那里被集中地刻画出来。亨廷顿的这一理论同他对现代性和全球化的反思是联系在一起的,在对待后面两个对象上,他率先开启了对现代性的发难,认为现代性或现代化并不能像其所宣扬和保证的那样一定会带来民主,相反,整个世界的秩序依然存在着混乱,由此他便解构了现代化与民主之间的同一性。与对现代性同一话语的这种批判相承,亨廷顿对全球化与文明融合的同一性关系也进行了解构,他致力于说明全球化将导致不同文明之间的冲突而不是统一与融合。正如前述所言,亨廷顿认为,无论是现代还是未来,民族国家都在国际主体中扮演着绝对重要的角色,甚至扮演着主导者的角色。而不同民族国家有着截然不同的历史和传统,基于这些历史和传统的文明在互相交流和交往的过程中将带来一个重要的影响,那就是对本民族文明意识的强调,这种强调必然使不同民族之间的差异深化和扩大,甚至产生巨大的鸿沟。因此,伴随全球化而来的是拥有不同历史传统背景的文明之间的矛盾的增多,这些矛盾进一步导致各种文明相互之间的冲突,因此并不是不同文明的融合和统一。

尽管亨廷顿明确站在美国所属的西方文明的立场上,但他对文明冲突的分析在一定意义上确实揭示了世界普遍交往时代人类面临的诸多考验中最为棘手的一种,而如何应对和处理这一问题并不是西方和美国的专属权利，相反，其他文明和国家都有权提出自己的解决方案，因为这是整个人类共同面对的课题。

(二) 缓解文明冲突需确立关系性价值观：马克思"社会关系"概念的启示

文化是一个十分复杂的综合体，构成文化的因素多种多样，例如亨廷顿指出的民族、宗教、语言、历史、习俗、价值观等都是构成文化的重要因素。而在这些因素当中，占据核心地位、发挥本质影响的是价值观，无论是民族、宗教、语言，还是历史、习俗，支撑它们并使之与其他文化具有本质区别的就是价值观。将价值观看作文明的核心组成部分与亨廷顿的理解也是一致的，亨廷顿本人就在《文明的冲突与世界秩序的重建》一书中把价值观指认为文明的核心要素并且在书的最后还专门论述价值观的改变对缓解文明冲突的作用和意义。价值观的矛盾是文化或文明之间冲突的深刻根源，而马克思的"社会关系"概念则蕴含着化解价值观矛盾的思想资源，从而能够同亨廷顿的相关理论进行富有意义的对话。[1]

按照马克思的看法，人同其他存在者的重要区别在于人能够通过自觉的反思形成自我意识，而在自我意识之中，价值观居于核心位置，它关涉人对何为有意义的思想和行为乃至何为有意义的生活的自觉理解，从而反映了人对自身目标和理想的基本信念。而这样的理解和信念一旦生成，便会被扩展和运用到人与人、人与世界的关系中，如此一来，具有差异性的价值观必然构成不同文明相互冲突的重大根源，民族、宗教、语言、历史、习俗之间的冲突和对抗在根本上都是价值观冲突和对抗的体现。对此，我们可以同人之外的动物做对比进行分析。动物并不具有价值观，因此动物之间的冲突不是价值观的冲突，它们之间相互的冲突便不具有文明或文化的属性，而是一种受生物本能支配的"物性"的冲突。正是因为这样，动物与动物之间的关系不是自觉自为的，甚至在马克思看来根本不能称为关系，即"动物不对什么东西发生'关系'，而且根本没有'关系'；对于动物来说，它对他物的关系不是作为关系存

---

[1] 本书对"关系性价值观""价值观间"的提法与论述参考了贺来教授的成果，参见贺来：《关系性价值观："价值观间"的价值自觉》，载《华东师范大学学报（哲学社会科学版）》，2020年第1期。

在的。因而，意识一开始就是社会的产物，而且只要人们存在着，它就仍然是这种产物"①。在这里，马克思说道"意识一开始就是社会的产物"，表明即便是自我意识也需要从社会性的角度加以理解，这就意味着价值观需要立足"社会关系"的立场加以分析和考察。正如马克思所言，"人对自身的任何关系，只有通过人对他人的关系才得到实现和表现"②。也就是说，尽管价值观是人的自我意识对何为有意义的思想和行为乃至何为有意义的生活的自觉理解，乃至反映了人对自身目标和理想的基本信念，但是任何个体性的价值观都必然生成于社会关系当中，而且反过来对社会关系产生重大影响。

那么不同价值观何以会发生矛盾进而成为主导文明冲突的核心要素？对此，我们可以从如下几个方面进行把握：第一，价值观具有主体性的特点。与普遍性的客观知识不同，价值观自产生开始就深深地涂抹上了主体的印记，即体现了价值观承载者特殊的生存意向。文化与文明的主体直接地体现为社会共同体，因此社会共同体的主观性构成文化与文明的主观性。任何一个民族和国家等社会共同体，都需要某种具有向心力和凝聚力的纽带将社会内的个人联系起来，而价值观正扮演了这样的角色，因而必然体现某一社会共同体自身的独特性。也就是说，通过培养和形成共同的目标和信念，价值观保障着社会成员对共同体的自我认同，维持社会共同体的内在团结基础。第二，价值观具有异质性的特征。如前所言，价值观具有主观性，其与特定的主体密切相关，而不同主体对何为有意义的思想和行为乃至何为有意义的生活的理解存在巨大的差别，由此导致不同价值观有着迥然相异的目标和追求，当这些目标和追求是彼此相互矛盾的时候，不同价值观必然会发生冲突。价值观作为保障和维持一个社会文化和文明具有向心力和自我认同的纽带，因为其差异导致的冲突也就意味着不同社会文化和文明之间的冲突。从此角度观之，价值观也是区分不同文化与文明的重要标志。第三，价值观具有终极性的特征。作为对何为有意义的思想和行为乃至何为有意义的生活的自觉理解以及对自身目标和理想的基本信念，价值观无论对于个人还是共同体来说都具有一种终极的性质。这种终极的性质表现在，信奉某种价值观的个人或共同体很难再承认和接受其他与之不同的价值观，诚如韦伯

---

① 《马克思恩格斯文集》第 1 卷，北京：人民出版社 2009 年版，第 533 页。
② 《马克思恩格斯文集》第 1 卷，北京：人民出版社 2009 年版，第 164 页。

所形容的那样，"你将侍奉这个神，如果你决定赞成这一立场，你必得罪所有其他的神"①。当今时代是一个价值多元的时代，对此，韦伯用"诸神之争"的形象比喻予以形容，伯林用"价值的冲突"来对此进行描述，罗尔斯则用"理性的多元"来揭示不同价值观之间的分裂，而当这些彼此不同的价值观发生交往的时候必然引起矛盾与冲突，由于价值观是文明的核心，所以不同价值观之间的冲突必然导致不同文明之间的冲突。

文明的冲突之所以在现代社会呈现愈演愈烈的态势有着深刻的时代背景，这就是马克思所说的世界普遍交往的形成。按照马克思的看法，现代社会生产力的迅速发展推动社会交往范围的迅速扩大，以往各个民族国度闭关自守的条件日益被瓦解而成为不可能，地域的历史正在转变为世界历史。在这样的境遇下，不同文明之间的交往成为不可阻挡的趋势。也就是说，传统时代民族性地域性的限制日益被现代社会获得巨大发展的生产力所突破，不同民族、国家乃至不同文明之间的交往愈益普遍而频繁，从而不同文明之间将长期处于一种"碰撞"的状态。以此观之，文明的冲突及其对当代人的现实生活造成的巨大影响乃是现代性的结果，它是从现代社会取代传统社会这一历史过程中衍生出来的必然产物。价值观冲突是导致文明冲突的重要根源，因此化解不同文明之间冲突的一个重要途径就是超越和扬弃不同价值观之间的矛盾。如何超越和扬弃不同价值观之间的矛盾？对此必须确立一种调适不同价值观关系的价值观，基于马克思"社会关系"概念的启示，我们可以将其称之为关系性的价值观，这是一种关于价值观的"关系性自觉"。

具体而言，关系性价值观以不同主体所持有的价值观之间的关系为关注点和着眼点，从价值观之间的关系出发追求不同价值的良性互动和包容互鉴。就此而言，关系性价值观不是单一的价值独白，从而在根本上不同于各种独断性的价值观，而后者则是造成价值观冲突陷入"死结"难以解决的重要推手。在独断性的价值观看来，自我秉持和尊崇的价值具有最高的地位，其他一切价值在其面前都应让位，而排除和消解价值观冲突的方式就是用自身的价值主宰和统摄其他所有异质性的价值。也就是说，独断性的价值观认为，只有确立一种终极普遍的绝对价值才

---

① [德] 马克斯·韦伯：《学术与政治》，冯克利译，北京：生活·读书·新知三联书店1998年版，第44页。

能彻底克服不同价值观导致的离心力以及由此带来的矛盾与冲突，为此它以消解多元价值观从而一劳永逸地终结不同价值观的矛盾为旨归。关于独断性价值观这种特点，我们可以联系柏拉图的相关论述来把握。柏拉图在《理想国》中曾这样指出："还有什么比闹分裂化一为多更恶的吗？还有什么比讲团结化多为一更善的吗？"① 在他看来，消解冲突就是要实现"化多为一"避免"化一为多"，由此才能达到"苦乐同感、息息相关"②。柏拉图的这种论述代表了解决不同价值观之间矛盾和冲突的传统经典模式，无论是中世纪的"普遍神学"，还是启蒙思想家设定的"理性王国"，乃至近代以来关于人类未来的种种乌托邦构想等，无不依托于一种终极普遍的绝对价值。在这种模式看来，确立独一无二唯我独尊的终极价值将一劳永逸地消解不同价值观的嫌隙和隔阂，由此结束价值观之间的矛盾和冲突，达到圆满的和谐状态。可以发现，这种解决不同价值观之间矛盾和冲突的方式代表的正是传统形而上学的思维方式，在这种思维方式看来，存在着某种高于一切异质价值之上的唯一最高价值，这种唯一最高价值是各种差异性价值观的归宿，所有价值观只有符合这种价值的叙事逻辑才能被理解，才具有充足的合法性，否则都将被看作异端邪魔而加以抹除和解构。

独断性价值观从某种自诩的自因自足的绝对理念出发，将其他价值囊括在自身之内，而对于那些无法容纳甚至与之对立的价值则予以消解，从而在最后使本来具有差异性和多样性的价值观被化约和吸收。对于独断性的价值观，当代理论研究的成果已经充分表明，其解决价值观冲突的路径并不能真正缓和矛盾和冲突，反而给理论与实践带来难以承受的后果。也就是说，以一种唯一的绝对价值宰制乃至吞噬诸种异质多元的价值将导致差异性和丰富性的丧失，这并不是处理和对待当代多元价值之间矛盾和冲突的合理方式，它的实质是以一种粗暴的方式掩盖问题而并不是解决问题，而在实践上这种观念则进一步变成粗暴拨弄国际关系甚至干涉他国内政乃至侵略的理由和依据，由此将给现实生活带来巨大灾难。也就是说，独断性价值观不仅不能解决不同价值观之间的矛盾，

---

① ［古希腊］柏拉图：《理想国》，郭斌和、张竹明译，北京：商务印书馆2009年版，第197页。

② ［古希腊］柏拉图：《理想国》，郭斌和、张竹明译，北京：商务印书馆2009年版，第200页。

反而会加重价值观冲突和文明冲突的程度和后果。

　　与前述独断性价值观不同，关系性价值观承认不同价值观的差异和多样乃至不同价值观冲突的事实，它并不寻求主宰和统摄所有价值，相反，它寻求的是不同价值观之间保持良性的互动和共在，以此内含了超越独断性价值观的积极旨趣。以这种积极的旨趣为归宿，关系性价值观的确立必然有利于减少和消解不同价值观之间的矛盾，从而对缓解文明冲突具有重大的作用和意义。而对推动确立关系性价值观而言，马克思的"社会关系"概念是重要的思想资源和理论基础，给我们带来深刻的教益和启示。在"巴黎手稿"中，马克思曾这样指出，"只有在社会中，自然界对人来说才是人与人联系的纽带，才是他为别人的存在和别人为他的存在，只有在社会中，自然界才是人自己的合乎人性的存在的基础，才是人的现实的生活要素。只有在社会中，人的自然的存在对他来说才是人的合乎人性的存在，并且自然界对他来说才成为人"①。这就是说，人的生存发展以同自然进行物质变换即与自然建立关系为前提，而人与自然的关系和物质变换又以人与人之间建立交往关系为前提，这就决定了不同的个体尽管拥有不同的价值追求，但在存在发展的最根本处却拥有良性互动的必要性，或者说，在根本上不同的个人具有共在的属性。

　　就不同社会共同体的价值观或不同的文明而言，当今时代整个世界已经联为一体，任何地域性、民族性的历史已经日益成为不可能，处于同一个地球的不同共同体的价值观或文明身处同一个人类社会，每一种社会共同体和文明都将对其他社会共同体和文明带来深刻影响，因而无论是立足自身的发展，还是整个人类社会的发展都应当承认和尊重不同价值观和文明的差异，坚持"和而不同"的原则，在维护价值观和文明多样性的过程中推动整个人类社会的进步和繁荣。正如马克思所言，"人对世界的关系是一种人的关系，那么你就只能用爱来交换爱，只能用信任来交换信任，等等。如果你想得到艺术的享受，那你就必须是一个有艺术修养的人；如果你想感化别人，那你就必须是一个实际上能鼓舞和推动别人前进的人。你对人和对自然界的一切关系，都必须是你的现实的个人生活的、与你的意志的对象相符合的特定表现"②。这深刻的诠释了一种关系性的立场，从这种立场出发看待和处理不同价值观的冲突乃

---

① 《马克思恩格斯文集》第1卷，北京：人民出版社2009年版，第187页。
② 《马克思恩格斯文集》第1卷，北京：人民出版社2009年版，第247页。

至不同文明的冲突，我们将通达一种关系性价值观的合理理解方式和解决方式。

立足关系性价值观的立场将使我们认识到，只有以一种将心比心的态度和方式看待其他价值观，我们才能充分地承认和尊重他人价值观的合理性，而只有承认与自身不同的价值观的合理性，才能实现对自身价值观的确证。与此内在一致的是，自身不愿意承认和接受的价值观同样不应当强迫他者承认和接受，只有从这两个方面去对待不同价值观之间的关系，才能真正落实关系性价值观。马克思的社会关系思想启示我们以一种关系间性的视野和思维面对和处理不同的价值观。根据这种视野，当不同的价值观相遇时，不应采取非此即彼的知性对立思维，盲目地将自身秉持的价值观无限地放大，试图统摄和主宰其他价值观，相反，马克思的"社会关系"概念告诉我们自我的有限性以及与他人的共在性，有利于摒除唯我独尊的幻觉，向其他不同价值观敞开对话和沟通的空间。

哈贝马斯在讨论黑格尔现代性概念的过程中指出，"时代精神走出了总体性，精神自身发生了异化"，他的意思是说，在现代世界，由于不同主体基于自身主体性思考和行动导致整体系统的分裂，由此也就潜在地表达出不同文明之间的矛盾和冲突是一个难以避免的事实。也就是说，现代社会的主体性原则使得"所有独特不群的个体都自命不凡"①，这些主体之间的交往必然意味着"'整个生活系统'都陷入分裂状态"②。因此，如何超越分裂，实现不同价值观乃至不同文明的和解已经成为当代哲学最为重要的课题之一。在此问题上，关系性价值观的确立，将使不同价值观在相互交往过程中充分尊重彼此差异，以求同存异、和谐相处的胸怀超越彼此对峙的视域，与此同时，自觉避免某种单一终极的绝对价值对多元价值的抹杀和遮蔽，在维护价值多样性的过程中避免独断论价值观带来的理论和实践灾难。

从马克思"社会关系"概念的思想视野出发可以看到，任何一种价值的实现都离不开社会性的活动即他人的协助，人的生存和发展是在同他人共在的关系中实现的。正因如此，马克思认为自由不可能出现在彼

---

① [德] 于尔根·哈贝马斯：《现代性的哲学话语》，曹卫东等译，南京：译林出版社2004年版，第20页。
② [德] 于尔根·哈贝马斯：《现代性的哲学话语》，曹卫东等译，南京：译林出版社2004年版，第25页。

此分隔的乃至互相对立的状态中，而是只能在社会性的联合中才可能存在，从而提出了"建立在个人全面发展和他们共同的、社会的生产能力成为从属于他们的社会财富这一基础上的自由个性"① 的理想。作为对人的共在本性的深刻自觉，关系性价值观的确立将使秉持不同价值观的主体在开放的沟通和对话中进行交往，以此超越狭隘的独断观念，避免陷入相互敌对的深渊，在对价值观沟壑的跨越中实现文明冲突的和解，这是蕴含在马克思"社会关系"概念理论智慧中的重要启示，亦是我们在当代面临文明冲突时需要不断回顾的经典思想资源和宝贵精神财富。

---

① 《马克思恩格斯文集》第 8 卷，北京：人民出版社 2009 年版，第 52 页。

第五章 马克思"社会关系"概念与人类命运共同体

人类命运共同体的提出体现了中国共产党的非凡实践智慧,党的十八大、十九大、二十大均对人类命运共同体做出了重要诠释,指出推动构建人类命运共同体是中国特色社会主义建设的基本方略和中国式现代化的本质要求。就人类命运共同体的实质而言,其是规范整个世界范围内不同主体间交往的积极方案,这一方案同马克思的"社会关系"概念存在密切的理论联系,必须充分研究阐释马克思的"社会关系"概念,为人类命运共同体提供理论依据,发挥马克思主义理论巩固和支撑人类命运共同体的作用,为推动构建人类命运共同体作出应有的积极贡献。

从历史和时代的大背景来看,人类命运共同体的提出适逢现代性遭遇日益严峻的瓶颈和困境,在对这种瓶颈和困境的理解和把握上,许多思想家曾从各自不同的视角对此进行思考,例如第四章提到的西美尔、罗尔斯、亨廷顿就分别主要从经济哲学、政治哲学和文明理论的角度对此进行反思。作为面向人类、面向时代、推动世界和平发展的重大实践理念,人类命运共同体蕴含着破解现代性瓶颈乃至超越现代性困境的深层价值,对此进行阐发具有重要的理论和实践意义。而在此过程中,结合马克思"社会关系"概念的思想内涵进行深入探讨将为这种阐发提供重要的理论根据。也就是说,积极汲取马克思"社会关系"概念的思想智慧有利于揭示人类命运共同体破解现代性困境的重大价值,以此推进对中国式现代化的理解和把握。

在第四章中我们从经济、政治和文明三个维度探讨了马克思"社会关系"概念对反思现代性困境的理论价值,而在这一章我们同样从这三个维度探讨马克思"社会关系"概念对支撑人类命运共同体超越现代性困境的实践价值,并且分别结合马克思"社会关系"概念蕴含的人性根据、哲学意蕴和历史考察方法进行分析,以此与第三章相呼应,从而进一步深化对马克思"社会关系"概念的理解和阐释。

一、资本逻辑限度的人性拷问与人类命运共同体对物化交往困境的消解

当今时代是一个普遍交往和世界历史日益深化的时代,不同国家和民族之间的接触十分频繁,整个世界已经联结成为紧密的一个整体,然而,由于资本逻辑和物化原则的宰制,不同国家和民族之间的交往被深深地打上了"物"的烙印,陷入对抽象的交换价值的竞相争夺和彼此对弈的状态之中,由此造成不合理的国际关系乃至引发不同国家和民族之间的矛盾和冲突。中国共产党带领中国人民对此进行了深入反思,在此基础上创造性地提出人类命运共同体的重大理念,以此弥合国际关系中的隔阂,推动人类社会在和平中发展。事实上,资本逻辑内含的物化交往原则不仅流行于国际关系当中,也无孔不入地渗透到人们生活的各个领域,成为限制人们交往的普遍障碍。而作为推动人类社会和平发展的重大交往理念,人类命运共同体所蕴含的价值不仅在于改善国际交往关系的性质和状态,而且通过推动人类之间的团结驾驭物化的交往关系,以此突破资本逻辑和物化原则给人们的交往所带来的桎梏。

(一)物性宰制人性:资本主义物化交往的后果与资本逻辑的限度

近代工业革命的兴起在根本上瓦解了传统封建社会的根基,取而代之的是资本主义社会形态的确立,这一社会形态的确立是人类历史的一次重要进步,正如马克思和恩格斯在《共产党宣言》中所指出的那样,"资产阶级在它的不到一百年的阶级统治中所创造的生产力,比过去一切世代创造的全部生产力还要多,还要大。"[①] 除了生产力,资本还驱使资产阶级奔走全世界,力图打破民族和地域间的隔阂与界限,使整个世界联通为一个整体,由此极大地扩展了社会关系的广度和深度。资本的这种作用与其逐利本性和无限增殖的目的密不可分,而实现这种本性和目的的机制则是社会交往的物化。

具体而言,雇佣劳动是整个资本主义大厦的基石,而这一基石在本

---

① 《马克思恩格斯文集》第 2 卷,北京:人民出版社 2009 年版,第 36 页。

质上是一种物化的交往关系。在资本主义生产过程中，资本家与劳动者通过物的交换发生关系，即资本家给付工人货币，工人为资本家提供劳动力商品，工人的活劳动这一人的生命的根本力量在物的意义上被衡量，服从于资本家的支配，而资本家则进一步服从于资本的支配。也就是说，在资本主义生产中，统摄一切的主体既不是工人也不是资本家，而是资本这种抽象物或者说物化的交往关系。按照马克思的看法，生产关系决定着全部现实社会关系，因此生产领域中人们之间的交往物化意味着总体的社会关系也必然处于物化状态，正因如此，人们常常将资本主义看作市民社会的同义语，因为市民社会就是"物质利益关系的总和"，是人们竞相追逐物质利益的舞台。在资本主义社会中，所有事物都从物的性质即有用性上被衡量，对此，马克思指出，"如果说以资本为基础的生产，一方面创造出普遍的产业劳动，即剩余劳动，创造价值的劳动，那么，另一方面也创造出一个普遍利用自然属性和人的属性的体系，创造出一个普遍有用性的体系，甚至科学也同一切物质的和精神的属性一样，表现为这个普遍有用性体系的体现者"①。与这种物化性和有用性相对应，在资本主义时代，商品这个物的代表一跃成为社会财富的象征，即"社会的财富，表现为'庞大的商品堆积'"②。社会交往关系的物化不仅为资本主义生产奠定基石，而且极大地激发人们获取物的权力的需要，亦即激活人们前所未有的致富欲，由此使得资本得以全面深入经济、政治、文化、社会、生态等人类生活的一切领域，循环往复地实现其逐利本性和无限增殖的逻辑，在此基础上，资本主义第一次以历史上空前的方式积蓄起巨大的物质力量，促成了"普遍的社会物质变换、全面的关系、多方面的需要以及全面的能力的体系"③。

然而，尽管资本主义物化交往机制促成了"全面的体系"，但与此同时，资本主义物化交往也使人陷入束缚和桎梏，其取得的巨大的文明成果和历史意义伴随巨大的代价，这就是人的本质力量作为一种异己的同自己相对立的东西反过来统治和压迫自己。从自身力量和自身产物压迫自己的角度来讲，资本主义物化的全面统治同时也就意味着异化的全面延展。对此，马克思在《1844年经济学哲学手稿》中进行了深刻的揭

---

① 《马克思恩格斯全集》第30卷，北京：人民出版社1995年版，第389—390页。
② 《马克思恩格斯文集》第5卷，北京：人民出版社2009年版，第47页。
③ 《马克思恩格斯文集》第8卷，北京：人民出版社2009年版，第52页。

露和批判。马克思从劳动产品同劳动者的异己性出发推出活劳动的异化,进而推出劳动者同人的类本质的异化,最后推出人同人的全面异化。在马克思看来,劳动之所以发生异化,其根本原因在于组织劳动的社会关系或交往形式发生了异化,正如马克思在回答何以劳动产品乃至活劳动本身同劳动者是异化关系时所指出的那样,霸占劳动产品和活劳动的是站在劳动者对立面的资本家,即"如果人对自己的劳动产品的关系、对对象化劳动的关系,就是对一个异己的、敌对的、强有力的、不依赖于他的对象的关系,那么他对这一对象所以发生这种关系就在于有另一个异己的、敌对的、强有力的、不依赖于他的人是这一对象的主宰"①。可见,尽管资本家和工人服从资本的逻辑,但是这一逻辑也是由资本家和工人的交往关系造成的,从而资本主义社会中人的异化的"始作俑者"就是物化的交往机制。

在资本主义社会中,人的异化状态最鲜明地体现在人与物的关系发生了颠倒,造成"生产表现为人的目的"而不是"人表现为生产的目的"的情形,正如马克思所指出的那样,"根据古代的观点,人,不管是处在怎样狭隘的民族的、宗教的、政治的规定上,总是表现为生产的目的,在现代世界,生产表现为人的目的,而财富则表现为生产的目的"②。可以说,在资本主义时代,商品、货币、资本等物及其符号成为人们现实生活中的上帝和神,人们对之产生疯狂崇拜和竞相追逐的心理与行为,而愈演愈烈的对金钱等物的推崇的结果是人本身的意义被日益遗忘和忽视,由此使得人的价值和尊严遭受贬损和抹杀。对此,马克思说道:"金钱是以色列人的嫉妒之神;在他面前,一切神都要退位。金钱贬低了人所崇奉的一切神,并把一切神都变成商品。金钱是一切事物的普遍的、独立自在的价值。因此,它剥夺了整个世界。金钱是人的劳动和人的存在的同人相异化的本质;这种异己的本质统治了人,而人则向它顶礼膜拜。"③ 可见,资本主义物化交往使物以及物的价值成为衡量一切的根据和标准,凌驾在所有事物之上,而人们为了获取物质利益而不得不同他人处于竞争之中,由此导致资本主义成为一个自我主义和利己主义泛滥的世界,在这里,人人为我,人人都出于追求物质利益的目的

---

① 《马克思恩格斯文集》第1卷,北京:人民出版社2009年版,第165页。
② 《马克思恩格斯文集》第8卷,北京:人民出版社2009年版,第137页。
③ 《马克思恩格斯文集》第1卷,北京:人民出版社2009年版,第52页。

而与其他一切人对立。正如马克思所言，在资本主义社会，"自由这一人权不是建立在人与人相结合的基础上，而是相反，建立在人与人相分隔的基础上。这一权利就是这种分隔的权利，是狭隘的、局限于自身的个人的权利"，"这种自由使每个人不是把他人看做自己自由的实现，而是看做自己自由的限制"①。人与人之间的这种分离和斗争反映了在社会中弱肉强食的丛林法则依然发挥着巨大的作用，在此基础上，每个人都把他自身以外的人当作牟利的工具或手段，而在不能为自己牟利的时候则视自身外的他人为可有可无的存在，正如《共产党宣言》所揭露的那样，"人和人之间除了赤裸裸的利害关系，除了冷酷无情的'现金交易'，就再也没有任何别的联系了"②。也正是因为如此，马克思评价现代资本主义社会使"动物的东西成为人的东西，而人的东西成为动物的东西。"③

马克思后期在《资本论》及其手稿中创立的拜物教理论是他批判资本逻辑及其物化交往原则的经典之作。根据马克思的观点，商品是现代社会个体满足自身需要的源泉和依据，每个人只有成为商品生产者和商品交换者才能融入社会，以此获得支撑自身生存发展的资源和权利，即"生产者只有通过交换他们的劳动产品才发生社会接触，所以，他们的私人劳动的独特的社会性质也只有在这种交换中才表现出来"④。而商品交换必然要进行度量，在度量中，每一单个商品获得了不同于它的使用价值的价值，这就是交换价值，而这种价值是一件商品换取另一件商品数量上的能力或比例的关系。商品的交换价值使它拥有了与它自身可以感觉到的质料和用途无关的特性，从而使其成为既可感觉而又超感觉之物。换句话说，商品的可感觉性就是它的使用价值，而它的超感觉性则是交换价值，用马克思的话来说就是"在商品体的价值对象性中连一个自然物质原子也没有"⑤。而这表明，交换价值是一种抽象。但是，商品之间的交换并不是以具体的使用价值为根据，而是以抽象的交换价值为根据。由此一来，具有超感觉特征的交换价值便决定了具有可感觉特征的使用

---

① 《马克思恩格斯文集》第1卷，北京：人民出版社2009年版，第41页。
② 《马克思恩格斯文集》第2卷，北京：人民出版社2009年版，第34页。
③ 《马克思恩格斯文集》第1卷，北京：人民出版社2009年版，第160页。
④ 《马克思恩格斯文集》第5卷，北京：人民出版社2009年版，第90页。
⑤ 《马克思恩格斯文集》第5卷，北京：人民出版社2009年版，第61页。

价值，亦即抽象决定了具体。马克思以木桌商品为例形容道："它不仅用它的脚站在地上，而且在对其他一切商品的关系上用头倒立着，从它的木脑袋里生出比它自动跳舞还奇怪得多的狂想。"① 此外，商品超感觉的交换价值并不以单个人的意志为转移，而这就使得人们认为它是商品客观的、自有的属性。由此，人们便把一件商品换取其他商品的能力看作商品自身的属性，使商品具有了独立的地位以及外在于人的力量和性质的外观。对此，马克思指出，"要找一个比喻，我们就得逃到宗教世界的幻境中去。在那里，人脑的产物表现为赋有生命的、彼此发生关系并同人发生关系的独立存在的东西。在商品世界里，人手的产物也是这样。我把这叫做拜物教"②。由此可见，拜物教是人们将自身产物看成独立的拥有魔力的东西的意识体现，是商品经济社会中特有的意识形态。在这种意识形态中，个人实际上陷入了受抽象力量统治的命运。

关于"个人受抽象统治"的命运，马克思指出，人们被商品交换的机制所主宰，像出自本能一样按照商品的观念从事活动，商品意识已经内化到人们的心灵之中，成为人们衡量事物的根据，而这种物化交往属性无所不在，甚至侵入和腐蚀了那些本来不可物化的东西，即"有些东西本身并不是商品，例如良心、名誉等等，但是也可以被它们的占有者出卖以换取金钱，并通过它们的价格，取得商品形式。"③ 这意味着，资本主义时代的商品经济是滋生物欲的土壤，在其中，一切被尊崇的观念都被消解了，一切神圣的东西都被亵渎了，人们的情感也淹没在利己主义打算的冰水之中。而对于商品经济的这种运动，个人却并不自觉也无法控制，亦即"不是他们控制这一运动，而是他们受这一运动控制"④。

除了商品拜物教，资本逻辑及其物化交往原则还催生了货币拜物教。如前所述，在商品交换中出现了交换价值，即一种商品换取另一种商品数量上的比例和能力，这种比例和能力通过一种特殊的物来表现，这种物就是货币。商品拜物教产生于人们对交换价值的膜拜，因此货币作为交换价值的化身也必然带有拜物教性质，由此便产生货币拜物教。即是

---

① 《马克思恩格斯文集》第 5 卷，北京：人民出版社 2009 年版，第 88 页。
② 《马克思恩格斯文集》第 5 卷，北京：人民出版社 2009 年版，第 90 页。
③ 《马克思恩格斯文集》第 5 卷，北京：人民出版社 2009 年版，第 123 页。
④ 《马克思恩格斯文集》第 5 卷，北京：人民出版社 2009 年版，第 92 页。

说，货币拜物教与商品拜物教的本质一致，"货币拜物教的谜就是商品拜物教的谜，只不过变得明显了，耀眼了"①。货币的出现加剧了拜物教现象，这与货币自身的特性有关。其一，货币具有绝对的可互换性。作为交换价值的一般形式，货币代表着财富本身，因而能够转化为任何商品，这使它具备了强大的力量。对于货币的魔力，马克思在很早的时候就曾援引过莎士比亚的戏剧进行描绘，他写道，"金子？黄黄的、发光的、宝贵的金子？……只这一点点儿，就可以使黑的变成白的，丑的变成美的；错的变成对的，卑贱变成尊贵，老人变成少年，懦夫变成勇士。"② 货币的这种力量深深地吸引着人们，引起人们的竞相追求。其二，货币自身蕴含的质的无限性与量的有限性的矛盾，加剧了拜物教现象。按照马克思的看法，货币在其质上具有无限性，亦即它代表财富一般，能够"变身"为任何商品。然而，在量的方面，单个货币的数量却永远都是有限的。正是这种矛盾，激发了人们追求货币量的无尽欲望，人们对待货币的态度就像西西弗斯对待他的石头一样。"货币的这种量的有限性和质的无限性之间的矛盾，迫使货币贮藏者不断地从事息息法斯式的积累劳动。"③

商品拜物教和货币拜物教的出现使所有事物都归入抽象的价值机制，一切都被抽象价值计算。一些超越价值的事物，例如尊严、个性、道德、品格乃至亲情、友情、爱情等往往被降低到交换价值的地位，被交换价值来衡量。也就是说，交换价值成了它们的尺度，这使得许多原本美好的事物处于冷酷无情的现金交易中。与此同时，货币拜物教也改变了人们的思维方式，使人们的生活变得同质化、单一化和平面化，失去了丰富性和多样性。对此，弗洛姆曾这样说道，人们"习惯于说'一座300万美元的桥梁'，一支'20美分的雪茄'，一块'5美元的手表'"④。这说明，在货币拜物教影响下，人们往往关注的是事物的交换价值，而不是它自身的个性和品质。其实，交换价值本身没有自身的个性和特质，正因如此，它才能代表一般价值，才具有无限性。因此，关注交换价值

---

① 《马克思恩格斯文集》第5卷，北京：人民出版社2009年版，第113页。
② 《马克思恩格斯文集》第1卷，北京：人民出版社2009年版，第243页。
③ 《马克思恩格斯文集》第5卷，北京：人民出版社2009年版，第156页。
④ ［美］埃里希·弗洛姆：《健全的社会》，蒋重跃译，北京：国际文化出版公司2003年版，第99页。

的同时,也就只是关注它的数量。由此,事物自身的差异性和丰富色彩必然遭到无视和遗忘,用西美尔的话说就是,"一种纯粹数量的价值,对纯粹计算多少的兴趣正在压倒品质的价值,尽管最终只有后者才能满足我们的需要"①。

最后,资本拜物教是现代社会拜物教的最高形态。货币发展为资本是历史的必然趋势,因此货币拜物教发展为资本拜物教也是不可避免的。具体而言,货币在商品交换即流通领域中产生,因此,为了获得货币,人们就不得不进入流通领域。流通就像一个"巨大的社会蒸馏器","一切东西抛到里面去,再出来时都成为货币的结晶"②。但是,在进行单纯的流通时,货币的职能是换回其他商品,因此也就被消耗掉了。因此,为了保存货币,就不得不使货币具有生产的功能,也就是使之带来财富。"货币加入流通这一行为本身必然是保持其原状的一个要素,而它要保持原状必然要加入流通。也就是说,货币作为已经实现的交换价值,必须同时表现为交换价值借以实现的过程。货币同时就是作为纯粹物的形式的自身的否定,是作为对个人来说是外在的和偶然的财富形式的自身的否定。不如说,货币必须表现为财富的生产"③。货币投入生产带来了财富,因此货币便成为带来货币的货币,也即能够增殖的价值,而这就是资本。与商品和货币的情形相同,人们认为增殖是资本本身所具有的客观的属性,从而也使资本蒙上了神秘性的面纱。

资本拜物教使人们把资本看作增加财富的源泉,看作积累货币的"聚宝盆",因此在资本拜物教的统治下,人们的求金欲更为强烈了。正如马克思所言,"以实在货币为起点和终点的流通形式 G……G′,最明白地表示出资本主义生产的动机就是赚钱。生产过程只是为了赚钱而不可缺少的中间环节"④。从 G 到 G′,表明的是货币发生了增殖,从而也就是资本的生产过程。可以说,资本自诞生之日起便具有拜物教的性质——这来自于它自身能够增殖的形象,而正是这种形象使人们对之崇拜和竞相追逐。对于资本出现后人们对其趋之若鹜的世界图景,马克思

---

① [德]格奥尔格·齐美尔:《金钱、性别、现代生活风格》,顾仁明译,上海:学林出版社2000年版,第8页。
② 《马克思恩格斯文集》第5卷,北京:人民出版社2009年版,第155页。
③ 《马克思恩格斯全集》第30卷,北京:人民出版社1995年版,第189页。
④ 《马克思恩格斯文集》第6卷,北京:人民出版社2009年版,第67页。

曾这样叙述:"资本害怕没有利润或利润太少,就象自然界害怕真空一样。一旦有适当的利润,资本就胆大起来。如果有10%的利润,它就保证到处被使用;有20%的利润,它就活跃起来;有50%的利润,它就铤而走险;为了100%的利润,它就敢践踏一切人间法律;有300%的利润,它就敢犯任何罪行,甚至冒绞首的危险。"①

对于现代社会的拜物教现象,柯亨曾作过这样的评论:"把某物奉为崇拜物,或使它成为崇拜物,赋予它自身并不具有的力量……马克思确证了经济领域之中的多种崇拜物。商品崇拜是最明显的,但资本崇拜至少应该是最重要的。经济崇拜在一定程度上类似于宗教崇拜。前者在某种意义上具有它所缺少的力量,而后者则全然没有这样的力量"②。拜物教的产生意味着,人与物之间的关系发生了颠倒。这就是说,物(商品、货币、资本)成了社会的主体,决定了社会的运动,而人则反倒成了客体,成了物运动的执行者或代理人。物的客观运动过程宰制了人的意志与意识,使人的活动和意志成为物完成自身运动的中介。可见,现代社会是一个"物的依赖性"的社会,在这个社会人陷入了受抽象统治的命运,"这种与人的依赖关系相对立的物的依赖关系也表现出这样的情形……个人现在受抽象统治,而他们以前是互相依赖的。"③ 总之,资本主义并没有使人获得真正的自由和解放,它在发展生产力的同时也将一切事物淹没到物象的海洋,用物的价值衡量人的意义,颠倒了"人的世界"与"物的世界";它使人受到资本逻辑的物质利益机制主宰,日益将自身封闭为孤立狭隘的原子式存在,在带来普遍交往的同时也使个体趋向孤独与封闭,使得"人的关系"下降为单纯的"物的关系",导致人们陷入新的束缚与奴役。

资本主义物化交往促成了"全面的物质关系体系",但也使人的生活陷入空虚,这种空虚表现在所有事物都被置于有用性和商业价格的层面衡量,使得物性遮蔽了人性,物的价值掩盖了人的价值,造成人的尊严失落和人的生存意义迷失。正是意识到这一点,马克思将资本主义看

---

① 《马克思恩格斯文集》第5卷,北京:人民出版社2009年版,第871页。
② G. A. Cohen, *Karl Marx's Theory of History: A Defence*, Princeton: Princeton University Press, 1979, pp. 115.
③ 《马克思恩格斯全集》第30卷,北京:人民出版社1995年版,第114页。

作具有"空虚化"属性的社会形态①,即消解了人之作为人的价值、尊严和意义。面对资本主义带来的"全面的体系"与"完全的空虚"这一双重后果和悖反逻辑,我们不能安于现状,更不能退回前资本主义时代那种"原始的丰富性"中,而是应当在人类历史发展的已有成就和基础上对资本主义的交往方式进行超越和扬弃。

(二) 扬弃资本主义物化交往的前提与科学社会主义的交往理念

在资本主义时代,"物的世界"和"物的关系"凌驾于"人的世界"和"人的关系",基于对人的这种不合理的生存境遇的洞察,马克思发出"任何解放都是使人的世界即各种关系回归于人自身"② 的呐喊。也就是说,人类自由解放的过程是一个从"物的世界"和"物的关系"奴役下回归"人的世界"和"人的关系"的过程。那么怎样才能使得"人的世界和人的关系"回归? 对此,马克思提示道,应当牢牢把握事物的根本即"人本身",也就是对人的本质进行深入理解和把握。按照马克思的看法,"人不是抽象的蛰居于世界之外的存在物。人就是人的世界,就是国家,社会"③,而"人的本质不是单个人所固有的抽象物,在其现实性上,它是一切社会关系的总和"④。这两段经典论述深刻表明,抓住"人本身"就是要牢牢抓紧社会交往关系这个总关节和总枢纽,以此变革人对自身和对世界的理解,而这种理解正是社会发展和建设的深层思想基础,从而也是现代化的深层根据⑤。就克服资本逻辑对人的宰制而言,它启示我们应当"成为社会结合的主人"而不是让物化的社会关系成为主体反过来统治我们自己。

具体而言,在资本主义时代,人们对物的崇拜和信任导致了对他人的不尊重和不信任,从而致使"人的关系"被单纯的物质关系所扭曲,在这样的情况下,每个人都把他自身以外的人当作牟利的工具或手段,而在不能为自己牟利的时候视其为可有可无的存在,甚至当作阻碍自身利益的敌人而加以打压和限制,这种把人当成谋求物质利益工具的理解

---

① 参见《马克思恩格斯文集》第8卷,北京:人民出版社2009年版,第56—57页。
② 《马克思恩格斯文集》第1卷,北京:人民出版社2009年版,第46页。
③ 《马克思恩格斯文集》第1卷,北京:人民出版社2009年版,第3页。
④ 《马克思恩格斯文集》第1卷,北京:人民出版社2009年版,第501页。
⑤ 参见刘兴盛:《人的现代化的跃迁:中国式现代化的主体之维》,载《哲学研究》,2023年第4期。

反映了对人的本质的片面性把握，也就是说，将人看作仅仅具有物质本性而忽略了人是具有多重面相的"全面"的存在，由此降低了人的意义与尊严。针对此种现状，马克思在《1844年经济学哲学手稿》中指出，人应该作为一个"完整的人"，运用一种"全面的方式"去实现自己和发展自己①，而作为"完整的人"并且以"全面的方式"实现和发展自己的前提就是要求超越物化这种片面性，这一点只有依靠建立合理的社会关系才能完成。换句话说，从人的现实本质即社会关系的角度出发可以发现，"人的世界"就是人与人的关系中的世界，而在"人的世界"与"人的关系"的这种同构性下，前者的回复就被归结为后者的回复，即"人的世界"的复归将由"人的关系"的回复来完成。在生产力已经较为发达的今天，相比人以外的因素对人自由乃至生存的影响，人与人的关系具有比以往更加重要的意义。也即是说，在当代社会，人类早已经摆脱生产力低下带来的生存威胁，而与此形成鲜明对照的是，人与人的关系成为人的自由发展甚至成为人类生存的威胁。

如前所言，回复"人的世界"最为重要的是对合乎人性的社会关系的构建，这种社会关系的构建是通过重新占有人的本质实现对"人的世界"的占有，因而带有根本性的作用和意义，它在破除物化交往关系对人的统治的同时，也在根本上避免了来自人类自身的威胁。与此同时，在消除来自人类自身威胁的这一过程中，人类将极大地提高解决自身以外的威胁的能力。就此而言，只重视物质、生产力而忽视人与人之间的社会关系，必然对人的生存和发展带来严重的负面影响，而相比无法快速改变的"硬件"——生产力而言，人与人的关系这一"软件"是可以相对快速调整的。就人的自由解放而言，"人性的解放是要把社会诸势力组织成一种新体系，使人成为他赖以生存的物资的主宰"②。成为"物资的主宰"而不是被"物资"所主宰就是"物的世界"向"人的世界"的回归，这一回归的前提是把社会各种势力组成新体系，而组成新体系的关键就是合理的社会关系的构建。生产力越是发展，建立合乎人性的社会关系的要求就越为迫切，"从而也归结为这样的绝对命令：必须推翻

---

① 《马克思恩格斯文集》第1卷，北京：人民出版社2009年版，第189页。
② [德]弗·梅林：《马克思传》，罗稷南译，北京：生活·读书·新知三联书店1956年版，第82页。

使人成为被侮辱、被奴役、被遗弃和被蔑视的东西的一切关系"①，资本主义物化交往关系就是这种关系，而且是当今世界范围内各层次和各领域无孔不入、无所不在的社会关系。由此可见，建立合乎人性的社会关系，是超越和扬弃资本主义时代总体性病症——社会交往的异化以及"人的世界"的失落的必然要求，它将克服人的片面化存在方式，因此在人类通往自由全面发展的社会阶段的过程中具有极为重要的作用和意义。

人的解放要求扬弃"物的世界""物的关系"对"人的世界"和"人的关系"的奴役，而在当代视域中，回复"人的世界"被归结为必须建立人性的社会关系上，那么何为人性的社会关系？笔者认为，人性的社会关系是一种以团结合作和互惠互利为基本原则的交往关系，只有全面构建起这样的社会关系，人类才能获得真正的自由与解放。

按照马克思的看法，生产领域中这种关系的建立具有基础性和决定性意义，因为正是生产领域中孤立的自我私有立场导致人们无法运用共同力量驾驭生产关系，由此使生产关系外化为独立的主体反过来统治自己。对于人的解放的实现条件和前提，马克思曾做出这样的表述，即："只有当现实的个人把抽象的公民复归于自身，并且作为个人，在自己的经验生活、自己的个体劳动、自己的个体关系中间，成为类存在物的时候，只有当人认识到自身'固有的力量'是社会力量，并把这种力量组织起来因而不再把社会力量以政治力量的形式同自身分离的时候，只有到了那个时候，人的解放才能完成。"② 所谓"现实的个人"指的是在物质利益关系中谋求自我满足的个体，而"公民"则指的是维护包含他人利益在内的公共利益或共同利益的人。在资本主义时代，个人将自身物质利益作为衡量一切事物的根据、标准和尺度，立基其上从事一切活动，而他人利益和公共利益则被视为无关紧要，因而并不自觉加以维护，由此导致"公民"具有虚幻性和抽象性。所谓"现实的个人把抽象的公民复归于自身"就是要求个体消除自我主义、利己主义的精神，承认并维护公共利益、共同利益和他人利益，也就是意识到自身是与他人共同活动的整体从而自觉地彼此团结、互助互惠，亦即成为"类存在物"。而"固有的力量是社会力量"指的就是团结合作与互惠互利的力量，人类

---

① 《马克思恩格斯文集》第1卷，北京：人民出版社2009年版，第11页。
② 《马克思恩格斯文集》第1卷，北京：人民出版社2009年版，第46页。

得以存在的本己方式有赖于这种结合与互利，然而由于资本主义物化机制的宰制，个体成为利己主义的原子式存在，人与人之间的交往在物质利益驱使下变成了脆弱的外在联系，导致平等无间的社会关系难以形成，使得分裂、隔阂乃至对立、冲突难以避免，人的"固有力量"从人类自身分离，在这样的状况下造成了一部分人组成的力量对另一部分人实行压迫和统治。因此，对"固有的力量是社会力量"的认识，就是要消解人类内部的分裂和对抗关系，只有这些条件被完成，人类的解放才能达到，而这些条件均指向一个共同的原则，这就是团结合作与互惠互利。就此而言，彻底的团结合作与互惠互利是人的解放的重要标志，这一社会关系是符合人的自由解放的社会关系。

事实上，团结合作与互惠互利作为符合人的自由解放的社会关系同马克思的历史辩证法思想存在重大关联。按照马克思的观点，人类社会从前现代社会经过现代社会走向未来社会是一个辩证的发展过程，遵循着肯定—否定—否定之否定的规律，在这一辩证的历史过程中，人与人之间的社会关系占有十分重要的位置并且经历与历史过程相对应的辩证发展阶段，在一定意义上可以说，人与人之间的社会关系是一个时代社会的发展水平、文明的发展程度和人的自由解放程度的"指示器"。马克思认为，在前现代社会，人们之间的相互关系是一种团结合作和互惠互利的关系，他将这种社会形态概括为"人的依赖性"的阶段，然而这一时代人与人之间虽然保持较为和谐的社会关系，但个人的本性受到巨大的束缚，因为生产力极端低下使个体紧紧依附于共同体，他的全部努力是为共同体服务，共同体是衡量其人生价值和社会意义的最高根据，因此个人在这一时期无法满足自己的多方面需要和实现自身的多方面发展，他甚至不能产生这些满足需要以及发展才能的观念，因而人是不自由的。到了现代社会，生产力和生产关系的巨大发展瓦解了共同体对人的束缚，"人的依赖关系"被消除后个体的权利得到了极大的拓展，个人不仅不再紧紧依附共同体反而将他人和共同体作为实现自身目的的工具和手段，其中最重要的目的就是增长物质财富，而这就是资本主义时代的到来。

如前所述，资本主义时代是一个"以物的依赖性为基础的人的独立性"的时代，它具有巨大的文明作用，极大地推动了社会的发展和人的发展，然而它的资本逻辑和物化交往也使人重新陷入束缚和奴役，把世间一切美好的事物都"淹没在利己主义打算的冰水之中",使"资本具有独立性和个性,而活动着的个人却没有独立性和个性"①,因而在这一社会阶段人同样没有实现真正的自由和解放。在马克思看来,取代资本主义社会的共产主义社会是人类历史发展的第三大阶段,在那里,人实现了充分的自由和发展,人与人之间的交往关系不再具有对抗性的分裂和冲突的属性,而是实现一种全面的和谐,因而是实现人的自由解放的社会形态,其中,共产主义社会的"共产"二字鲜明地体现了团结合作与互惠互利的交往关系。也就是说,共产主义是在人与人联合基础上的对生产力的占有,而对生产力的占有表现了人对物的支配,而不是物支配人,亦即它是"通过人并且为了人而对人的本质的真正占有……是人向自身、也就是向社会的即合乎人性的人的复归,这种复归是完全的复归"②,这种人性的复归使"各个人在自己的联合中并通过这种联合获得自己的自由"③的解放状态被达到。这再次表明团结合作、互惠互利与人性相符的特征,只有在这种合乎人性的社会交往关系中人们才能重新"学会信任人"。由此可见,团结合作与互惠互利正是内涵于科学社会主义的交往理念,作为一种符合人的本性的交往逻辑,它在根本上不同于资本主义竞争性和物化性的交往思维。

(三)人类命运共同体对科学社会主义交往理念的凸显及物化交往困境的消解

如前所述,"物的依赖性基础上的人的独立性"是当今时代的基本特征,在这个时代,人与人之间的交往被"物"全面中介而具有非"人"的性质,导致相互之间出现难以避免的对立和冲突,由此严重限制人的发展和社会的进步。对此,黑格尔曾指出,"在市民社会中,每个人都以他自身为目的,其他一切在他看来都是虚无"④,"市民社会是个人私利的战场,是一切人反对一切人的战场,同样,市民社会也是私人利益跟特殊公共事务冲突的舞台"⑤。人的这种境况与马克思所理解的

---

① 《马克思恩格斯文集》第2卷,北京:人民出版社2009年版,第46页。
② 《马克思恩格斯文集》第1卷,北京:人民出版社2009年版,第185页。
③ 《马克思恩格斯文集》第1卷,北京:人民出版社2009年版,第371页。
④ [德]黑格尔:《法哲学原理》,范扬、张企泰译,北京:商务印书馆1979年版,第197页。
⑤ [德]黑格尔:《法哲学原理》,范扬、张企泰译,北京:商务印书馆2017年版,第351页。

"类存在物"相去甚远,所以马克思也强调,"在'市民社会'中,社会联系的各种形式,对个人说来,才表现为只是达到他私人目的的手段,才表现为外在的必然性"①。此外,现代社会学大师斐迪南·滕尼斯也进行了类似的论述,指出现代社会"尽管有种种的结合,仍然保持着分离。……在这里,人人为己,人人都处于同一切其他人的紧张状况之中。他们的活动和权力的领域相互之间有严格的界限,任何人都抗拒着他人的触动和进入,触动和进入立即被视为敌意"②。这些旨趣各异的思想家不约而同地向人们指明,对于合理的社会关系的构建已然成为当代人类社会的一项亟待解决的要务,而在完成这一任务的过程中,人类命运共同体发挥着重大的作用,从而使其在人类发展史上具有不可磨灭的功绩。之所以如此,是因为人类命运共同体蕴含了科学社会主义交往理念的价值内核,其为不同主体之间的团结合作和互惠互利奠定了坚实的基础,铺垫出整个人类重新占有自身本质——"社会关系总和"的康庄之路,由此为现代资本主义物化交往困境的扬弃作出重要贡献。

早在2012年11月,党的十八大明确提出要倡导人类命运共同体意识,对此,有学者概括道,"中共十八大报告提出'倡导人类命运共同体意识',指出:'人类只有一个地球,各国共处一个世界。历史昭示我们,弱肉强食不是人类共存之道,穷兵黩武无法带来美好世界。要和平不要战争,要发展不要贫穷,要合作不要对抗,推动建设持久和平、共同繁荣的和谐世界,是各国人民共同愿望'。并明确主张,'在国际关系中弘扬平等互信、包容互鉴、合作共赢的精神,共同维护国际公平正义。平等互信,就是要遵循联合国宪章宗旨和原则,坚持国家不分大小、强弱、贫富一律平等,推动国际关系民主化,尊重主权,共享安全,维护世界和平稳定','促进共同发展'。"③ 这些论述鲜明地体现和表达出人类命运共同体是一种从人类自身出发的理念,其将人类看作一个密不可分的整体,强调你中有我、我中有你、彼此命运紧密相连,并且以此为基础主张相互承认、相互尊重、相互促进、彼此团结、互惠互利的关系。

---

① 《马克思恩格斯文集》第8卷,北京:人民出版社2009年版,第6页。
② [德]斐迪南·滕尼斯:《共同体与社会:纯粹社会学的基本概念》,林荣远译,北京:商务印书馆1999年版,第95页。
③ 张曙光:《"类哲学"与"人类命运共同体"》,载《吉林大学社会科学学报》,2015年第1期,第131页。

目前，在人类命运共同体理念的积极影响下，团结互利的交往原则正逐渐深入经济、政治、文化、社会、生态等人类生活各领域，成为一股不可忽视的强大力量。其中最为关键的是，通过生产领域和经济领域的团结互利推动发展和提高人类社会的生产力，以此为扬弃物化交往奠定最深层的基础，而这种合作本身也架设出超越生产领域孤立的自我私有立场的桥梁，从而为人类彻底驾驭自身生产关系"重新占有自身本质"和"成为社会结合的主人"铺垫道路。

如前所述，在资本主义时代，人的不自由和被奴役鲜明地表现在世界和关系的非"人"性质上，而对于处于这种非"人的世界"和非"人的关系"中的人，马克思这样写道，这是"由于我们整个社会组织而堕落了的人、丧失了自身的人、外化了的人，是受非人的关系和自然力控制的人，一句话，人还不是现实的类存在物"①，由此表明人类受到物化机制扭曲的境遇与状态，因此破解"非人的关系和自然力控制"就是破解物对人的束缚与统治，这样的要求只有在人成为"类存在物"时才能实现，而所谓"类存在物"的含义意味着自身与他人在自觉地彼此团结、互助互惠中实现自由全面发展的存在物，显然这与人类命运共同体理念是内在契合的，即人类命运共同体理念表现了人类对"类存在物"的自觉。因此，人们只有达到对人类命运共同体理念的认同并践行，才能积极地构建彼此团结合作和互惠互利的关系，以此推动"个体感性存在和类存在的矛盾"②的和解，实现人的进一步的自我解放。

从人类命运共同体理念是人们对作为"类存在物"的自觉的角度说，"倡导人类命运共同体意识"表现出的是追求实现马克思在《关于费尔巴哈的提纲》中指出的"人类社会或社会化人类"的理想，亦即实现人的自由全面发展和自由个性的社会的理想，这一理想彰显的驾驭社会关系的自觉同科学社会主义的精髓一脉相承。根据马克思的观点，在科学社会主义理论体系中，社会关系占有十分核心的位置，马克思正是将重新占有社会关系这一人的现实本质作为社会主义的重要原则，这种占有意味着控制和支配自身的社会交往关系，而不是让这种关系反过来控制和支配人自身，正如马克思所言，"全面发展的个人——他们的社会关系作为他们自己的共同的关系，也是服从于他们自己的共同的控制

---

① 《马克思恩格斯文集》第 1 卷，北京：人民出版社 2009 年版，第 37 页。
② 《马克思恩格斯文集》第 1 卷，北京：人民出版社 2009 年版，第 55 页。

的——不是自然的产物,而是历史的产物。要使这种个性成为可能,能力的发展就要达到一定的程度和全面性,这正是以建立在交换价值基础上的生产为前提的,这种生产才在产生出个人同自己和同别人相异化的普遍性的同时,也产生出个人关系和个人能力的普遍性和全面性。"① 同样,恩格斯在《社会主义从空想到科学的发展》中总结科学社会主义时强调"成为社会结合的主人"是科学社会主义的核心原则,即在共产主义社会中"人们周围的、至今统治着人们的生活条件,现在受人们的支配和控制,人们第一次成为自然界的自觉的和真正的主人,因为他们已经成为自身的社会结合的主人"②。

人类命运共同体自觉地以团结合作与互惠互利为交往原则,这一交往原则在最终极的意义上意味着实现对人类自身交往关系的驾驭与控制,而这正是未来共产主义社会的基本结构和状态。可以说,"以物的依赖性为基础的人的独立性"的时代是社会交往全面物化的时代,这种物化交往造成"个人受抽象统治",使"资本具有独立性和个性,而活动着的个人却没有独立性和个性"③,由此深深地束缚和压迫了人,但也正是社会交往的全面物化推动生产力巨大发展,在不到一百年的统治创造了比过去一切世代还要多还要大的生产力④,同时打破了时空的隔阂,将整个世界联通为一体,"把一切民族甚至最野蛮的民族都卷到文明中"⑤,由此极大促进世界性交往的形成,这深刻体现了物化交往的辩证性。马克思正是在把握物化交往的这种辩证本性以及历史辩证法的基础上制定了扬弃资本主义社会的科学方案——科学社会主义,而人类命运共同体鲜明地体现出对历史辩证法的深刻觉解和扬弃物化交往的旨趣,内蕴着驾驭社会关系这一科学社会主义的核心理念,从而是对科学社会主义的继承和发展。要言之,人类命运共同体自觉地以"类存在物""人类社会或社会的人类"为根据,而不是以商品、货币、资本等物为根据,其为了社会性的人而追求人类相互之间的团结与创造性的合作,而不是为了物使人处于分裂、对抗和冲突之中,由此凸显了科学社会主义的核心

---

① 《马克思恩格斯文集》第8卷,北京:人民出版社2009年版,第56页。
② 《马克思恩格斯文集》第3卷,北京:人民出版社2009年版,第564—565页。
③ 《马克思恩格斯文集》第2卷,北京:人民出版社2009年版,第46页。
④ 《马克思恩格斯文集》第2卷,北京:人民出版社2009年版,第36页。
⑤ 《马克思恩格斯文集》第2卷,北京:人民出版社2009年版,第35页。

价值理想，就此而言，在阐发和构建人类命运共同体的过程中，必须以科学社会主义为源泉，从中汲取思想智慧和理论养分，为人类命运共同体提供有力支撑。

我们可以从以下三个维度把握人类命运共同体对人们驾驭自身社会关系的推动和促进作用。

首先，人类命运共同体以对差异的尊重推动不同主体之间的合作与互助，以此促进人们重新驾驭自身的社会关系。在人类命运共同体的视野中，每一个处于交往中的个体都被内在地当作主体，其与众不同的个性和差异被充分地承认和尊重，并且在这种承认和尊重的基础上肯定其自由性和独立性。这一立场意味着人类命运共同体对人类休戚与共、彼此需要的关系具有高度的自觉，而正是差异的存在才使得互补被需要和有意义，在互相补足的过程中，处于交往中的各个主体得以进步和成长。

其次，人类命运共同体以对多样的推崇推动不同主体之间的合作与互助，促进人们重新驾驭自身的社会关系。与尊重差异内在相关，在人类命运共同体的视域中，自我与他者之间是平等的主体关系，即一个主体对另一个主体的关系，而不是采取主体—客体的单向对象性逻辑。这种平等的主体与主体共同存在于世，造就了世界的丰富多样，在其中，每一个主体都是有机的组成部分，是与整个人类社会的血脉相通的活的"肢体"，而不是可有可无的"零件"。正像马克思所形容的那样，每滴露水在太阳的照射下都显现出无穷无尽的色彩，事物的多样性不应当被抹杀和遮蔽①。换句话说，每个个体都具有自身独特的气质和唯一性，正所谓"世界上没有两片相同的树叶"。正是对独立个体的承认给予了这个世界五彩斑斓的特点，使人类的生活不至于千篇一律，以此避免了苍白和黯淡。人类命运共同体对多样的承认和推崇，意味着它采取的是"和而不同"而不是"同而不和"的思维，这种思维是消弭人与人分裂的强大"粘合剂"。因此，采取推崇多样性的"和而不同"思维的命运共同体，其现实建构必然促进人与人之间的和解，以此推动人类世界向更加绚烂纷呈的方向迈进。对此，习近平指出："人类文明多样性是世界的基本特征，也是人类进步的源泉。"②

---

① 参见《马克思恩格斯全集》第 1 卷，北京：人民出版社 1995 年版，第 111 页。
② 习近平：《共同构建人类命运共同体——在联合国日内瓦总部的演讲》，载《人民日报》，2017 年 1 月 20 日，第 1 版。

最后，人类命运共同体以对开放的肯定推动不同主体之间的合作与互助，促进人们重新驾驭自身的社会关系。在人类命运共同体的视野中，开放性被视为不同主体间建立交往关系的重要方针，正如习近平所强调的那样，人类命运共同体致力于"坚持交流互鉴，建设一个开放包容的世界"①。这意味着，人类命运共同体的构建将使个体避免成为封闭僵化的实体，消除其"在堡垒墙的瞭望孔中注视夜空"②的做法，以此打通主体间交流合作的通道。也就是说，人类命运共同体将破除阻碍人与人、国与国之间沟通的壁垒和藩篱，而这是消解分裂和冲突的关键。事实上，对封闭的否弃和对开放的肯定也是以尊重差异、推崇多样为前提的，因为正是在对差异的尊重和对多样的推崇中才有可能打破自我束缚的牢笼，"意识到人总是生活在社会中"③，由此"将心比心"，生成内在具有利他性的主体间性，实现自觉的社会结合，从而控制人与人之间的社会关系。反过来说，真正的开放也进一步保障了个体差异和世界的多样，即敞开内心的自我开放使每个交往中的主体都被互相看作拥有自由和独立的地位，以此护佑各自存在和发展的权利不被抹杀和遮蔽，最终拆除主体内心居高临下的城墙，使他者与自我真正存在于同等的平台上，以此促进对自身社会关系的支配和驾驭。

以上分析表明，人类命运共同体自觉地以个体与共同体、自我与他者的辩证统一关系为出发点，在强调差异性、多样性和开放性的过程中追求人与人之间的合作与互助，以此驾驭和占有人类自身的本质力量，即对人类种种创造物的控制和支配。这种精神与马克思对资本主义物化交往的批判具有内在的一致性和契合性。而以个体与共同体、自我与他者的辩证统一关系为基础实际上就是以"人类社会或社会的人类"为立足点，而不是以商品、货币、资本等物为立足点。正是由于确立了这一立足点，人类命运共同体追求社会性的人的自由，以此促进人类相互之间的团结与合作，从而有效避免为了物使人处于分裂、对抗和冲突中的状况，推动人们破解物化的社会关系对人的统治。就当今时代而言，物

---

① 习近平：《共同构建人类命运共同体——在联合国日内瓦总部的演讲》，载《人民日报》，2017年1月20日，第1版。
② ［德］特奥多·阿多尔诺：《否定的辩证法》，张峰译，重庆：重庆出版社1993年版，第157页。
③ 《马克思恩格斯文集》第1卷，北京：人民出版社2009年版，第534页。

化交往现象已经深入世界的各个角落，成为人类社会遭遇的普遍性问题，由此严重阻碍了人类的自由全面发展和社会的和谐进步，而人类命运共同体不仅仅具有推动国际关系合理化的意义，而且为当代世界全部社会关系的变革指明了道路。因此，无论是个人还是由个人所构成的民族、国家，相互之间的交往都应该遵循人类命运共同体的思维方式，自觉加强团结合作与互惠互利。换言之，树立人类命运共同体的意识和价值观念就是要求现实个人及其构成体时刻对人类紧密相连的关系保持自觉，亦即要求采取关系性思维，将自我作为"类存在物"的意识纳入自身，在自身具体的、现实的活动中自觉追求利己与利他统一的普遍性、共同性，以此真正实现具体的普遍性。唯有如此，才能在人们交往的各个领域全面落实合作互助的原则，推动对异化的社会关系的支配，消除"物"对人的统治，重拾人之作为人的本质与尊严。

综上所述，资本主义物化交往造成了"全面的体系"与"完全的空虚"这一双重后果及其悖反逻辑，对此，人们需要重拾作为人存在发展基石的团结合作与互惠互利交往原则，尤其是在生产领域超越孤立自我私有立场上的分裂和对抗关系，唯有如此，人们才能"重新占有自身本质""成为社会结合的主人"，以此扬弃资本主义物化交往的不良后果和逻辑，掌控人类社会已有成果，实现对颠倒的人与物的关系的重新颠倒。在当前，人类命运共同体是不同主体间构建团结合作与互惠互利关系的关键共识和思想基础，其为人类"重新占有自身本质"与"成为社会结合的主人"提供理念指导，并且引领现实道路，以此超越资本主义物化交往困境。而对驾驭人自身的社会关系的自觉使人类命运共同体与科学社会主义的核心原则相契合，从而充分汲取科学社会主义源头活水对进一步阐发和推动构建人类命运共同体具有重要的价值和意义。

二、单边主义的哲学反思与人类命运共同体对全球正义困境的突破

单边主义是当今时代一股不可忽视的强大力量，作为一种行动理念和原则，它的滋长严重破坏了国际社会的交往关系和秩序，尤其是在一些重大的全球性事务上，单边主义已经给世界和谐带来极大破坏，由单边主义引发的国际冲突乃至战争给整个世界造成威胁，其对相关国际主体及其人民的损害使得国际社会公平正义的实现遭遇严重的阻碍，导致

全球正义陷入困境。面对单边主义导致的全球治理阻碍以及全球正义困境，中国共产党提出人类命运共同体的重大理念，用以推动构筑合理的国际关系格局，促进全球治理效能提升乃至实现全球正义。马克思曾对人与人之间交往的性质和状态给予了高度的关注和深入的探讨，其中最具有代表性的观点是将实践基础上的社会关系总和理解为人的现实本质。对马克思的这一思想进行解读可以为人类命运共同体消解单边主义提供重要依据，有利于阐发人类命运共同体突破全球正义困境的重大价值。

（一）独白主体性：单边主义的哲学基础

从哲学视角出发对人类历史进行考察可以发现，现代社会的勃兴是以人类的主体性崛起为标志的，这种主体性极大地解放了人的思想，给予人们以前所未有的信心，例如培根所说的人类的"知识就是力量"，笛卡尔所允诺的通过科学人类不久将成为"自然的主宰和拥有者"，甚至"给我一个支点我就能撬动世界"的豪言壮语等无不显示人类前所未有的自信，这种高度发展的主体性正是现代性和现代化兴起的内在思想支撑。在此基础上，自然科学得到前所未有的发展，促使人们不再像过去那样匍匐在自然面前，而是开启了"向大自然进军"的步伐。可以说，现代化进程的一个重要方面就在于以理性统御和主宰自然，实现人的解放的目的。与类的自信相一致的是，主体性原则落实在个体身上使得个体的自我意识空前高涨。近代社会以来，各种外在于人自身的权威如上帝、自然等都在个体面前受到广泛质疑，丧失了至高无上的地位，取而代之的是个体将"自我"看作衡量所有事物的根据和尺度，而宗教改革、启蒙运动、法国大革命等社会运动则在这种背景下发生。换言之，现代性发生发展的过程正是自我意识觉醒和个体独立的过程。现代社会的事实是，个体已不再接受整体主义的价值观念，而是普遍采取一种以个体为本位的信念，也即"'我'成了别具一格的主体"，个体自我意识一跃成为规定所有事物的原点和中心。

然而，近代确立的主体性在其发展演变的过程中日益走向极端，变成一种孤立独白的封闭实体，由此导致人与人之间出现严重的隔阂与对立。之所以如此，是因为近代以来萌生的主体性一直航行在知性的轨道上，它没有摆脱和超越知性。即是说，人超越于动物的一个重要表现在于具有自我意识，而自我意识的产生直接来自知性，正是通过运用知性能力，个人得以区分对象和自我，以此确证自我意识，而自我意识正是人的主体性的内核。但是，知性也由此将自身严格限定在对象化和区别中，由此造成主体与客体二元分立的格局，这样一来，它就必然要遵循"是就是，不是就不是，除此以外，都是鬼话"的逻辑。因此，立足知性的主体性便将自我看作崇高的主体，而将外在于自我的他者看作卑微的客体或对象，将自身封闭在了孤独的"皇宫"与"城堡"中，成为"孤家寡人"。正如贺来教授所指出的那样，知性的特点与形式逻辑的同一律、矛盾律和排中律的特征是一致的，即"'同一律'与其自我同一性特征是正相适应的，'矛盾律'与其片面性特征是相适应的，'排中律'与其封闭性与单一性特征是相适应的"①。可见，这种"自我同一性""片面性""封闭性与单一性"意味着作出分别并执着于分别中，而这也正是主体性自崛起以来就不断地设定主体与客体二元分立的深层原因，即近代主体性崛起伊始就伴随着主客二元分立的思维方式。

将自我之外的一切存在都认定为与自我有别的他者无疑将使他者被推到自我的对立面，因而也就不免产生出一种敌视的关系，进而滋生出对外在于自身的他者进行统治、征服和控制的欲望，最终导致人与人之间的分裂和对抗。由此可见，孤立独白的主体性构成了现代社会人与人之间冲突和对立的重要思想根源，而国家、民族、种族、宗教之间的冲突不过是人与人冲突的具体表现，它们是个体与个体对抗的"另一次方"。这就是说，孤立独白的主体性正是单边主义的深层哲学基础，它在根本上导致了国际交往中的冲突与对抗，由此带来全球治理障碍，致使全球正义成为不可能。以此观之，突破全球正义困境的前提是对孤立独白的主体性予以消解，在此方面，马克思的"社会关系"概念为我们提供了重要启示。

众所周知，马克思在《关于费尔巴哈的提纲》中提出了人的现实本质的思想，即"人的本质不是单个人所固有的抽象物，在其现实性上，它是一切社会关系的总和"②，这一思想直接批判费尔巴哈对人的本质的理解，同时也是马克思自己思想的深化。一方面，马克思的这一思想揭露了费尔巴哈用抽象的观念解释人的本质的错误做法，指出费尔巴哈不

---

① 贺来：《马克思哲学的"类"概念与人类命运共同体》，载《哲学研究》，2016年第8期，第6页。

② 《马克思恩格斯文集》第1卷，北京：人民出版社2009年版，第501页。

理解社会关系的根本生成路径，用虚无缥缈的抽象观念来解释人与人之间的交往；另一方面，马克思在这里也深化了自己此前对人的本质的看法，这就是由"巴黎手稿"时期将人的本质理解为自由自觉的活动到《关于费尔巴哈的提纲》中将实践基础上的社会关系总和界定为人的本质。而自由自觉的活动与实践基础上的社会关系总和这两种理解并不是非此即彼的二元对立关系，相反，它们是同一个问题的两个方面，即从劳动角度理解人的本质与从社会关系角度理解人的本质已在马克思那里融通为一个有机的整体。而无论是对费尔巴哈用虚无缥缈的"类"来解释人与人之间的交往的批判，还是将劳动实践与社会关系统一起来，马克思关于人的本质的思想都蕴含了扬弃独白主体性的交互主体性意蕴。所谓交互主体性在这里是指一种将他人看作与自身具有同等地位的主体并自觉以此为思考和行动原则的基本意识和观念。就对费尔巴哈的批判来说，直接显示这一意蕴的是马克思对费尔巴哈"假定有一种抽象的孤立的人的个体"的揭露，认为费尔巴哈虽然强调社会性，但并不理解社会性的真实基础及其广阔内容，从而最终仍然难以摆脱孤立主体性的窠臼；而对于马克思自身思想的发展而言，将自由自觉的活动与社会关系融为一体，并进一步将社会关系理解为人们基于实践互动的过程和产物无疑也凸显了交互主体性的内涵。

按照马克思的看法，人的生存和发展必须通过与他人建立交往才能实现，这种交往意味着人的生存实践在本质上是一种共同活动，正是依靠这种共同的活动，人们才能够实现与大自然之间的物质变换，才能创造和生产出满足自身需要的物质资料和精神资料，因此建立在交往联结基础上的共同活动构成了人类生存发展的深刻基础。也正是在这种共同的实践活动过程中，人类产生了能够区分自我与对象的知性意识，即一种与动物等其他生命存在不同的"类特性"。马克思认为，由于动物与其对象直接融为一体而人则能够区分出自我与对象，所以"动物不对什么东西发生'关系'"①而"人对自身的任何关系，只有通过人对他人的关系才得到实现和表现"②，这就表明人的自我实现必须凭借建立社会交往来完成，对此，黑格尔也曾强调，"不同他人发生关系的个人不是一个

---

① 《马克思恩格斯文集》第 1 卷，北京：人民出版社 2009 年版，第 533 页。
② 《马克思恩格斯文集》第 1 卷，北京：人民出版社 2009 年版，第 164 页。

现实的个人"①。由此观之，个人并不是像近代一些思想家所理解的那样是一种抽象的原子式的"实体"，而是与他人"共在"的关系性存在，即人"不仅是一种合群的动物，而且是只有在社会中才能独立的动物"②。

人的不可剥离的社会性表明，社会关系犹如一条不可割断的纽带将处于端点的诸个体联结在一起，而处于端点的个体彼此之间相互影响、相互作用，这种在相互影响和相互作用中生存的机制使个体的发展必然"取决于和他直接或间接进行交往的其他一切人的发展"③。也就是说，需要在良性的社会关系中实现个体真正的自由解放，而这就需要超越孤立主体性，确立交互主体性。正是由于意识到人的全面发展以他人和共同体的发展为条件，马克思才强调指出，"首先应当避免重新把'社会'当作抽象的东西同个体对立起来。"④ 在当代社会，生产力相比于传统时代实现了巨大的发展，而在这种较为发达的生产力基础上人们的交往也得到了空前的扩展和加深，在此背景下，社会中的任何一个群体都无法对整个社会联系进行掌控，而实现这一掌控的只能依靠整个人类的力量，诚如马克思所言，"现代的普遍交往，除了归属于全体个人，不可能归属于各个人。"⑤ 除此之外，马克思还指出，"只有在共同体中，个人才能获得全面发展其才能的手段，也就是说，只有在共同体中才可能有个人自由。"⑥ 这再次说明确立交互主体性对人的解放的必要性和前提性。

需要指出的是，交互主体性虽然超越了孤立独白的主体性，但它并不是对主体性本身的瓦解，即不是一味追求单纯的"自我牺牲"，而是致力于实现马克思所说的"他为别人的存在"和"别人为他的存在"相统一的状态。事实上，无论是他人还是共同体，最终作为社会历史现实承担者的都是作为生命存在基本单元的个人，因此在推动整体发展的同时不应忽视或遗忘个人的合理需要和诉求，这是在确立交互主体性的过程中需要加以关注的。马克思曾在《1844 年经济学哲学手稿》中强调人

---

① [德] 黑格尔：《法哲学原理》，范扬、张企泰译，北京：商务印书馆1979年版，第347页。
② 《马克思恩格斯文集》第8卷，北京：人民出版社2009年版，第6页。
③ 《马克思恩格斯全集》第3卷，北京：人民出版社1960年版，第515页。
④ 《马克思恩格斯文集》第1卷，北京：人民出版社2009年版，第188页。
⑤ 《马克思恩格斯文集》第1卷，北京：人民出版社2009年版，第76页。
⑥ 《马克思恩格斯文集》第1卷，北京：人民出版社2009年版，第571页。

的感觉特性的能动受动性，这种能动受动的性质是对个人作为现实主体的鲜明表达，也即是说，能动受动的感觉只能是现实个体的感觉，这是任何意识形态都无法取消的。因此，对于人类整体，它并不像个体那样有一个真实的"体"，而是对各个个体及其不可分割的相互关系的指代，所谓个体与整体的联系只不过是现实中个体与个体构成体的相互联系。此外，在《1857—1858年经济学手稿》中马克思还表示，他所追求的人的解放的内容是使人的个性得到充分全面的发展，所谓"个性"指向人自由全面发展的本性，这种本性虽然是无限丰富的，但是无论其如何难以把握，一个可以确定的维度是其必然现实化于个体主体中才能存在，亦即它只能"在定在之光中发亮"，这一"定在"只能是有血有肉的个人。总之，无论是社会关系还是共同体，抑或是社会和历史，其最后的承载者都是现实的个人，因此现实的个人也应当被理解为社会解放的动力主体和责任主体。而这也就意味着，个人在满足自身需要和实现自身发展的同时，必须提供相应的动力和承担相应的责任，在此过程中，无论是创造出积极性的成果，还是带来消极性的后果都需要其面对和承受。

（二）命运与共的思想认识与互利共赢的实践追求：破解单边主义的基本路径

马克思将社会关系总和界定为人的本质表明，人与人之间的交往是社会存在和发展的重要基石，无论是个人，还是由个人所组成的共同体都深受与其相关联的他人的影响，不同的社会关系决定了处于关系中的个人或共同体的境遇和前景，由此反映出人与人互为前提和条件的重大特点，这就在根本上为确立交互主体性以此扬弃独白主体性及其基础上的单边主义提供了依据。那么，如何才能确立交互主体性？笔者认为，命运与共的思想认识与互利共赢的实践追求是确立交互主体性的两条基本路径。

马克思早期发表于《德法年鉴》的《论犹太人问题》一文不仅讨论了犹太人如何获得解放的问题，而且涉及马克思对整个人类解放的一般看法，而对人类如何获得解放的论述就蕴含着确立交互主体性的基本路径。具体来说，马克思认为，布鲁诺·鲍威尔所追求的政治解放并不会使人获得真正的解放，因为单纯政治解放完成的只不过是使市民社会从政治国家中分离出来的任务，然而这种分离会使人陷入个性被分裂的境地。因为，一方面，人作为市民社会即市场经济中的人，是"现实的人"，这种"现实的人"忙碌于追求物质利益关系，其最重要的特征是自利，马克思认为极端的自利不符合人的共同存在的属性，遮蔽了人与人命运与共的本真，因而背离"类存在物"的规定，由此没有达到"真正的人"的高度；而另一方面，人作为政治国家中的"公民"，体现了共同存在的属性，从而符合"类存在物"的规定，象征着"真正的人"，但由于其脱离市民社会的物质利益关系和经济基础而丧失了现实性。对此，马克思说道，"现实的人只有以利己的个体形式出现才可予以承认，真正的人只有以抽象的citoyen［公民］形式出现才可予以承认"①，因此人在单纯政治解放完成后过着"现实的人"——"尘世"和"真正的人"——"天国"的双重分裂生活，没有获得真正的解放。基于这种洞察，马克思提出人类真正解放的可能性，这就是："只有当现实的个人把抽象的公民复归于自身，并且作为个人，在自己的经验生活、自己的个体劳动、自己的个体关系中间，成为类存在物的时候，只有当人认识到自身'固有的力量'是社会力量，并把这种力量组织起来因而不再把社会力量以政治力量的形式同自身分离的时候，只有到了那个时候，人的解放才能完成"②。使"现实的个人把抽象的公民复归于自身"实际上是要求将"公民"的性质复归到处于社会物质利益关系基础中的人身上，从而消除市民社会中"公民"的抽象性，使公民成为现实的"公民"，实现"现实的人"就是"真正的人"、"真正的人"就是"现实的人"的状态。

在马克思看来，人的力量本身是一种联合的力量，这是人得以存在和发展的力量，正如前文所提到的人是"合群的动物"，然而在现代社会，人们在孤立主体性的驱动下互相隔绝与对抗，违背了人的联合本性，这是人的"固有的力量"的分裂。因此人的解放的一个重大前提就在于人们意识到自身"固有的力量是社会力量"，从而实现自觉的联合，唯有如此，人们自己的力量才不致成为分离性和压迫性的"政治力量"。根据马克思的这些论述我们可以发现，真正的人类解放需要实现在一种良性的或者说合理的社会关系中，这种社会关系从个体的角度来说就是自觉意识到命运与共，而且努力追求利己与利他的统一，而这正是确立和衡量交互主体性的路径。也就是说，交互主体性一方面需要自觉意识

---

① 《马克思恩格斯文集》第1卷，北京：人民出版社2009年版，第46页。
② 《马克思恩格斯文集》第1卷，北京：人民出版社2009年版，第46页。

到人们命运与共的本质，而另一方面则需要给予人们充分的物质利益保障，正如马克思后来所指出的那样，思想不能够离开利益，思想一旦离开利益就会"出丑"。在交互主体性的视域中，个体自我物质利益的满足包含促进他者物质利益满足的旨趣，而这也就意味着人在实践上自觉地追求互利共赢的状态。由此可见，对"公民""类存在物"以及"自身'固有的力量'是社会力量"的意识正是自身与他人命运与共的思想认识，而"在自己的经验生活、自己的个体劳动、自己的个体关系中"成为现实的"公民"和"类存在物"以及将自身力量变成"社会力量"正是互利共赢的实践追求，只有落实这两条路径，才能真正确立起交互主体性，推动人类真正实现解放。

在写作"巴黎手稿"时，马克思的经济学知识相比于此前获得了较大的提升，他从已经掌握的哲学理念出发对所了解的经济学理论进行前提性的追问和反思，进一步推进了对人的本质的理解，从而也强化了人作为共在发展的信念以及对现实经济关系进行实际改造的认识。在马克思看来，国民经济学从私有财产出发建构各种理论体系掩盖了私有财产的本质，事实上，私有财产的真正本质是异化的劳动，正是这种被迫的强制的劳动创造了私有财产。而被迫的强制的劳动不仅表征着人的自我异化，而且表征了人与人的异化，因为人的劳动以同他人相交往为前提，从而劳动的异化必然体现为交往关系的异化，即"人对自身的关系只有通过他对他人的关系，才成为对他来说是对象性的、现实的关系。……如果人把他自己的活动看做一种不自由的活动，那么他是把这种活动看做替他人服务的、受他人支配的、处于他人的强迫和压制之下的活动"①。这就是说，马克思在分析异化劳动的过程中发现必须在社会关系的框架内把握人的存在，即人是一种社会性的存在物，社会关系是个体不可脱离的前提，而社会关系的异化则是限制人类自由的枷锁。因此，正是通过对异化劳动的剖析，马克思揭示了具有"必然王国"属性的社会关系，即"真正的人类历史"开始前的社会关系，这种社会关系表现为人类发展的界限。

意识到社会关系根本性地制约人的生存发展后，马克思在手稿中对现代社会交往的性质进行了集中的探究，其中最具代表性的是关于货币

---

① 《马克思恩格斯文集》第 1 卷，北京：人民出版社 2009 年版，第 165 页。

所承载的社会关系的讨论。马克思认为,货币表征的社会交往的物化使事物的本性出现了颠倒,即"一切自然的品质和人的品质的混淆和替换"①,这种混淆和替换是束缚人类发展的外部框架,在人类历史过程中表现为必然的过程,而随着社会交往的物化中介的消解,事物特性的混淆和替换也将一同消除。而正是在这一分析的过程中,马克思将社会关系上升到人的本质的高度,提出:"不论是生产本身中人的活动的交换,还是人的产品的交换,……它们的真实的、有意识的、真正的存在是社会的活动和社会的享受。因为人的本质是人的真正的社会联系"②。在这里,我们看到了《关于费尔巴哈的提纲》中提出的人的社会关系本质经典论断的雏形。而同样基于社会关系之于人存在的必然属性的认识,马克思在"巴黎手稿"中连用三个"只有在社会中"来表达人同自然关系中社会前提的不可或缺性,即"只有在社会中,自然界对人来说才是人与人联系的纽带,才是他为别人的存在和别人为他的存在,只有在社会中,自然界才是人自己的合乎人性的存在的基础,才是人的现实的生活要素。只有在社会中,人的自然的存在对他来说才是人的合乎人性的存在,并且自然界对他来说才成为人"③。这表明,对马克思来说,社会性是被"判决"给人的,个体犹如无法脱离自己的皮肤一样不能脱离社会属性,离开社会关系的个人是不可想象的。概言之,现实的个人是社会存在物,必须依靠社会关系实现生存发展,无论任何时候都不能将个体同社会彻底分割开来,即"个体是社会存在物。因此,他的生命表现,即使不采取共同的、同他人一起完成的生命表现这种直接形式,也是社会生活的表现和确证"④。

马克思的上述论证充分彰显了社会关系对人生存发展的必然意义,而对社会关系的必然属性的揭示实际上一直延续到《资本论》第三卷中,尤其是其中对"必然王国"和"自由王国"关系的探讨。在《资本论》第三卷,马克思强调生产领域的联合是人们实现自由全面发展的基础和前提,即"社会化的人,联合起来的生产者,将合理地调节他们和自然之间的物质变换,把它置于他们的共同控制之下,而不让它作为一

---

① 《马克思恩格斯文集》第1卷,北京:人民出版社2009年版,第247页。
② 《马克思恩格斯全集》第42卷,北京:人民出版社1979年版,第24页。
③ 《马克思恩格斯文集》第1卷,北京:人民出版社2009年版,第187页。
④ 《马克思恩格斯文集》第1卷,北京:人民出版社2009年版,第188页。

种盲目的力量来统治自己；靠消耗最小的力量，在最无愧于和最适合于他们的人类本性的条件下来进行这种物质变换"①。这就是说，无论人类能力发展到何种程度，物质生产都是人类不得不从事的活动，是人类无法跳出的界限，在物质生产面前人类只能选择"是"，而不能选择"否"，即便将这一活动的消耗缩小到最低限度和最小范围也改变不了这种属性，正如马克思所言，这是"必要性和外在目的规定必须做的劳动"②，所以这个领域始终是"必然王国"，而达到上述形态的"必然王国"正是实现人的全面发展的基石，在"必然王国"的彼岸，作为"目的王国"的定在的人的自由个性就出现了。就此而言，实现人的自由全面发展或人的个性，不仅需要有对人与人命运与共的思想认识，还要以这种思想认识为前提，进行必要的团结和合作，尤其是生产领域的团结和合作，如前所述，只有生产者之间进行彻底的联合，才能实现人与自然之间物质变换的合理调节，把这种关系置于人们的共同控制之下，而不是让其反过来统治人自己。而单边主义所造成的困境和危机，实际上正是体现了人类受到不合理的社会关系的反噬，对此进行破除，需要强化命运与共的思想认识，并且进行持续的互利共赢的实践活动。

根据马克思的观点，共产主义是人类解放的必然阶段和形式，而"共产"二字则鲜明地体现出了命运与共和互利共赢的特征。在马克思看来，共产主义不仅是凭借人与人的联合而占有、掌控全部生产力，它还是"通过人并且为了人而对人的本质的真正占有；因此，它是人向自身、也就是向社会的即合乎人性的人的复归，这种复归是完全的复归"③。之所以称共产主义"是人向自身、也就是向社会的"复归，正是在于共产主义是一种充分地达到命运与共的思想认识与互利共赢的实践追求的社会状态，因为人在本质上就是以建立交往而生存和发展的存在物，人的本质是一切社会关系的总和。可以说，当人们全面彻底地确立交互主体性之时，"各个人在自己的联合中并通过这种联合获得自己的自由"④ 的人类解放状态就被实现了，正因如此，未来共产主义的社会形态是一个由自由人组成的联合体，在那里，个人间的自觉联合将不仅实

---

① 《马克思恩格斯文集》第 7 卷，北京：人民出版社 2009 年版，第 928—929 页。
② 《马克思恩格斯文集》第 7 卷，北京：人民出版社 2009 年版，第 928 页。
③ 《马克思恩格斯文集》第 1 卷，北京：人民出版社 2009 年版，第 185 页。
④ 《马克思恩格斯文集》第 1 卷，北京：人民出版社 2009 年版，第 371 页。

现对物和关系的控制,而且将消除由于孤立独白的主体性带来的人与人分隔和对立的状态。可见,共产主义的理想也是与交互主体性分不开的。总之,在人类实现自由全面发展的共产主义社会,每个人在活动的过程和结果中都将积极地为他人的发展创造条件,从而互相为对方的实现创造条件,即生成和实现了全面的交互主体性,由此彻底消除独白主体性这一单边主义的哲学基础。

(三) 人类命运共同体对单边主义的超越及全球正义困境的突破

如前所述,单边主义的存在和滋长使得国际交往中不断产生摩擦和矛盾,由此严重破坏了国际社会的和谐,乃至对相关国际主体及其人民带来伤害,从而在根本上阻碍国际公平正义的实现,导致全球正义陷入困境。实际上,从上述分析出发对此进行反思可以发现,在单边主义背后隐藏的正是孤立独白的主体性,而超越全球正义困境必须对这种主体性予以消解和扬弃,在此方面,人类命运共同体将发挥重大的作用和意义。

具体来说,现代社会流行的孤立独白主体性在深层阻碍了命运与共的思想认识和互利共赢的实践追求,使得人与人的合作遭遇阻塞,最终导致人的自由解放无从谈起。对于这种关系,早在黑格尔那里就曾被揭示出来,即黑格尔所概括的"市民社会是个人私利的战场"①,人与人的这种冲突也与马克思所强调的"真正的人"的状态相去甚远。即是说,在孤立独白的主体性原则的支配下,人们一方面把他人当作实现自身利益的手段,而另一方面不能将为自己带来利益的人视为陌生人,对后者采取漠视和无视的态度。尤其直接处于市场竞争环境中的人,往往将"朋友圈"以外的人看作敌人,由此形成的人与人的关系必然是一种外在的紧张关系。显然,当社会在人的自利基础上而不是在利己与利他统一的基础上构建起来时,它的内在的统一性、联合性也就遭到了消解。并且,由于这种外在的关系不是奠基于人的真正联合的基础上,它便不受人的真正掌控,而是反过来成为对人进行统治的"外在的必然性",与这种"外在必然性"对应的是人的内在自由性的丧失,所以马克思才指出,"个人现在受抽象统治,而他们以前是相互依赖的"②,所谓"抽

---

① [德] 黑格尔:《法哲学原理》,范扬、张企泰译,北京:商务印书馆1979年版,第309页。

② 《马克思恩格斯全集》第30卷,北京:人民出版社1995年版,第114页。

象"就是前述统治人的"外在的必然性"的社会关系的表现。人的解放要求人向人的互相依赖关系的复归,这种复归是在保存社会历史发展积极成果基础上的回复,符合人的联合本性的定在,并现实地证实着人的联合本性。这意味着,实现联合与利己利他相统一的交互主体性是不可或缺的,诚如马克思所言,这是对个体在自己的经验生活和自己的劳动和关系中成为"类存在物"的必然要求,是实现人类自由全面发展的前提和条件,它代表着人与人之间成为相互实现的平等主体。对于人的这种互为主体、互相实现的性质,黑格尔从思辨哲学的角度给予了论证,他说,"它(指精神——引者注)在它的对立面充分的自由和独立中,亦即在互相差异、各个独立存在的自我意识中,作为它们的统一而存在"①。这里面黑格尔所说的"精神"不过是现实的人的化身,而"精神"或"自我意识"的自由和独立依赖于"对立面充分的自由和独立"表明了人与人之间相互实现的性质。在现实生活中,这种相互实现的性质必然通过一定的社会关系表现出来,即个人在实现自身的同时对他人予以实现,将利己与利他统一起来,而这就与马克思所强调的每个人的发展是一切人自由发展的条件相对应。

造成自我与他者之间冲突的利己主义建立在孤立独白的主体性基础上,因而在面对其他主体时,人们应当摒弃这种抽象的主体性原则,避免知性地看待他人,也就是说,每个主体在看待自我与他人的关系时应当采取辩证的思维方式,将其他主体视作如同自身一样的人来看待,既看到他人与自我的差异同时,也意识到他人与自我的统一,达到命运与共的思想认识和互利共赢的实践追求,由此确立交互主体性。只有这样,每个主体才能充分地考虑对方的利益和需要,在此基础上塑造出合理的社会关系。对于国家之间的交往来说,每一个国家在实现本国利益的过程中,应该自觉地以国与国之间相互承认、相互尊重、相互促进为前提,积极促成国际之间的团结与合作,在这种团结合作中充分关照对方的合理诉求,以此推动建立合乎整个人类利益的社会秩序,显然,在当前引领人类社会确立这种交互主体性的正是人类命运共同体的重大理念。

在当今时代,由于对命运与共的认识不够深刻,人们之间的实践活动也往往不是从互利共赢的角度出发,这种联合的缺乏导致人自身的社

---

① [德]黑格尔:《精神现象学》上册,贺麟、王玖兴译,北京:商务印书馆1979年版,第122页。

会关系在对象化后失去控制,正如恩格斯所言:"这些规律在社会联系的唯一继续存在的形式即交换中表现出来,并且作为竞争的强制规律对各个生产者发生作用。"① 这就是说,人们只是在交易中才自觉发生联系,而这种交易的关系则服务于个人的利己心,从而社会联系就只是达到目的的外在手段,异化为一种外在的必然性,以此支配和压迫着人们。失去对自身社会关系的控制实际上反映了人们陷入束缚和桎梏而沦为不自由的存在,因此驾驭人与人的交往关系尤其是生产领域的交往关系就成为人类自由解放的前提。这就意味着必须超越孤立独白的主体性以及立基其上的单边主义,唯有如此才能推动人类对自身社会关系的驾驭,如前所述,实现对社会关系的彻底驾驭是人类进入真正的"自由王国"前提,亦即实现自由全面的发展的前提。只有在这个时候,人们之间对立的生存斗争才能彻底平息,人类终于从动物界中真正摆脱出来,从动物的生存条件进入真正人的生存条件,以此为起点,先前同人们对立并支配人们的社会力量将完全为人类所用,即受到人们的控制,而一直作为不自觉和被迫的劳动现在则变为人们的自由活动。对于这种状态,《社会主义从空想到科学的发展》一书曾做出经典的描述,即"人们周围的、至今统治着人们的生活条件,现在受人们的支配和控制,人们第一次成为自然界的自觉的和真正的主人,因为他们已经成为自身的社会结合的主人了。……这是人类从必然王国进入自由王国的飞跃。"② 这表明,至今一直统治历史的客观的异己的力量现在处于人们自己的控制之下,从这时起,自然规律和社会规律越来越被熟练地运用于服务人的自由全面发展的需要,人们可以完全自觉地自己创造自己的历史。就当前而言,培育人们支配自身社会关系的交互主体性,以此超越孤立独白的主体性以及立基其上的单边主义,离不开人类命运共同体的构建,换言之,推动构建人类命运共同体是促进人们支配自身社会关系的重大契机,也是推动全球正义的重要途径。

  人类命运共同体不仅具有其明晰的命运与共的内涵,同时也指向现实的互利共赢实践,尤其是经济领域的合作,因为经济领域的合作是推动全面合作的重要"引擎",生产力的高度发展是人们实现对自身关系全面驾驭的重要前提和条件,正如马克思曾经指出的那样,如果没有高

---

① 《马克思恩格斯文集》第3卷,北京:人民出版社2009年版,第552页。
② 《马克思恩格斯文集》第3卷,北京:人民出版社2009年版,第564—565页。

度发展的生产力，那么陈腐污浊的东西就可能死灰复燃，人们为了争夺必需品，相互之间又不可避免地展开斗争，物质资料的生产"是人们从几千年前直到今天单是为了维持生活就必须每日每时从事的历史活动，是一切历史的基本条件"①，所以马克思也才说"这个领域始终是一个必然王国"，而真正的自由则"存在于真正物质生产领域的彼岸"②。经济领域的联合对人们支配自身全部社会关系具有重要的意义，而人们只有成为"自身的社会结合的主人"，才能成为"自然界的自觉的和真正的主人"③。当然，人的自由全面发展不仅需要在物质生产领域进行自觉的社会结合，而且要使这种结合扩展到其他领域，使之成为其他领域满足和发展人的个性、才能、需要的条件。人类命运共同体这一重大理念有力地推动人们驾驭自身的社会关系，使人们的交往走出独白主体性和单边主义的阴影，为人类成为自由人即进入"自由王国"铺垫道路和桥梁。就此而言，无论在当今还是在未来，命运与共的思想认识与互利共赢的实践追求都应当被始终看作个人及其构成体交往时的信念和原则，这符合交往各方的利益。而要求现实个人及其构成体时刻保持这种自觉，也就必然要求其认可人类命运共同体的理念，这在根本上有助于各国的发展，也有助于世界的和平与稳定，从而符合全人类的利益。反观当今国际交往中的种种问题与缺陷，其产生的一个重大原因就在于缺少命运与共的思想认识与互利共赢的实践追求，从而也表明这些国际主体并不是从个体与类的辩证统一来思考和行动，因而也就没有达到交互主体性的自觉。在对这一问题进行反思的基础上，中国积极倡导的人类命运共同体理念具有高度的先进性与合理性，在构建人类命运共同体的过程中将有力推动交互主体性的生成，以此消解和扬弃单边主义，改善国际关系格局，促进人类社会新秩序的确立，推动全球正义的实现。

综上所述，立足马克思社会关系概念阐发人类命运共同体，将揭示人类命运共同体超越单边主义的深层哲学依据，即通过推动交互主体性的生成扬弃孤立独白的主体性，以此消解单边主义的深层思想根源与观念根基，而对单边主义的削弱将大大促进全球正义困境的克服，以此巩固全球化和世界历史的成果，最终推动人类社会的进步，乃至推动人类

---

① 《马克思恩格斯文集》第 1 卷，北京：人民出版社 2009 年版，第 531 页。
② 《马克思恩格斯文集》第 7 卷，北京：人民出版社 2009 年版，第 928 页。
③ 《马克思恩格斯文集》第 3 卷，北京：人民出版社 2009 年版，第 564—565 页。

进一步迈向更加自由解放的社会阶段。

三、实体性价值观的历史考察与人类命运
共同体对文明冲突困境的扬弃

价值观是人们思考和行动的指针，不同的价值观对人们思考和行动带来不同的引导，从而对人的生存状态和生存品性产生重大的影响。就第四章所论述的文明冲突而言，其产生的深层思想根源之一就在于不同文明对自身所秉持的价值观持有实体性的理解，以此排斥与之不同的价值观，从而导致了不同的文明之间发生冲突。而所有文明的核心性价值观在根本上都关联着对人与人的关系的理解以及人与自然的关系的理解。迄今为止，人类在关于如何理解人与自然关系和如何理解人与人关系上形成了两组不同的价值观，即自然主义与人类中心主义、共同体主义与个体主义，以此成为支撑不同时代不同文明的意识内核。对这些价值观背后隐含的实体性思维进行揭示，在此基础上阐发人类命运共同体的关系性思维，论证人类命运共同体对不同价值观的调解作用，将有力地彰显人类命运共同体扬弃或缓解文明冲突的意义。马克思"社会关系"概念是把握人类命运共同体所内嵌的关系性价值观意蕴的重要思想资源和理论基础，因此我们将结合马克思的相关思想对此展开探讨。

（一）从自然主义到人类中心主义：人与自然关系的历史演化及其意识反响

与动物只能适应于一定的自然环境不同，人类能够将整个自然作为对象加以改造，而在改造自然的同时人们也形成了关于人与自然关系的不同理解，这些理解集中地反映到相应的价值观中。这些不同的价值观影响着人们对待自然的态度和方式，以至于对自然并且最终对人类自身产生了不同的影响。在历史上，自然主义和人类中心主义是人们理解人与自然关系时采取的两种典型的价值观念。

持自然主义的人认为，人类来于自然而又复归于自然，自然作为人类的源泉和归宿是人类无法超出的界限，例如霍尔巴赫就曾说道，人类"服从自然的法则，不能超越自然，哪怕在思维中也不能走出自然"①。

---

① [法]霍尔巴赫：《自然的体系》下卷，管士滨译，北京：商务印书馆1999年版，第3页。

在这种理解之下，自然主义者指出，自然不是孤零零地在人之外等待人类去改造和征服的对象，而是人类应当去守护、倾听和与之交谈的存在，为此他们反对对自然的随意利用和开采。与自然主义者的看法不同，人类中心主义者将人类需要作为一切事物的最高标尺，主张人类应该竭尽所能去开发和利用自然，以使自然中的资源更好地为人类所服务，充分发挥自然资源的价值。作为理解人与自然关系的两种对立的价值观，在人类社会早期二者间的冲突并不明显，只是到了近代工业革命和资本主义确立以后，二者的分裂和冲突才达到了十分尖锐的程度。

具体而言，近代工业革命的发生和资本主义的确立极大地推动了科学技术的应用，由此一来，人类对自然改造的广度和深度得到了前所未有的扩展，正如马克思所指出的那样，在资本主义取得主导地位的时代，人们在不到一百年的时间里创造了比过去一切世代创造的生产力总和还要多的生产力①。如此巨大的生产力的创造是以自然资源的发掘和利用为前提的，而对自然开采和改造能力的极大提升使人类对自身力量达到了史无前例的自信，由此推动了人类中心主义取得主导优势。持有人类中心主义的人相信，人类的能力足以使自身成为世界的主宰，对此，培根说道"知识就是力量"，而笛卡儿则提出"给我物质，我就能创造出一个宇宙"，甚至上帝不再为人类所需要，而只是作为人类自身投影的虚幻偶像被破除和打倒。就这样，在人类中心主义的主导下，人们发起了"向大自然进军"的一波又一波攻势，高于自然、超越自然的优越性前所未有。如果用一个比喻来形容的话，可以说，这时的人类是大自然的一个十足的叛逆之子，针对此情此景，多尔迈评价道，"伴随着分离与任性的傲慢，特别是在它与自然的关系中，解放的历史充满了一种统治的冲动"②。在利科看来，对于以人类中心主义为支撑的解放叙事而言，"唯一可设想的就是有组织地对自然进行斗争"。与此对应，艾恺也在相同的意义上对整个现代化作出判定，他说，作为范围涉及经济、政治、社会的现代化是一个"组织与制度的全体朝向以役使自然为目的的系统

---

① 《马克思恩格斯文集》第2卷，北京：人民出版社2009年版，第36页。
② [美] 弗莱德·多尔迈：《主体性的黄昏》，万俊人等译，上海：上海人民出版社1992年版，第12—13页。

化的理智运用过程"①,这就是说,自然界成为人们意图统治的外在客体。正是依托于这一现代化过程,人类中心主义展现了一幅令人心向神往的图景,这一图景总的来说就是"幸福与解放这类维度曾是和增强力量及生产社会财富这些维度融合在一起,合理生活形式的设计同合理控制自然及动员社会力量结合成一种幻影式的共生体"②。人类中心主义取得强大优势成为主导性的价值观念,与此相对应,自然主义则被其排挤到边缘。

然而,历史的车轮转动到20世纪之后,占据独尊地位的人类中心主义遭遇到了前所未有的质疑和挑战,这一挑战和质疑发端于人类最核心、最重要的生存和延续问题。这就是说,在人类中心主义的主导之下,人们对大自然的过度开发和粗暴对待导致一系列生态危机发生,例如生态污染、环境破坏、全球气候变暖、能源匮乏以及某些资源枯竭等,这一系列生态问题在根本上威胁了人类的生存和发展,使得人类面临着被连根拔起的威胁。一系列的生态问题乃至危机表明,人类中心主义所描绘的幸福图景并没有因为人类对自然疾风骤雨般地利用而到来,相反,展现在人类面前的不是令人"诗意的栖居"的家园,而是一个物欲横流、情欲盛行的纷乱世界,是一个瓦解自身生存根基的慢性毁灭过程。对于此种情境,我们可以借用哈贝马斯的话来进行评价,即"近代以来曾经从中获得自己的自我意识和自己乌托邦期望的那些增强影响力的力量,事实上却使自主性转变为依从性,使解放转变为压迫,使合理性转变为非理性"③。

在这样的背景下,自然主义的价值观重新涌现台前,"回到自然去"的呼声此起彼伏的被旨趣各异的流派和思想家共同高呼着。例如,海德格尔对人类失去家园感的担心与忧虑,强调人不是存在的主宰而只是存在的守护者,以及对人"诗意的栖居"在大地上、栖居在自然中的追求;胡克提出建立新的"进化的自然主义实在论",以此代替人类中心主义的价值观;西方马克思主义对当代资本主义文化控制自然、压抑人

---

① [美]艾恺:《世界范围内的反现代化思潮》,贵阳:贵州人民出版社1991年版,第5页。
② 转引自薛华:《哈贝马斯的商谈伦理学》,沈阳:辽宁教育出版社1988年版,第105页。
③ 转引自薛华:《哈贝马斯的商谈伦理学》,沈阳:辽宁教育出版社1988年版,第90页。

性进行的一系列的激烈批判与解构等。面对人类现代社会严重的全球性生态危机，生态伦理的价值也被伦理学家们提到了核心日程上。生态伦理学家们要求，人类必须对人类中心主义引导下造成的生态问题进行全面的反思，并使人类的道德领域扩展到自然界，而不是仅仅框定在人类自身之内。与回到自然的口号相辅相成的主题是向人类文化开火，而向人类文化开火最猛烈的代表之一就是罗马俱乐部的成员们。他们认为，在人类中心主义价值观引导下的人类实践不是使人类通向福祉，而是使人类通向灾难。例如，罗马俱乐部创始人贝恰指出，"屈服于一种诱惑，企图把这个地球改造成为好像只是我们居住的地方。这么做就要付出代价。"① 他进一步说道，"如果不改变某些实为自杀的行为，那么，我们不久也将加入世界自然基金会的红皮书中而落到'险境动物'的地步了。"②

但是，面对一浪高过一浪的自然主义呼声，人类中心主义的追随者和信仰者并没有因此而后退。他们认为，人类是不能超出人类中心主义的价值观的，因为倘若不以人类为中心和基础，那么再整全的自然界又有什么意义呢？他们相信，随着人类科学技术的进步和改造世界能力的发展，人类中心主义自身的问题一定会自行得到完满解决，以此使人类文明更健康地向前迈进，因此他们拒绝向自然主义妥协。

（二）从共同体主义到个体主义：人与人关系的时代变迁及其观念回声

如果对人类价值观念的发展史进行全面深入的考察就会发现，人类中心主义价值观念的流行在深层对应于个体主义的崛起，而自然主义的退却则与共同体主义的式微相对应。具体而言，在前现代社会，个体是作为从属于"一定狭隘人群的附属物"而存在的。在这一时期，个人没有独立于群体的自由和权利，对于群体采取的是无条件服从的态度，他们思考和行动的角度以群体为根据和出发点，也就是说，共同体主义是这个时期占绝对主导地位的价值观。借用黑格尔的话来说就是，在前现

---

① ［日］池田大作、［意］奥锐里欧·贝恰：《21 世纪的警钟》，卞立强译，北京：中国国际广播出版社 1988 年版，第 10 页。

② ［日］池田大作、［意］奥锐里欧·贝恰：《21 世纪的警钟》，卞立强译，北京：中国国际广播出版社 1988 年版，第 56—57 页。

代社会，伦理行为的内容必须是整个的和普遍的①。与此同时，同个体对群体保持绝对服从相对应，此时的人们还紧紧地束缚于自然，与自然紧密联结为一体，在很大程度上遵循和依从自然，甚至对后者具有崇拜的心态。许多自然现象被前现代社会的人们认为是"神恩""天谴"或"报应"，因此这时的人们也采取自然主义的价值观念。也就是说，自然主义与共同体主义是相适应的。

与前现代社会人类对自然的谦逊甚至自卑不同，现代生产力的巨大发展以及在此基础上的各项成就，使人类获得了无与伦比的自信。人们不再以敬畏、膜拜和服从的眼光看待自然，而是将自身看作一切事物的中心和原点，采取不同于自然主义的人类中心主义的价值观。与此同时，在这一阶段，个体自我意识也变得空前高涨，以至于我们可以说，现代性的诞生以及人类中心主义流行的过程就是自我意识觉醒和个体独立的过程。正如黑格尔所强调的那样，"现代世界是以主观性的自由为其原则的"②，"主观自由的法，是划分古代和近代的转折点和中心点"③，哈贝马斯也在相同的意义上指出，"在现代，宗教生活、国家和社会，以及科学、道德和艺术等都体现了主体性原则"④。现代社会的事实是，个体已经不再接受外在于自身的共同体主义价值观，而是将自身看作衡量世间万物的法则和尺度，人们普遍采取一种以个体为本位的信念。就此而言，人类中心主义是与个体主义相对应的。

以此观之，可以发现，引领和支撑西方近现代社会变革的启蒙运动正是对人类与个体双重维度的张扬，因此伴随人类中心主义超越自然主义的过程，个体主义完成了对共同体主义的取代。正如笛卡尔的"我思故我在"命题以及黑格尔和哈贝马斯精准概括的那样，"主观性"或"主体性"成为近现代社会人们思考和行动的原则。这种"主观性"或"主体性"蕴藏了"自我"的双重内涵，即在人与人的关系上标志着个

---

① [德]黑格尔：《精神现象学》下卷，贺麟、王玖兴译，北京：商务印书馆1979年版，第9页。
② [德]黑格尔：《法哲学原理》，范扬、张企泰译，北京：商务印书馆1979年版，第291页。
③ [德]黑格尔：《法哲学原理》，范扬、张企泰译，北京：商务印书馆1979年版，第126—127页。
④ [德]于尔根·哈贝马斯：《现代性的哲学话语》，曹卫东等译，南京：译林出版社2004年版，第22页。

体的自信，而在人与自然的关系上则标志着人类的自信。因此，一方面，它宣告人类有能力成为宇宙的主宰从而支配自然万物，由此从自然主义转向人类中心主义；另一方面，它强调个体的绝对地位，从而将个体确立为一切存在和价值的根据和出发点，即完成由共同体主义向个体主义的转换。在现代社会，人类对自身的自信使上帝也遭到质疑甚至驱逐。与个体主义压倒共同体主义一致的是，现代社会里人类中心主义的信念战胜了自然主义，因而统治自然、主宰自然的价值观成为人类的号角和呼声。对于这种"两相对应"的关系，已故哲学家高清海曾做出总结性的概括，他指出，"人的'依赖性'表现的实质就是人对自然性的依赖关系。在这之后人与人的关系走向分化，借助社会化的联系和力量，个人趋于独立；与此相适应，人与自然也必然会从原来的天然统一关系发展为彼此对立的状态，这两个方面的分化互为条件"①。

然而，无论是自然主义和共同体主义，还是人类中心主义与个体主义，这四种价值观都是不完善的。它们的片面性表现在，只是抓住事物的一方面，而忽视了与之相对的另一方面，不是从矛盾对立统一中去理解。因此，无论表现人与自然关系的人类中心主义和自然主义，还是表现人与人关系的个体主义和共同体主义，它们相互之间虽然直接对立，但就内在方面而言分享着共同的思维方式，这就是实体性的思维。如前所述，实体性的思维与知性的特点是一致的，即在事物中划分区别并在这种区别中思考，这意味着它做出的是有限的规定，并且固定在这种有限性的规定之中，即"那只能产生有限规定，并且只能在有限规定中活动的思维，便叫做知性"②，"知性对于它的对象持分离和抽象的态度"③，"坚持着固定的规定性和各规定性之间彼此的差别。以与对方相对立"④。

正是因为知性"在有限规定中活动"，"对于它的对象持分离和抽象的态度"，"坚持着固定的规定性和各规定性之间彼此的差别"，所以其与形式逻辑的同一律、矛盾律和排中律是相对应的，而"'同一律'与

---

① 高清海：《人的天人一体本性——转变对"人"的传统观念》，载《江海学刊》，1996年第3期，第85页。
② [德] 黑格尔：《小逻辑》，贺麟译，北京：商务印书馆1980年版，第93页。
③ [德] 黑格尔：《小逻辑》，贺麟译，北京：商务印书馆1980年版，第172页。
④ [德] 黑格尔：《小逻辑》，贺麟译，北京：商务印书馆1980年版，第172页。

其自我同一性特征是正相适应的,'矛盾律'与其片面性特征是相适应的,'排中律'与其封闭性与单一性特征是相适应的"①。很明显,这种"自我同一性""片面性""封闭性与单一性"意味着作出分别并执着于这种分别中,这正是实体性思维的重大特征,上述四种价值观即鲜明地体现了这种特征。也就是说,它们对人与自然关系以及人与人关系进行非此即彼、二元分立的把握表明,它们只是抓住事物矛盾的一端而对另一端进行否定,由此造成了人与自然、人与人之间紧张的对立关系,因此这些价值观虽然表面上极为不同,但在深层则是相通的,具有共同的缺陷。当代社会不同民族之间的交往之所以会存在文明冲突的问题,一个重要的根源就在于这些民族各自的思想内核中均包含了这种实体性的价值观,即具有封闭性和排他性的价值理念,由此导致相互之间存在不可避免的矛盾,进而引发文明冲突。

立足前述反思,要求我们在看待人与自然以及人与人的关系时,克服非此即彼的实体性思维,采取一种辩证的眼光与思路,以此寻求合理的价值观,而这种价值观就是超越实体性价值观的关系性价值观。人类命运共同体以其对人与人之间、人与自然之间的不可分割和命运与共关系的强调体现了对交互关系的深刻理解,由此包含了确立关系性价值观的自觉,以此观之,人类命运共同体的构建必然有利于推动文明冲突困境的消解。

(三)人类命运共同体的"关系性价值观"自觉及文明冲突困境的扬弃

中国倡导的人类命运共同体理念,着眼于事物之间的矛盾对立统一,将个体、群体、人类、自然四重维度内在地融合于其中,凸显了辩证的关系性思维。将人类命运共同体作为自觉的前提性的价值观,使得分别以个体、群体、人类、自然为中心的价值观具备了承认和尊重彼此价值追求的可能,以此消解价值观领域的实体性思维。通过这种变革,以不同价值观为意识内核的文明在相互交往中彼此承认和尊重,进而有利于缓解乃至扬弃文明冲突。

就对人与自然之间的关系进行的理解而言,人类命运共同体超越了自然主义与人类中心主义的抽象对立,体现了关系性价值观的深层意蕴。

---

① 贺来:《马克思哲学的"类"概念与"人类命运共同体"》,载《哲学研究》,2016年第8期,第6页。

如前所述，现代社会在人类中心主义的引领下，出现环境污染和生态破坏的问题，从而严重影响甚至威胁了人类的生存和发展，然而采取遵循、顺从甚至膜拜自然的自然主义价值观又将对当代人类的物质生活和精神生活造成桎梏与限制，从而无论是人类中心主义还是自然主义，二者均具有依靠其自身无法克服的片面性。人类命运共同体的价值观从相互影响、相互生成的辩证关系方面引导人们对待自然的态度和方式，实现了对人类中心主义和自然主义的双重超越。

马克思在《1844年经济学哲学手稿》中对人与自然之间的辩证关系进行了精彩的论述，显示出其对二元分立的实体性思维的超越以及扬弃人类中心主义与自然主义的"命运共同体"取向。一方面，马克思认为，"自然界是人为了不致死亡而必须与之处于持续不断的交互作用过程的、人的身体"①，这表明自然是人存在的基础，人的生存发展必须依靠自然来满足，从而污染环境、破坏生态最后将威胁人类自身的生存和发展。另一方面，马克思还指出，"社会是……自然界的真正复活"②，这表明自觉自为的人的出现和社会的诞生实现了对自然的更高的确证，创造了意义的世界。由此可见，人作为自然而存在，自然作为人而有意义，而对于"存在"与"意义"两者，显然无法做出高低之分，知性地规定二者轻重主次的问题意味着片面的理解和把握。此外，马克思还认为，实际创造一个对象世界是人对自身的本质力量的自我确证③，这就告诉人们，不是对自然的破坏、践踏，而是对自然的创造和生产才是人的本性。与此同时，它也表明了，人类的创造和生产其实也是对自然力量的确证，即是说，"人的肉体生活和精神生活同自然界相联系，不外是说自然界同自身相联系"④。需要指出的是，人是自然界最高成就和杰出作品，代表着自然，但这并不意味着采取自然主义的思维方式，因为人还具有否定、批判和超越自然的特质。换言之，人类及其创造活动是对自然的包含了肯定的否定，既是对自然的超越，又是自然自身的实现。因此在面对自然时，人类不能仅仅将自然当作对象化的客体来看待，而是

---

① 《马克思恩格斯文集》第1卷，北京：人民出版社2009年版，第161页。
② 《马克思恩格斯文集》第1卷，北京：人民出版社2009年版，第187页。
③ 《马克思恩格斯文集》第1卷，北京：人民出版社2009年版，第191页。
④ 《马克思恩格斯文集》第1卷，北京：人民出版社2009年版，第161页。

还必须做到"把对象化看作非对象化,看作外化和这种外化的扬弃"①,即人与自然之间是一种既区别又统一的矛盾一体关系。

由上可见,人类命运共同体的价值观建立在对人与自然"共在""共戚"的关系充分自觉的基础上,是一种关系性的价值观,以此扬弃主体同客体二元对立的思维方式。它强调的是人类在面对自然时不能仅仅将其当作对象和客体进行控制、征服、统治和压迫,对于这一点,多尔迈援引海德格尔的话指出,"人在本质上是首先存在于存在的开放性中,这种开放性是一片旷野,它包括了主—客体关系能呈现于其中的'中间'地带"②。就是说,人与自然之间不仅仅是单向的主体—客体关系,而且存在着一种开放的交互式关系,从而启示人们在面对自然时,必须消解二元分立的实体性思维方式,采取容纳人与自然双方的关系性价值观,而人类命运共同体正是容纳人与自然双方的关系性价值观,就此而言,其包含了"人与自然是生命共同体"的内涵于其中。

就对人与人之间的关系进行把握而言,人类命运共同体超越了共同体主义与个体主义的抽象对立,体现了关系性价值观的深层意蕴。人类至今发展的历史证明,将共同体看作完全凌驾在个人之上的实体显然会阻碍人的进步和社会的进步,造成对个人的束缚和桎梏,而绝对的个体主义又导致个人以自我为中心,使得人与人之间出现分裂和对抗,对于后者,黑格尔、马克思、恩格斯都曾借用霍布斯的说法来形容,即"一切人反对一切人的战争"。人类命运共同体从个体与群体二者不可分割的关系来理解人的生存和发展,在把握二者对立统一的过程中实现了对共同体主义和个体主义的超越,体现了其所具有的关系性价值观意蕴。

一方面,人类命运共同体的价值观意识到个体无法离开群体,群体对个体具有至关重要的意义。按照马克思的看法,个体的生存发展建立在物质生产的基础上,这种活动无法依靠单个人来实现,而只能靠个体与他人在共同活动中完成。对此,马克思在《1844年经济学哲学手稿》中说道,"个体是社会存在物"③,在《1857—1858年经济学手稿》中,

---

① 《马克思恩格斯文集》第1卷,北京:人民出版社2009年版,第205页。
② [美]弗莱德·多尔迈:《主体性的黄昏》,万俊人等译,上海:上海人民出版社1992年版,第43页。
③ 《马克思恩格斯文集》第1卷,北京:人民出版社2009年版,第188页。

马克思也明确地指出,"人是……只有在社会中才能独立的动物"①。同样,正是自觉到个体的自我实现需要依靠他人,所以黑格尔也强调,"不同他人发生关系的个人不是一个现实的个人"②。另一方面,人类命运共同体的价值观也指出,个体作为生命基本单元和社会历史的现实主体,其生存、发展的权利不可剥夺。在《德意志意识形态》中,马克思多次论述个体作为社会历史现实主体的地位,例如他指出,"全部人类历史的第一个前提无疑是有生命的个人的存在"③,人类"是作为处在他们的生产力和需要的一定发展阶段上的个人而发生交往的"④,"'共同利益'在历史上任何时候都是由作为'私人'的个人造成的"⑤ 等。在此意义上,诺齐克对个人地位的承认和尊重不无道理,他说,每个现实的个体都应该被"当做不可侵犯的个人,不可以被别人以某种方式用作手段、工具、器械或资源的个人"⑥。在个体与群体的关系方面,人类命运共同体的价值观的合理性,还鲜明体现在它适应于人类自由全面发展的追求和状态,即人的真正自由解放要求"每个人的自由发展是一切人自由发展的条件"⑦,与此同时,它也表明"只有在共同体中才可能有个人自由"⑧。因此,这要求我们在看待群体与个人的关系时,"应当避免重新把'社会'当作抽象的东西同个体对立起来"⑨。十分明显,这正是人类命运共同体的价值观所内在蕴含的旨趣与取向。

此外,马克思关于人的解放的前提的论述,也充分证明了人类命运共同体的价值观在扬弃个体与群体抽象对立方面的意义。他说,只有个人"成为类存在物的时候……人的解放才能完成。"⑩ 这里的"类存在物"具有对相互关系中的他者予以促进的含义,也就是说,个体"成为

---

① 《马克思恩格斯全集》第30卷,北京:人民出版社1995年版,第25页。
② [德]黑格尔:《法哲学原理》,范扬、张企泰译,北京:商务印书馆1979年版,第347页。
③ 《马克思恩格斯文集》第1卷,北京:人民出版社2009年版,第67页。
④ 《马克思恩格斯全集》第3卷,北京:人民出版社1960年版,第515页。
⑤ 《马克思恩格斯全集》第3卷,北京:人民出版社1960年版,第276页。
⑥ [美]罗伯特·诺齐克:《无政府、国家与乌托邦》,姚大志译,北京:中国社会科学出版社2008年版,第339页。
⑦ 《马克思恩格斯文集》第2卷,北京:人民出版社2009年版,第53页。
⑧ 《马克思恩格斯文集》第1卷,北京:人民出版社2009年版,第571页。
⑨ 《马克思恩格斯文集》第1卷,北京:人民出版社2009年版,第188页。
⑩ 《马克思恩格斯文集》第1卷,北京:人民出版社2009年版,第46页。

类存在物"意味着个体在实现自身的时候推动他人和群体实现,由此实现"具体"和"普遍"的统一,其实质就是个体与群体的统一。而这也就意味着,要求个体成为"类存在物"就是要求人们采取人类命运共同体的立场和原则,以此推动确立关系性的价值观。要言之,人类命运共同体既强调共同体对个体的意义,同时也强调个体对共同体的意义,没有非此即彼地把两者中的任何一个推向极端,体现了其采取对立统一的思维把握个体与共同体关系,以此彰显了其关系性价值观的意蕴。

马克思曾经这样指出,人的自由全面发展在于"以一种全面的方式……占有自己的全面的本质。"① 因此,适应于以全面方式对全面本质的占有,要求人们采取对人与自然关系以及人与人关系的全面把握。对此,实体性的价值观显然不能达到这一要求,即以个体、群体、人类、自然中的任何一方为本位,均无法适应人对自身及与之相关联的世界的本质的充分理解和占有。与之不同,马克思曾极为重视和强调的"类存在物"这一概念意谓一种占有全面本质的完整的人,它包含个体、群体、人类、自然四重维度。而在当前,人类命运共同体理念的提出和倡导,显示了其与马克思"类存在物"概念的价值追求高度一致,由此表明人类命运共同体对人与自然关系以及人与人关系的全面理解和把握。这种全面的理解和把握同人的发展相对应,是时代的呼唤、历史的必然,即社会发展到一定阶段必定出现的价值观。根据马克思的论述,"人的依赖关系"为基础的前现代社会,"建立在物的依赖性基础上的人的独立性"的现代社会,以及实现人"自由个性"的未来社会,是人的发展的三大阶段。与这三大阶段相对应,人与人关系上表现出来的价值观依次是前现代的共同体主义,现代的个体主义,以及实现人"自由个性"时代的共同体与个体的有机统一;人与自然关系上表现出来的价值观依次是前现代的自然主义,现代的人类中心主义,以及实现人"自由个性"时代的人与自然的有机统一。由此可见,实现人的"自由个性"的社会,是在扬弃前现代社会和现代社会基础上生成的,它对共同体主义、个体主义、自然主义、人类中心主义均予以超越,生成全面的关系性价值观。正如高清海所指出的那样,"类存在的人是充分意识到自己为人,并能自觉地从人出发去对待一切的人。在这里,不仅人和人趋于自觉的联合,

---

① 《马克思恩格斯文集》第1卷,北京:人民出版社2009年版,第189页。

能够建立相互谐调的一体化的社会关系；而且人和自然也达到自觉的融合，结束了相互敌对的状态，建立起了一体化的和谐关系。"①

回到现实我们发现，在现代社会，人类中心主义和个体主义已经暴露了其严重的缺陷和片面性，这要求我们必须对人类命运共同体的价值观予以充分自觉。根据马克思的揭示，人与人的关系反映了人与自然的关系，而人与自然的关系也反映着人与人的关系。因此，在现代社会，人类中心主义压倒自然主义所体现的人对自然的统治，在深层上表现的是人对人的统治的企图，简单来说就是"勘天"与"役人"之间存在着内在的不可分割的关系，正如莱斯所一语道破的那样，"如果控制自然的观念有任何意义的话，那就是……一些人企图统治和控制他人"②。这一方面显示了个体、群体、人类、自然四重维度内在关联的关系，另一方面表明彻底化解人与自然对立的过程也就是使人与人之间的冲突达到和解的过程，而这就要求达到人类命运共同体的关系性价值观自觉。也就是说，只有在以人类命运共同体为基石的关系性价值观的引导下，人与人之间才能达到一种既尊重彼此差异又促进共同发展的和谐状态，由此彻底消解"统治和控制他人"的企图。而人与人之间对立的消解，将有效化解人对自然过度开发所带来的生态危机，亦即在人类命运共同体价值观的自觉下人类不仅将合理调节人与人之间的关系，而且"人类合理的调节人与自然关系的能力将会空前提高，人与自然的关系也将达到真正的和谐统一"③，从而宣告个体主义与共同体主义、人类中心主义与自然主义抽象对立局面的终结。可以预见，自觉、全面而彻底地以人类命运共同体为立足点的社会就是共产主义社会，这一社会形态是人类社会的高阶形态，它"作为完成了的自然主义，等于人道主义，作为完成了的人道主义，等于自然主义，它是人和自然界之间、人和人之间的矛盾的真正解决"④。这种解决意味着，不同文明所秉持的核心价值观的排他性得到了消解，由此也实现了文明冲突困境的扬弃。

---

① 高清海：《人的天人一体本性——转变对"人"的传统观念》，载《江海学刊》，1996年第3期，第86页。
② [加] 威廉·莱斯：《自然的控制》，岳长龄、李建华译，重庆：重庆出版社1993年版，第109页。
③ 秦书生、王宽：《马克思恩格斯生态文明思想及其传承与发展》，载《理论探索》，2014年第1期，第41页。
④ 《马克思恩格斯文集》第1卷，北京：人民出版社2009年版，第185页。

综上所述，人类命运共同体这一重大理念和方案的提出和构建促使我们"深入研究个人、共同体、人类和自然生态之间的相互关系，揭示出个人之道、共同体之道、人类共同发展之道和大自然之道及其相互关系"，从而得以"最大限度地推动'万物并育而不相害，道并行而不相悖'那样一种和谐的'天下达道'局面的出现"[1]。这种"天下达道"的局面的出现意味着，人们在交往时已不再秉持封闭的排他性的价值观，而是采取开放、包容的关系性价值观。以这种关系性价值观为基础，不同民族之间的文明将大幅提升彼此"兼容"的程度，由此能够极大地避免非此即彼的对抗性矛盾，从而有效缓解文明冲突困境。

---

[1] 张曙光:《"类哲学"与"人类命运共同体"》，载《吉林大学社会科学学报》，2015年第1期，第132页。

参考文献

中文著作

《马克思恩格斯全集》第1卷,北京:人民出版社1956年版。
《马克思恩格斯全集》第1卷,北京:人民出版社1995年版。
《马克思恩格斯全集》第3卷,北京:人民出版社1960年版。
《马克思恩格斯全集》第3卷,北京:人民出版社2002年版。
《马克思恩格斯全集》第4卷,北京:人民出版社1958年版。
《马克思恩格斯全集》第16卷,北京:人民出版社1964年版。
《马克思恩格斯全集》第30卷,北京:人民出版社1995年版。
《马克思恩格斯全集》第31卷,北京:人民出版社1998年版。
《马克思恩格斯全集》第42卷,北京:人民出版社1979年版。
《马克思恩格斯全集》第44卷,北京:人民出版社2001年版。
《马克思恩格斯全集》第47卷,北京:人民出版社2004年版。
《马克思恩格斯文集》第1—10卷,北京:人民出版社2009年版。
《马克思恩格斯选集》第1—4卷,北京:人民出版社2012年版。

[德]马克思:《1844年经济学哲学手稿》,中共中央马克思恩格斯列宁斯大林著作编译局译,北京:人民出版社2000年版。

[德]马克思:《资本论》第1—3卷,中共中央马克思恩格斯列宁斯大林著作编译局译,北京:人民出版社2004年版。

《列宁全集》第1卷,北京:人民出版社1984年版。
《列宁全集》第55卷,北京:人民出版社1990年版。
《邓小平文选》第3卷,北京:人民出版社1993年版。

习近平:《论坚持推动构建人类命运共同体》,北京:中央文献出版社2018年版。

[波]兹维·罗森：《布鲁诺·鲍威尔和卡尔·马克思——鲍威尔对马克思思想的影响》，王谨等译，北京：中国人民大学出版社1984年版。

[德]恩斯特·卡西尔：《语言与神话》，于晓等译，北京：生活·读书·新知三联书店1988年版。

[德]斐迪南·滕尼斯：《共同体与社会：纯粹社会学的基本概念》，林荣远译，北京：商务印书馆1999年版。

[德]费尔巴哈：《费尔巴哈哲学著作选集》上下卷，荣震华等译，北京：商务印书馆1984年版。

[德]费尔巴哈：《基督教的本质》，荣震华译，北京：商务印书馆1984年版。

[德]弗·梅林：《马克思传》，罗稷南译，北京：生活·读书·新知三联书店1956年版。

[德]格奥尔格·齐美尔：《金钱、性别、现代生活风格》，顾仁明译，上海：学林出版社2000年版。

[德]格奥尔格·齐美尔：《桥与门》，涯鸿等译，上海：上海三联书店1991年版。

[德]格奥尔格·齐美尔：《时尚的哲学》，费勇等译，北京：文化艺术出版社2001年版。

[德]格奥尔格·西美尔：《货币哲学》，陈戎女等译，北京：华夏出版社2002年版。

[德]黑格尔：《法哲学原理》，范扬、张企泰译，北京：商务印书馆2017年版。

[德]黑格尔：《精神现象学》上下卷，贺麟、王玖兴译，北京：商务印书馆1979年版。

[德]黑格尔：《小逻辑》，贺麟译，北京：商务印书馆1980年版。

[德]黑格尔：《哲学史讲演录》第1—4卷，贺麟、王太庆译，北京：商务印书馆2017年版。

[德]卡尔·柯尔施：《卡尔·马克思——马克思主义的理论和阶级运动》，熊子云、翁延真译，重庆：重庆出版社1993年版。

[德]卡尔·柯尔施：《马克思主义和哲学》，王南湜、荣新海译，重庆：重庆出版社1989年版。

[德]卡尔·洛维特：《从黑格尔到尼采》，李秋零译，北京：生

活·读书·新知三联书店 2014 年版。

［德］康德：《纯粹理性批判》，韦卓民译，武汉：华中师范大学出版社 2000 年版。

［德］康德：《道德形而上学原理》，苗力田译，上海：上海人民出版社 2005 年版。

［德］马丁·海德格尔：《存在与时间》，陈嘉映、王庆节译，北京：生活·读书·新知三联书店 1987 年版。

［德］马丁·海德格尔：《路标》，孙周兴译，北京：商务印书馆 2017 年版。

［德］马丁·海德格尔：《尼采》下卷，孙周兴译，北京：商务印书馆 2002 年版。

［德］马克斯·韦伯：《学术与政治》，冯克利译，北京：生活·读书·新知三联书店 1998 年版。

［德］特奥多·阿多尔诺：《否定的辩证法》，张峰译，重庆：重庆出版社 1993 年版。

［德］乌尔里希·贝克、［德］伊丽莎白·贝克-格恩斯海姆：《个体化》，李荣山等译，北京：北京大学出版社 2011 年版。

［德］于尔根·哈贝马斯：《后形而上学思想》，曹卫东、付德根译，南京：译林出版社 2001 年版。

［德］于尔根·哈贝马斯：《现代性的哲学话语》，曹卫东等译，南京：译林出版社 2004 年版。

［法］阿兰·图海纳：《我们能否共同生存？——既彼此平等又互有差异》，狄玉明、李平沤译，北京：商务印书馆 2003 年版。

［法］奥古斯特·科尔纽：《马克思恩格斯传》第 1 卷，刘丕坤等译，北京：生活·读书·新知三联书店 1963 年版。

［法］奥古斯特·科尔纽：《马克思恩格斯传》第 2 卷，刘丕坤等译，北京：生活·读书·新知三联书店 1965 年版。

［法］奥古斯特·科尔纽：《马克思恩格斯传》第 3 卷，刘丕坤等译，北京：生活·读书·新知三联书店 1980 年版。

［法］霍尔巴赫：《自然的体系》下卷，管士滨译，北京：商务印书馆 1999 年版。

［法］路易·阿尔都塞、［法］艾蒂安·巴里巴尔：《读〈资本论〉》，

李其庆、冯文光译，北京：中央编译出版社2008年版。

［法］让·雅克·卢梭：《论人类不平等的起源和基础》，李常山译，北京：商务印书馆1962年版。

［法］让·雅克·卢梭：《社会契约论》，徐强译，北京：中国社会科学出版社2009年版。

［法］汤姆·洛克曼：《马克思主义之后的马克思——卡尔·马克思的哲学》，杨学功、徐素华译，北京：东方出版社2008年版。

［古希腊］柏拉图：《理想国》，郭斌和、张竹明译，北京：商务印书馆2016年版。

［古希腊］亚里士多德：《尼各马可伦理学》，廖申白译注，北京：商务印书馆2003年版。

［古希腊］亚里士多德：《形而上学》，吴寿彭译，北京：商务印书馆1959年版。

［古希腊］亚里士多德：《政治学》，高书文译，北京：中国社会科学出版社2009年版。

［加］威廉·莱斯：《自然的控制》，岳长龄、李建华译，重庆：重庆出版社1993年版。

［美/法］汤姆·洛克莫尔：《非理性主义——卢卡奇与马克思主义理性观》，孟丹译，北京：中国人民大学出版社2014年版。

［美］埃里希·弗洛姆：《健全的社会》，蒋重跃译，北京：国际文化出版公司2003年版。

［美］艾恺：《世界范围内的反现代化思潮》，贵阳：贵州人民出版社1991年版。

［美］弗莱德·多尔迈：《主体性的黄昏》，万俊人等译，上海：上海人民出版社1992年版。

［美］赫伯特·马尔库塞：《单向度的人——发达工业社会意识形态研究》，刘继译，上海：上海译文出版社2014年版。

［美］卡罗尔·古尔德：《马克思的社会本体论：马克思社会实在理论中的个性和共同体》，王虎学译，北京：北京师范大学出版社2009年版。

［美］理查德·罗蒂：《偶然、反讽与团结》，北京：商务印书馆2005年版。

[美]罗伯特·诺齐克：《无政府、国家与乌托邦》，姚大志译，北京：中国社会科学出版社2008年版。

[美]马歇尔·伯曼：《一切坚固的东西都烟消云散了——现代性体验》，徐大建、张辑译，北京：商务印书馆2003年版。

[美]塞缪尔·亨廷顿：《文明的冲突与世界秩序的重建》，周琪等译，北京：新华出版社2002年版。

[美]约翰·罗尔斯：《正义论》，何怀宏等译，北京：中国社会科学出版社1988年版。

[美]约翰·罗尔斯：《作为公平的正义——正义新论》，姚大志译，上海：上海三联书店出版社2002年版。

[日]柄谷行人：《跨越性批判——康德与马克思》，赵京华译，北京：中央编译出版社2011年版。

[日]柄谷行人：《世界史的构造》，赵京华译，北京：中央编译出版社2012年版。

[日]池田大作、[意]奥锐里欧·贝恰：《21世纪的警钟》，卞立强译，北京：中国国际广播出版社1988年版。

[日]广松涉：《唯物史观的原像》，邓习议译，南京：南京大学出版社2009年版。

[日]广松涉：《物象化论的构图》代译序，彭曦、庄倩译，南京：南京大学出版社2002年版。

[日]望月清司：《马克思历史理论的研究》，韩立新译，北京：北京师范大学出版社2009年版。

[匈]卢卡奇·格奥尔格：《历史与阶级意识》，杜章智等译，北京：商务印书馆1992年版。

[英]安东尼·吉登斯：《现代性的后果》，田禾译，南京：译林出版社2011年版。

[英]伯特兰·罗素：《西方哲学史》下卷，马元德译，北京：商务印书馆1982年版。

[英]戴维·弗里斯比：《现代性的碎片》，卢晖临等译，北京：商务印书馆2003年版。

[英]戴维·麦克莱伦：《马克思传》，王珍译，北京：中国人民大学出版社2008年版。

[英]戴维·麦克莱伦:《青年黑格尔派与马克思》,夏威仪等译,北京:商务印书馆1982年版。

[英]齐格蒙特·鲍曼:《现代性与矛盾性》,邵迎生译,北京:商务印书馆2013年版。

[英]托马斯·霍布斯:《利维坦》,黎思复、黎廷弼译,北京:商务印书馆1985年版。

[英]以赛亚·伯林:《俄国思想家》,彭淮栋译,上海:译林出版社2001年版。

白刚:《瓦解资本的逻辑:马克思辩证法的批判本质》,北京:中国社会科学出版社2009年版。

北京大学哲学系外国哲学史教研室:《古希腊罗马哲学》,北京:生活·读书·新知三联书店1957年版。

北京图书馆马列著作研究室:《马恩列斯研究资料汇编(1981)》,北京:书目文献出版社1985年版。

复旦大学哲学系现代西方哲学研究室:《西方学者论〈1844年经济学哲学手稿〉》,上海:复旦大学出版社1983年版。

高清海、胡海波、贺来:《人的"类生命"与"类哲学"——走向未来的当代哲学精神》,长春:吉林人民出版社1998年版。

高云涌:《社会关系的逻辑:马克思辩证法理论的合理形态》,北京:中国社会科学出版社2009年版。

韩立新:《〈巴黎手稿〉研究》,北京:北京师范大学出版社2014年版。

贺来:《"主体性"的当代哲学视域》,北京:北京师范大学出版社2013年版。

侯才:《青年黑格尔派与马克思早期思想的发展》,北京:中国社会科学出版社1994年版。

黄克剑:《人韵:一种对马克思的解读》,北京:东方出版社1996年版。

旷三平:《唯物史观前沿问题研究——现代哲学视阈下的一种理论探讨》,北京:中国社会科学出版社2004年版。

罗嘉昌:《从物质实体到关系实在》,北京:中国社会科学出版社1996年版。

罗燕明:《马克思恩格斯思想研究（1833—1844）》，北京：中央编译出版社 2002 年版。

苗力田:《亚里士多德全集》第 7 卷，北京：中国人民大学出版社 1993 年版。

彭学农:《从制度经济学看哲学与经济学之互动》，上海：上海大学出版社 2004 年版。

曲红梅:《马克思主义、道德和历史》，北京：中国社会科学出版社 2016 年版。

孙伯鍨:《探索者道路的探索：青年马克思恩格斯哲学思想研究》，北京：北京师范大学出版社 2017 年版。

孙承叔:《真正的马克思——〈资本论〉三大手稿的当代意义》，北京：人民出版社 2009 年版。

孙利天:《让马克思主义哲学说中国话》，武汉：武汉大学出版社 2010 年版。

孙正聿:《哲学通论》，沈阳：辽宁人民出版社 1998 年版。

唐正东:《从斯密到马克思——经济哲学方法的历史性诠释》，南京：江苏人民出版社 2009 年版。

王庆丰:《资本论的再现》，北京：中央编译出版社 2016 年版。

吴晓明:《马克思早期思想的逻辑发展》，云南：云南人民出版社 1993 年版。

薛华:《哈贝马斯的商谈伦理学》，沈阳：辽宁教育出版社 1988 年版。

俞吾金:《从康德到马克思：千年之交的哲学沉思》，北京：北京师范大学出版社 2017 年版。

张盾:《马克思的六个经典问题》，北京：中国社会科学出版社 2009 年版。

张一兵:《回到马克思——经济学语境中的哲学话语》，南京：江苏人民出版社 2009 年版。

赵敦华:《西方哲学简史》，北京：北京大学出版社 2001 年版。

周志山:《马克思社会关系理论及其当代意义》，济南：齐鲁书社 2004 年版。

中文期刊

白刚：《〈资本论〉如何证明了唯物史观》，载《华中科技大学学报》，2017年第3期。

鲍金：《拜物教为什么是"客观的思维形式"？——抽象视阈中的马克思拜物教批判再阐释》，载《马克思主义与现实》，2013年第6期。

邴正：《现代文化矛盾与全球化理论批判》，载《学习与探索》，2007年第6期。

卜祥记、罗萍：《费尔巴哈的伟大功绩究竟何在？——以〈1844年经济学哲学手稿〉为例看马克思眼中的费尔巴哈》，载《福建论坛（社科教育版）》，2011年第2期。

程世礼：《评罗尔斯的正义论》，载《华南师范大学学报（社会科学版）》，2002年第5期。

邓晓芒：《费尔巴哈"人的本质"试析》，载《湖南师范大学社会科学学报》，2001年第2期。

方永：《罗尔斯〈正义论〉评述》，载《道德与文明》，1996年第1期。

付文军：《资本、资本逻辑与资本拜物教——兼论〈资本论〉研究的逻辑主线》，载《当代经济研究》，2016年第2期。

高清海：《马克思主义哲学的两种理论形态》，载《哲学动态》，2000年第2期。

高清海：《人的类生命、类本性与"类哲学"》，载《长白论丛》，1997年第2期。

高清海：《人的天人一体本性——转变对"人"的传统观念》，载《江海学刊》，1996年第3期。

高清海：《人类正在走向自觉的"类存在"》，载《吉林大学社会科学学报》，1998年第1期。

高清海：《哲学回归现实世界之路——评哲学本体思维方式的兴衰》，载《社会科学战线》，1993年第1期。

高云涌：《马克思辩证法：一种关系间性的思维方式》，载《天津社会科学》，2008年第3期。

高云涌：《社会关系的逻辑——"资本的时代"马克思辩证法理论

的合理形态》，载《社会科学战线》，2008年第3期。

郭强、相雅芳：《马克思与罗尔斯顿生态观：比较及启示》，载《理论探索》，2015年第4期。

郭湛：《论主体间性或交互主体性》，载《中国人民大学学报》，2001年第3期。

韩立新：《异化、物象化、拜物教和物化》，载《马克思主义与现实》，2014年第2期。

何建华：《马克思与罗尔斯的公平正义观：比较及启示》，载《伦理学研究》，2011年第5期。

何友晖、彭泗清：《方法论的关系论及其在中西文化中的应用》，载《社会学研究》，1998年第5期。

贺来、张欢欢：《"人的本质是一切社会关系的总和"意味着什么》，载《学习与探索》，2014年第9期。

贺来：《"关系理性"与真实的"共同体"》，载《中国社会科学》，2015年第6期。

贺来：《"陌生人"的位置——对"利他精神"的哲学前提性反思》，载《文史哲》，2015年第3期。

贺来：《关系性价值观："价值观间"的价值自觉》，载《华东师范大学学报（哲学社会科学版）》，2020年第1期。

贺来：《论马克思哲学与形而上学的深层关系——"形而上学的终结"与"形而上维度的拯救"》，载《哲学研究》，2009年第10期。

贺来：《马克思理论的哲学维度与理论存在样式的转换》，载《学术研究》，2007年第1期。

贺来：《马克思哲学的"类"概念与人类命运共同体》，载《哲学研究》，2016年第8期。

贺来：《现代性学科建制的突破与马克思哲学的存在方式》，载《天津社会科学》，2017年第6期。

贺来：《重建个体性：个体的"自反性"与人的"自由个性"》，载《探索与争鸣》，2017年第5期。

黄涛：《市民社会理论的谱系——从霍布斯到马克思》，载《北京航空航天大学学报（社会科学版）》，2011年第3期。

金惠敏：《从主体性到主体间性——对西方哲学发展史的一个后现代

性考察》，载《陕西师范大学学报（哲学社会科学版）》，2005年第1期。

李猛：《有机马克思主义生态自然观的理论基础——兼论马克思与怀特海自然观的异同》，载《厦门大学学报（哲学社会科学版）》，2017年第1期。

林道海：《正义的原则与证明——罗尔斯正义论评析》，载《山东社会科学》，2006年第5期。

刘小枫：《金钱·性别·生活感觉——纪念西美尔〈货币哲学〉问世一百周年》，载《开放时代》，2000年第5期。

刘志兵：《在差异与同一之间——马克思主义在西方的"文化转向"》，载《浙江社会科学》，2020年第41期。

潘利侠：《货币经济与个体自由——〈货币哲学〉中的个体自由问题》，载《重庆邮电大学学报》（社会科学版），2013年第1期。

秦书生、王宽：《马克思恩格斯生态文明思想及其传承与发展》，载《理论探索》，2014年第1期。

孙伯鍨、张一兵、陈胜云：《从"实践"转向"物质生产"的逻辑过渡——试析社会关系范畴在马克思主义哲学中的地位和意义》，载《江苏社会科学》，1997年第1期。

孙承叔：《哲学主题历史转换的内在本质——关于主体性根源的一点思考》，载《东南学术》，2002年第4期。

孙强：《当代社会关系理论研究综述》，载《学术界》，2001年第1期。

孙强：《社会关系维度是马克思哲学的一元维度》，载《学习与探索》，2007年第4期。

孙小玲：《罗尔斯〈正义论〉中的主体际性维度》，载《哲学研究》，2008年第5期。

唐正东：《用分层阐释法重新理解实践与唯物史观的关系》，载《南京社会科学》，1996年第8期。

田冠浩：《告别中世纪的三次理性革命——从霍布斯到马克思》，载《社会科学辑刊》，2012年第6期。

王帆、黄春梅：《从卢梭到马克思：近代共同体思想的发展历程》，载《南昌大学学报（人文社会科学版）》，2019年第3期。

王福生：《重思〈巴黎手稿〉中的异化概念》，载《吉林大学社会科学学报》，2014 年第 2 期。

王南湜：《马克思的历史概念》，载《哲学研究》，2007 年第 10 期。

王庆丰、苗翠翠：《人类命运共同体的哲学理念》，载《北方论丛》，2019 年第 6 期。

魏小萍：《从社会现象的批判到社会关系本质的批判——马克思和恩格斯对施蒂纳批判局限性的批判》，载《江西社会科学》，2008 年第 4 期。

吴根友、场与有：《实体与非实体——中西哲学学术讲座综述》，载《哲学动态》，1995 年第 9 期。

吴晓明：《论马克思哲学的当代性》，载《天津社会科学》，1999 年第 6 期。

吴晓明：《试论马克思哲学的存在论基础》，载《学术月刊》，2001 年第 9 期。

徐崇温：《阿尔都塞的"理论反人道主义"和马克思主义》，载《马克思主义研究》，1997 年第 1 期。

徐瑾：《疑义澄清："人的本质是一切社会关系的总和"探微》，载《马克思主义与现实》，2017 年第 4 期。

徐长福：《论亚里士多德的实践概念——兼及与马克思实践思想的关联》，载《吉林大学社会科学学报》，2004 年第 1 期。

杨向荣：《现代性·货币·都市风格——文化社会学视域下的齐美尔货币哲学思想解读》，载《云南社会科学》，2008 年第 5 期。

仰海峰：《拜物教批判：马克思与鲍德里亚》，载《学术研究》，2003 年第 5 期。

仰海峰：《从实践到一定的社会关系——马克思唯物史观的深层逻辑转换》，载《理论探讨》，1998 年第 2 期。

仰海峰：《一定的社会关系：马克思经济学研究的哲学视域》，载《南京社会科学》，1997 年第 10 期。

俞吾金：《从"道德评价优先"到"历史评价优先"——马克思异化理论发展中的视角转换》，载《中国社会科学》，2003 年第 2 期。

俞吾金：《马克思哲学是社会生产关系本体论》，载《学术研究》，2001 年第 10 期。

俞吾金：《让马克思从费尔巴哈的阴影中走出来》，载《南京社会科学》，1996 年第 1 期。

张盾、袁立国：《对社会的再发现：从卢梭到马克思》，载《马克思主义与现实》，2012 年第 3 期。

张盾：《"道德政治"谱系中的卢梭、康德、马克思》，载《中国社会科学》，2011 年第 3 期。

张盾：《交往的异化：马克思〈穆勒评注〉中的"承认问题"》，载《现代哲学》，2007 年第 5 期。

张盾：《马克思实践哲学视野中的"承认"问题》，载《马克思主义与现实》，2001 年第 1 期。

张盾：《马克思与黑格尔〈精神现象学〉》，载《吉林大学社会科学学报》，2007 年第 4 期。

张曙光：《"类哲学"与"人类命运共同体"》，载《吉林大学社会科学学报》，2015 年第 1 期。

张一兵：《马克思历史唯物主义中的历史概念》，载《哲学研究》，1998 年第 9 期。

张一兵：《青年马克思的第一次思想转变与〈克罗茨纳赫笔记〉》，载《求是学刊》，1999 年第 3 期。

张有奎：《拜物教之"物"的分析》，载《现代哲学》，2015 年第 3 期。

赵春玲：《马克思政治经济学的社会关系分析基础及其当代意义——纪念〈资本论〉发表 150 周年》，载《政治经济学评论》，2017 年第 6 期。

赵文力：《论西美尔货币哲学的四个维度》，载《天津社会科学》，2009 年第 3 期。

郑飞：《从异化到物化：马克思的现代性社会关系批判》，载《南京师大学报（社会科学版）》，2016 年第 6 期。

仲长城：《从自然人性到"政治动物"——解读亚里士多德"人是天生的政治动物"》，载《四川大学学报（哲学社会科学版）》，2009 年第 4 期。

周丹、孔祥润：《如何理解马克思的"社会关系"——基于唯物史观经典论述分析》，载《教学与研究》，2022 年第 10 期。

周志山：《〈精神现象学〉论"社会关系"和人的生成》，载《学术研究》，2002 年第 11 期。

周志山：《费尔巴哈人本唯物主义中的"我—你"关系——兼论对马克思"社会关系"理论的影响及其限度》，载《社会科学辑刊》，2004 年第 1 期。

中文报纸

习近平：《共同构建人类命运共同体——在联合国日内瓦总部的演讲》，载《人民日报》，2017 年 1 月 20 日，第 1 版。

习近平：《国家主席习近平发表二〇一六年新年贺词》，载《人民日报》，2016 年 1 月 1 日，第 1 版。

中文学位论文

孙强：《社会关系维度的哲学沉思——对马克思哲学思想的一种当代解读》，上海：复旦大学博士学位论文，2004 年。

英文著作

C. Gould, Marx's *social ontology*, Cambridge: Polity Press, 1973.

D. Frisby, *Sociological Impressionism: A Reassessment of Georg Simmel's Social Theory*, London: Heinemann, 1981.

G. A. Cohen, *Karl Marx's Theory of History: A Defence*, Princeton: Princeton University Press, 1979.

G. Lukacs, *History and class consciousness: studies in Marxist dialectics*, Cambridge and Mass: MIT Press, 1971.

G. Simmel, *On Individuality and Social Forms*, Chicago: University of Chicago Press, 1971.

G. Simmel, *The philosophy of money*, London: Routledge & Kegan Paul Ltd, 1978.

J. Habermas, *The New Conservatism: Cultural Criticism and the Historian's Debate*, Cambridge and Mass: MIT Press, 1989.

后　记

本书是我以博士论文为基础修改完善而成的。博士论文的完成标志着我求学生涯的终点，与此同时，它也随之开启了我以学术为业的真正起点。能够以学术为业，于我而言是一件幸事，因我生性驽钝、后知后觉，学术研究允许人慢慢地想、缓缓地做。虽然常需忍受孤寂坐冷板凳，但每想通一个问题或完成一项成果，也会在心里升起一种成就感，我想，如果我从事别的职业，以我"慢一拍"的思维和行动怕是常常会碰壁或受挫，在学术研究中情况应该会好一些。

来到吉林大学哲学系读研是我的幸运，只是真正研习哲学才发觉其晦奥艰深，对生性驽钝、后知后觉的我来说自然充满挑战。有前辈常言哲学是一剂"聪明药"，但我想那些能够做到深入把握哲学的人（例如这位前辈本人）是本身就很聪明的。好在即便没有"聪明药"但我也愿意给自己增添一份"安慰剂"，我常常告诉自己，再怎么愚笨，只要肯付出相应努力，也多少会有些回报，正所谓勤能补拙，虽然无法完全弥补，但一分耕耘一分收获，进一分便有一分的欢喜。哲学不仅通过反思和批判想象可能的风险，也引导人想象可能的希望。正是经过相应的努力，我完成了以马克思"社会关系"概念为研究主题的博士学位论文，而这篇论文正是本书的基础。

关于"社会关系"，马克思有一个人们非常熟知的论述："人的本质不是单个人所固有的抽象物，在其现实性上，它是一切社会关系的总和"。因此，在本书即将付梓之际，最应当做的就是对学术之路上给予我关怀、指导和帮助的人进行感谢，没有他们，就不可能成就今天的我，也不可能成就面前的这部著作。

首先我要感谢我的导师贺来教授。为书稿申报国家社科基金后期资助项目之时，我刚刚摆脱人生的"至暗时刻"，尚未彻底走出阴影，如果没有博士论文为基础，书稿的写作和项目的申报断无可能，而能够成功立项在根本上也是由于老师的指导为博士论文提供了灵魂。能够跟随贺老师学习是我的幸运，老师渊博深邃的学识和正直向善的为人对我产生了深刻的影响。感谢我的师母曾东老师，她在我不自信和迷茫时给我鼓励、指点，关心我学习和生活中的大事小情。两位老师帮助我克服各种困难，帮助我度过最煎熬的难关，师恩重如山，绝非三言两语能概括和述说。师门的兄弟姐妹也经常为我提供各种各样的帮助，总是能够及时的伸出援手，在这里一并向他们表达谢意。

感谢我的博士后合作导师李忠军教授，在李老师的指导下，我的学术视野和学术能力大为开阔和提升，这对我的成长和进步起到了重大的推动作用。

感谢刘聪老师、徐琳琳老师、张静师姐、宋晓丹师姐在我考研过程中给予的无私指导，我能够踏上学术的道路离不开她们的无私指导。

感谢孙正聿教授、孙利天教授、张盾教授、韩志伟教授、白刚教授、程彪教授、王福生教授、曲红梅教授、李慧娟教授、王庆丰教授、姚大志教授、王天成教授、李大强教授、王立教授、华军教授等各位老师。老师们的精彩课程使我得到深入的哲学熏陶，接受到宝贵的理论滋养。

感谢吉林大学哲学社会学院和马克思主义学院的领导及行政老师对我的学习和工作给予的支持。

感谢吉林大学马克思主义学院原理教研室的领导和老师对我的工作和生活给予的关怀和帮助。

感谢本书所参考的文献的各位作者。各位学者的成果是本书写作的基石，本书能够完成仰赖于对他们的优秀成果的吸收和借鉴。

感谢国家社会科学基金资助以及各位匿名评审专家的宝贵修改建议。

感谢我的家人，他们是我最坚强的后盾，给予我前行的最大动力。

责任编辑彭永强老师以其认真、周到、专业、高效的态度和能力，保障了本书的顺利出版，在此向彭老师致以诚挚的谢意。

我的学生宋亚平、郭雪颖、李梦迪为校对书稿付出了时间和精力，感谢她们的辛勤劳动。

由于作者水平有限，本书难免有疏漏和不足之处，诚请学界同仁批评指正。

刘兴盛

2023 年 12 月 18 日